Dejan Sekulic

Auch DU bist ein Master!

Genial, einzigartig ...

... und viel mehr als Status quo!

Widmung

Dieses Buch widme ich allen Menschen, die aus ihrem Leben etwas Einzigartiges machen möchten und mehr anstreben als den Status quo. Das Leben ist ein grandioses Geschenk und verdient es, in vollen Zügen gelebt zu werden. Um es mit Buddhas Worte zu sagen:

„Das Leben ist kein Problem, das es zu lösen, sondern eine Wirklichkeit, die es zu erfahren gilt."

Auch DU bist ein Master!
Genial, einzigartig ...
... und viel mehr als Status quo!

Copyright © 2019 Dejan Sekulic
Ausgabe 1
Alle Rechte vorbehalten.

Wichtige Hinweise

Das vorliegende Werk einschließlich all seiner Teile ist urheberrechtlich geschützt. Jede Verwertung ist ohne schriftliche Zustimmung des Autors unzulässig. Darunter fallen auch alle Formen der elektronischen Verarbeitung sowie die Verwendung in Seminaren jeglicher Art, einschließlich Videostream und Podcast. Das Übersetzen in andere Sprachen ist ebenfalls vorbehalten. Zuwiderhandlungen werden straf- und zivilrechtlich verfolgt.

Trotz sorgfältiger Prüfung können sich Fehler einschleichen. Der Autor ist für alle Hinweise zu Fehlern und Unklarheiten sehr dankbar, damit diese in künftigen Auflagen beseitigt werden können.

Die in diesem Buch verwendeten Markennamen, Soft- und Hardwarebezeichnungen der jeweiligen Firmen unterliegen dem allgemeinen Warenzeichen-, Marken- und/oder patentrechtlichen Schutz. Selbst wenn diese nicht als solche gekennzeichnet sind, gelten die entsprechenden Schutzbestimmungen. Sie dienen hier lediglich der Beschreibung oder der Identifikation der jeweiligen Firmen, Dienstleistungen, Produkte sowie Marken.

Der Autor übernimmt keinerlei Gewähr für die Aktualität, Korrektheit, Vollständigkeit oder Qualität der bereitgestellten

Informationen. Haftungsansprüche gegen den Autor, welche sich auf Schäden materieller oder ideeller Art beziehen, die durch die Nutzung oder Nichtnutzung der dargebotenen Informationen bzw. durch die Nutzung fehlerhafter und unvollständiger Informationen verursacht wurden, sind ausgeschlossen. Eine Zusicherung bzw. eine Garantie, dass alles genauso bei jeder Leserin bzw. jedem Leser zu denselben Resultaten führt, gibt es nicht.

Dieses Werk enthält Meinungen bzw. Erfahrungen des Autors, die er an seine Leserinnen und Leser weitergeben möchte. Möglicherweise passt der Inhalt dieses Buches nicht zu jedem – die Umsetzung erfolgt ausdrücklich auf eigenes Risiko. Der Autor kann für mögliche Schäden jeglicher Art aus keinem Grund eine Haftung übernehmen.

Sämtliche Angaben wurden vom Autor mit der allergrößten Sorgfalt recherchiert. Der Herausgeber bzw. der Autor übernimmt keine Gewähr für die Vollständigkeit, Ausführlichkeit, Richtigkeit, Qualität und Quantität.

Inhaltsverzeichnis

WIDMUNG 3

WICHTIGE HINWEISE 1

INHALTSVERZEICHNIS 3

EINLEITUNG 1

ÜBER DEN AUTOR 4

TEIL 1 – DER WEG ZUR EINZIGARTIGKEIT 17

DAS GEHEIMNIS DEINES NAMENS 17

SUCHE NACH DEINEN STÄRKEN! 25

MEIN STÄRKENINVENTAR 31

GEDANKEN 56

WAS IST DENKEN ÜBERHAUPT? 61

NUTZE DEINE SINNESKANÄLE BEWUSST 73

IQ ODER EQ? 82

MANAGER OHNE MASTERDIPLOM 84

GEDANKENHYGIENE 95

DIE GESCHICHTE EINES EHEMALIGEN 104

BORN ON A LUCKY DAY 116

TEIL 2 - SEI EIN ORIGINAL 140

WERTE 140

ZIELE 159

MACH AUS DEINEM PROBLEM EIN ZIEL 160

MEIN ZIELE-WORKSHOP 166

ANGST VOR DEM SCHEITERN UND DER
ENTTÄUSCHUNG 183

DENKE LANGFRISTIG 193

BE SMART – EINE GUTE FORMEL FÜR UNSERE ZIELE
.... 201

LASS UNS JETZT NOCH EIN WENIG KONKRETER
WERDEN 206

DANKBARKEIT 234

ANALYSIERE DEIN UMFELD UND UMGIB DICH MIT
GLÜCKLICHEN UND POSITIVEN MENSCHEN 252

DIE QUALITÄT DEINES WÖRTERBUCHS BESTIMMT
DIE QUALITÄT DEINES LEBENS! 263

WORTE, WASSER, NAHRUNG 276

AUTOSUGGESTION 281

TEIL 3 – UND SO SCHAFFST DU ES, EIN ORIGINAL ZU BLEIBEN 345

KONZENTRIERE DICH AUF DAS, WAS DU HAST – UND MACH DAS BESTE DARAUS! 345

DIE UNIVERSELLEN LEBENSGESETZE 350

DAS GESETZ DER KONZENTRATION 352

DAS GESETZ DES GLAUBENS 372

URSACHE UND WIRKUNG 437

GIB NIEMALS AUF – AUSDAUER, GEDULD UND ZUVERSICHT FÜHREN ZWANGSLÄUFIG ZUM ERFOLG 465

JEDER VON UNS IST EIN MASTER! 480

EINFACH NUR DANKE 495

WEITERE BÜCHER 499

ONLINE TRAININGSPROGRAMME 502

DER MENSCH DEJAN SEKULIC 506

HIER KANNST DU DICH MIT DEJAN VERNETZEN: 509

LITERATURVERZEICHNIS 511

IMPRESSUM 516

EINLEITUNG

Jeder von uns ist ein Genie! Aber wenn man einen Fisch danach beurteilt, ob er auf einen Baum klettern kann, wird er sein ganzes Leben lang glauben, dass er dumm ist.

Albert Einstein

Dieses Zitat hängt seit Jahren in meinem Büro und ich habe es bewusst so platziert, dass jeder, der mit mir am Gesprächstisch sitzt, es auch lesen kann. Albert Einstein spricht mir mit diesen Worten wirklich aus der Seele. Jeder, tatsächlich jeder von uns *hat schlummernde Talente in sich, von denen er nicht einmal weiß, dass er sie überhaupt hat.* Ja, auch du hast sie, doch vielleicht hast du sie bisher noch gar nicht so richtig wahrgenommen. Vielleicht hast du dich bis heute zu wenig oder noch gar nicht mit dir selbst beschäftigt, weil, egal was war, immer die Zeit dazu gefehlt hat. Nun, das mit der Zeit ist so eine Sache ...

In der Tat leben wir in einem Zeitalter, in dem es, sagen wir mal, etwas schnell zu- und hergeht. *Doch der Tag hat für jeden von uns 24 Stunden* und in meinen Augen ist das so ziemlich das Einzige, was alle Menschen im gleichen Ausmaß erhalten: Zeit.

Alle, wirklich alle kriegen gleich viel davon, doch wie wir sie nutzen, ist eine ganz andere Geschichte. Sei dir im Klaren, dass Zeit die mit Abstand wertvollste Ressource ist, die du hast und je haben wirst. Da lohnt es sich schon mal, darüber nachzudenken, wie viel davon du in den Menschen investiert, den du jeden Tag im Spiegel siehst. In DICH!

Jeder Mensch ist einzigartig, und auch du bist es! So einen Menschen wie dich, genau in dieser Konstellation, gibt es nur ein einziges Mal. Hast du das gewusst?

Ja, es ist so. Kein Mensch ist wie der andere, keine Persönlichkeit wie die andere, deshalb ist auch jedes Leben einmalig. Doch leben wir unser Leben tatsächlich in solch einer Einzigartigkeit? Diese Frage kann jeder Mensch nur für sich selbst beantworten! Darum bitte dich schon jetzt, dir ein paar Minuten Zeit zu nehmen, um darüber einmal nachzudenken. Lebst du dein Leben so, wie du es dir immer gewünscht hast, oder geht da vielleicht doch noch ein bisschen mehr? Liebst du das, was du lebst, und führst du das Leben eines Originals?

Sei du selbst! Alle anderen sind bereits vergeben!

Oscar Wilde

Ich möchte dich ganz herzlich einladen, dich zu öffnen und beim Lesen dieses Buches neutral an die Sache heranzugehen. Du musst keineswegs allem, was ich hier schreibe, voll und ganz zustimmen. Nein, das erwarte ich gar nicht. Urteile bitte erst am Ende des Buches, ob ich vielleicht doch mit dem einen oder anderen Recht habe und ob du daraus für dich sinnvolle Erkenntnisse ziehen konntest. Du bist hier der Chef und du entscheidest, wie viel du profitieren möchtest. Doch wie gesagt, wenn du dich öffnest und auch ein wenig neugierig bist, wirst du sehen, dass sich diese Minireise für dich lohnen wird.

Wahrscheinlich fragst du dich aber spätestens jetzt, wer ich eigentlich bin und weshalb du mir überhaupt deine Aufmerksamkeit schenken solltest.

ÜBER DEN AUTOR

Mein Name ist Dejan Sekulic und ich freue mich sehr, dich hier begrüßen zu dürfen. Ich bin ein serbischer Schweizer, der gleichermaßen stolz auf seine serbischen Wurzeln wie auf seine Schweizer Heimat ist.

Ich wurde an einem glücklichen Tag – es war der 26.04.1979 – in St. Gallen geboren. Ja, du hast richtig gelesen, der Tag meiner Geburt war, trotz schwieriger Umstände, ein sehr glücklicher. Ich erhielt das größte Geschenk, was ein Mensch überhaupt erhalten kann: mein Leben. Ein Geschenk, das jedoch nicht nur ich bekommen habe, sondern auch du sowie jeder andere Mensch. Dieses Buch soll dir neue oder auch andere Sichtweisen vermitteln und dir wertvolle Impulse geben, dich für MEHR im Leben zu inspirieren!

Etwas Unverschämtes gleich zu Beginn

Fragst du dich nun vielleicht, wieso ich mir die Freiheit nehme, dich einfach so zu duzen? Nun, ich möchte wirklich nicht unhöflich oder gar respektlos sein, doch in einigen Untersuchungen wurde herausgefunden, dass die Du-Form intensiver vom Unterbewusstsein aufgenommen wird. Das Du ist viel persönlicher, wodurch das Gelernte deutlich besser verarbeitet wird. Und da ich möchte, dass du den größtmöglichen Nutzen aus diesem Buch ziehst, biete ich dir, liebe Leserin, lieber Leser, das Du an.

Weitere Informationen über mich findest du unter: www.dejan-sekulic.com

Meine große Leidenschaft

Seit vielen Jahren befasse ich mich sehr intensiv mit Persönlichkeitsentwicklung, Erfolgspsychologie, positivem Denken und der Kraft des Unterbewusstseins. Als ich eines Tages auch noch NLP entdeckte, war es von der ersten Sekunde an um mich geschehen. NLP steht für Neurolinguistisches Programmieren. Es wird dir in Zukunft immer öfter begegnen, da es stetig bekannter wird. Und das nicht nur, weil es bei vielen Menschen einen Aha-Effekt ausgelöst hat, sondern weil es vor allem Wirkung zeigt. NLP ist eine Methode, mit der man sein Denken, Fühlen und Handeln im Umgang mit sich selbst wie auch mit anderen positiv beeinflussen kann. Das Konzept dahinter ist im Grunde genommen ziemlich einfach: Wenn jemand etwas wirklich gut kann bzw. auf seinem Gebiet absolute Topleistungen vollbringt, dann gilt es herauszufinden, wie er das macht, um es schlussendlich für sich selbst nutzen zu können. NLP wird auch als die Kunst und Wissenschaft der

Kommunikation bezeichnet. Dank NLP sind schnelle und vor allem nachhaltige Veränderungen tatsächlich möglich.

Mein Wissen habe ich aber auch aus vielen Büchern ziehen und in Seminaren sammeln dürfen – einen Teil davon möchte ich hier mit dir teilen.

Schon als Kind habe ich mir oft die Frage gestellt, *weshalb manche Menschen erfolgreicher und glücklicher sind als andere.* Weshalb gelingt den einen so gut wie alles, während die anderen vom Pech verfolgt zu sein scheinen? Dies hat mich veranlasst, mich auch mit den universellen Gesetzen des Lebens zu befassen. Diese Gesetze sind uralt und ich stellte bei meinem Selbststudium wieder und wieder fest, dass die Mehrzahl der ganz großen Persönlichkeiten unserer Geschichte sie ebenfalls kannte. Nikola Tesla, Albert Einstein, Ralph Waldo Emerson, Johann Wolfgang von Goethe, Thomas Edison, Abraham Lincoln sind nur einige von sehr vielen. Diese Menschen kannten sie und wussten sie anzuwenden. Das Studium dieser Gesetze hat auch mir sehr viel gebracht, wofür ich gar nicht dankbar genug sein kann.

Schon von jeher habe ich mich durch Menschen inspirieren lassen, von denen ich etwas lernen konnte, somit auch von ihren Biografien und Büchern.

Etwas Wichtiges musst du noch von mir wissen:

Ich bin stolzer Papa von drei bezaubernden Töchtern – und auch für dieses Geschenk bin ich unendlich dankbar. Ich habe den allergrößten Respekt vor Frauen und möchte darum mit meinem Buch alle Damen und Herren in gleichem Maße ansprechen. Der Einfachheit halber bleibe ich aber bei der männlichen Form und hoffe sehr, dass dies für dich in Ordnung ist.

Persönlichkeitsentwicklung – der Schlüssel zum Glück!

Das Wertvollste im Leben ist die Entfaltung der Persönlichkeit und ihrer schöpferischen Kräfte. Es ist das Wichtigste, denn es ist die Voraussetzung für ein erfülltes Leben.

Albert Einstein

Hast du gewusst, dass bei einem Menschen 85 Prozent die Persönlichkeit ausmacht und nur 15 Prozent der Sachverstand? Also nur 15 Prozent für die sogenannten und immer hoch gelobten Fachkenntnisse, wusstest du das? Richtig gelesen, 85 Prozent sind die Persönlichkeit und nur 15 Prozent der Sachverstand. Da sollte es sich doch lohnen, diese 85 Prozent näher anzuschauen, meinst du nicht auch? By the way, zu diesem Ergebnis ist unter anderem auch das Dale-Carnegie-Institut gekommen, doch sie sind beileibe nicht die Einzigen.

Vielleicht kennst du den Satz, *wegen hervorragender Fachkenntnisse eingestellt, doch wegen mangelnder Soft Skills entlassen?* Wusstest du, dass die Menschen höchst selten ihren Job verlieren, weil sie mangelnde Fachkenntnisse haben, sondern vielmehr, weil es eben an diesen sogenannten Soft Skills fehlt bzw. an ihrer Persönlichkeit mangelt?

Lern- und Einsatzbereitschaft, Querdenken, geistige/mentale Fähigkeiten, Veränderungsbereitschaft, Kooperationsvermögen, interkulturelle Kompetenz, Eigeninitiative, Empathie, Loyalität und Verantwortungsbewusstsein sind nur einige dieser Schlüsselkompetenzen, die in der Zukunft so richtig matchentscheidend sein werden.

Ich bin der felsenfesten Überzeugung, dass wir Menschen über enormes Potenzial verfügen und unsere Möglichkeiten, uns zu entwickeln und zu wachsen, nahezu unbegrenzt sind. Leider nutzen wir diese Ressourcen kaum. Ich denke, es liegt vor allem daran, dass wir es auch nie richtig gelernt haben bzw. es uns nie wirklich gelehrt wurde.

Wir lernen in der Schule so vieles: wie viele Einwohner Grönland hat, die Länge des Nils, wie viele Schlachten im Mittelalter geführt wurden, und, und, und.

Leider haben wir (oder zumindest ich) nie gelernt, wie man richtig denkt und wie wir unser Gehirn und Unterbewusstsein für uns nutzen können, um bestimmte Ziele im Leben zu erreichen, unser Potenzial zu entfalten und schlussendlich ein Leben in Glück und Fülle zu leben, was wir wirklich verdient haben. Ja, du hast richtig gelesen, wir sind auf dieser Welt, um ein glückliches, erfülltes Leben zu führen.

Potenzial + richtig angewandtes Wissen = Wachstum und Entwicklung

Die hier vorliegende „Bedienungsanleitung" soll dir helfen, den Status quo zu sprengen und dir deine Einzigartigkeit noch mehr bewusst zu machen, um somit dein eigener, der Master DEINES Lebens zu sein!

Bedenke jedoch, dass dieses Buch weder ein Seminar noch ein persönliches Coaching ersetzt. Dennoch wirst du wertvolles Material erhalten, das du sehr einfach in dein Leben integrieren kannst. Um dabei den maximalen Ertrag zu erzielen, erfordert es aber auch deine Mitarbeit, denn es ist kein herkömmliches Lese-, sondern unter anderem auch ein Arbeitsbuch. Den maximalen Ertrag wirst du nur erzielen können, wenn du dir Notizen machst, wichtige Stellen markierst und vor allem die hier vorgestellten Übungen und Strategien wirklich anwendest.

Ich liefere dir hier die Rezepte – das Kochen überlasse ich dir.

Vielleicht wird dir das eine oder andere bereits bekannt vorkommen. Wenn dem so sein sollte, möchte ich dich bitten, hier trotzdem mitzumachen. Weißt du, was die größte Gefahr beim Aufnehmen bzw. Festigen von Wissen ist? Die „Kenne ich schon"-Einstellung. Sobald ein Mensch so denkt, macht er zu und ist nicht mehr aufnahmefähig. Ich erlebe das ziemlich oft als Teilnehmer bei Seminaren. Viele Teilnehmende sagen dann schnell mal: „Ach, das Ganze hat mir nicht so viel gebracht, denn ich kannte das meiste schon."

Ich sehe das etwas anders. Wenn ich ein Buch lese oder ein Seminar besuche und dabei „nur" ein Prozent Neues lerne, ist das schon eine ganze Menge. Vielleicht wirst du jetzt intervenieren und sagen: „Moment mal, ein Prozent ist doch rein gar nichts!" Nun, wenn du im Jahr 20 Bücher gelesen hast, sind das mindestens 20 Prozent, also 20 Prozent mehr als vorher. Würdest du auf eine Erhöhung deines Einkommens oder Gewinns von 20 Prozent verzichten?

Ich kann dich beruhigen, denn in Wahrheit ist es mehr als nur ein Prozent. Wenn ich alle Seminare, die ich besucht, und Bücher, die ich gelesen habe, auf deren Output analysieren müsste, komme ich auf deutlich mehr! Ganz zu schweigen von den Erkenntnissen, die ich dabei mitnehme. Und was ich davon für mich umsetze und in mein Leben integriere, erwähne ich erst gar nicht. Wie bereits gesagt, darfst du ruhig etwas skeptisch sein und selbstverständlich musst du mit mir nicht immer einer Meinung sein. Das ist völlig in Ordnung. Bedenke aber, dass es mit der Skepsis genauso ist wie mit dem Gift: Es kommt auf die Dosierung an. Nein, diese Aussage stammt nicht von mir, sondern von Paracelsus, und obwohl schon Hunderte Jahre seitdem vergangen sind, hat sie immer noch Gültigkeit. Deshalb einmal mehr meine Bitte an dich: Lies dieses Buch mit der nötigen Offenheit, arbeite damit und ich verspreche dir, dass auch du mindestens ein Prozent davon profitieren wirst.

Jeder Mensch wird bereits als ein Master geboren und dabei spielt es keine Rolle, welche und wie viele Diplome er hat, sondern wie glücklich und einzigartig er sein Leben führt. Lebst du das Leben eines Originals oder bist du den gesellschaftlichen Zwängen verfallen? Darfst du oder musst du?

Es ist kein Zufall, dass du dieses Buch gerade liest. Etwas hat dich bewogen, es zu kaufen – dafür möchte ich dir ganz herzlich danken! Du hast mir damit etwas überaus Wertvolles geschenkt: dein Vertrauen. Ganz lieben Dank dafür!!

Und mich gleich zu revanchieren, möchte ich dir gern einen weiteren Tipp mit auf dem Weg geben und dir gleichzeitig auch ein kleines Geschenk machen:

Beginne jeden Tag mit positiven und lebensbejahenden Gedanken. Ganz egal, wie viele Probleme du hast, negative Gedanken werden dir mit Sicherheit nicht weiterhelfen! *Unsere Einstellung ist entscheidend, wie sich unser Leben entwickeln wird.* Deshalb lautet die alles entscheidende Frage, die sich ein Mensch im Grundsatz stellen sollte, wie folgt: Wie ist meine Einstellung? Ist sie eher negativ oder größtenteils positiv? Bin ich ein „Ja, aber"- oder ein „Warum nicht"-Mensch? Denke bitte darüber in aller Ruhe nach.

Zum Geschenk:

Unter www.4minuten-inspiration.com kannst du dir gleich dein Willkommensgeschenk sichern und dich anschließend auf dein mentales Training freuen. Nahrung für Geist und Seele! Dieses Mentalvideo ist für ALLE Menschen, die mehr erreichen und einen direkten Einfluss auf ihr Denken sowie die Lebensqualität nehmen wollen. Es ist nicht einfach nur ein Video, es ist eine Software, die dein Leben positiv verändern wird.

Sage JA zu mehr Glück und Lebensfreude und starte auch du positiv in den Tag!

Was ist Erfolg?

Für jeden bedeutet Erfolg etwas anderes und viele assoziieren Erfolg mit Geld. Ich gönne jedem den Erfolg und die Millionen, die er verdient und auf seinem Bankkonto hat. Ja, ich gönne es wirklich jedem von Herzen und erachte Reichtum als nichts Negativs, ganz im Gegenteil! Ich habe in meinem Leben bisher viele wohlhabende Menschen kennengelernt. Das alles waren interessante Persönlichkeiten, von denen ich viel lernen durfte. Allerdings haben die wenigsten damit geprahlt, sondern sie haben ihren Erfolg genossen, ganz nach dem Motto „Ein Gentlemen genießt und schweigt". Persönlich bin ich der Ansicht, *dass es im Leben um weitaus mehr geht als um Prestige, das Bankkonto, die Marke des Autos oder wie oft man pro Jahr Urlaub macht. Zudem bin ich der Überzeugung, dass es bedeutend wichtiger ist, wie viele Millionen du im Herzen hast und wie häufig du ein Stück dazu beiträgst, diese Welt ein wenig besser zu machen.*

Ich bin so frei, in dieses Buch einige Beispiele aus meinem Leben einzubinden, mit denen ich dir aufzeigen möchte, welche Fehler ich gemacht und was ich aus ihnen gelernt habe. So etwas nennt man Entwicklung und wenn ich diese Beispiele bringe, dann nur, um dir zu beweisen, dass ich kein Theoretiker, sondern ein Vollblut-Praktiker bin. Ich habe mir dabei die größte Mühe gegeben, dies auf eine Weise zu tun, durch die du erkennen kannst, dass Persönlichkeitsentwicklung zu jedem Zeitpunkt möglich ist. Keinesfalls, um mit irgendetwas anzugeben – das ist wirklich das Letzte, was ich möchte!

Es gibt viele Definitionen von Erfolg. Ich habe für mich vor einigen Jahren eine dazu gefunden, die besser nicht sein könnte und die ich gerne mit dir teilen möchte. Sie stammt von dem grandiosen Philosophen Ralph Waldo Emerson. Hier ist sie:

Was ist Erfolg? Viel zu lachen, die Liebe von Kindern zu gewinnen, den Verrat falscher Freunde zu ertragen, die Welt zu einem klein wenig besseren Ort zu machen, als sie es war, bevor wir in sie hineingeboren wurden.
Was ist Erfolg? Die gesellschaftlichen Verhältnisse in irgendeiner Beziehung zu verbessern oder den Menschen zu helfen, gesünder zu werden. Zu wissen, dass ein Leben leichter atmet, seit du lebst.
Das ist Erfolg.

Lass uns nun gemeinsam zu neuen Taten schreiten!

TEIL 1 – DER WEG ZUR EINZIGARTIGKEIT

DAS GEHEIMNIS DEINES NAMENS

Weiter vorn hatte ich gesagt, dass jeder Mensch einzigartig und keine Persönlichkeit wie die andere ist. Nun, jetzt möchte ich sehr gern damit beginnen, dir aufzeigen, dass auch DU ein außergewöhnlicher Mensch bist, den es so nur ein einziges Mal gibt. Möchtest du mir dabei helfen? Ich hoffe das sehr! Fangen wir mit deinem Namen an. Hast du dir jemals Gedanken darüber gemacht, welche Eigenschaften sich hinter deinem Namen verbergen? Ich möchte dich ganz herzlich dazu einladen, das jetzt gleich mal zu tun. Nimm deinen Namen und überlege dir in aller Ruhe, wofür die Buchstaben jeweils stehen. Um dir das Ganze verständlicher zu machen, nehme ich meinen Namen als Beispiel. Hier zeige ich dir, welche Wörter ich persönlich damit in Verbindung bringe.

DEJAN:

D – Dankbarkeit
E – Erfolg
J – Jubel
A – Ausdauer
N – Never give up

Da wir unter uns sind, möchte ich dir ein Geheimnis verraten. Ich hatte früher etwas Mühe mit meinem Namen und richtig gemocht habe ich ihn auch nicht. Warum? Nun, weil ihn so viele Menschen nicht richtig aussprechen konnten. Lange Zeit war mir das echt unangenehm und es hat mich regelrecht genervt. Doch eines Tages kam ich zu einer besonderen Erkenntnis und sagte zu mir selbst:

„Dejan, was bist du doch für ein Vollpfosten. Dass viele Menschen weder deinen Namen noch deinen Nachnamen richtig aussprechen können, ist nicht dein, sondern deren Problem. Das ist dein Name, steh doch einfach zu ihm."

Ja, verflixt noch mal, so ist es. Es ist mein Name und ich werde zum ihm stehen. Nicht nur das, ich entscheide mich jetzt, ihn auch zu mögen, ja sogar zu lieben, denn er ist mein Name und somit ein Teil von mir. Vielleicht klingt das für dich etwas zu abgedroschen, doch das war einer meiner ersten Schritte, durch den ich mir meiner Einzigartigkeit etwas mehr bewusst wurde. Heute spreche ich mit voller Überzeugung und einem gesunden Selbstvertrauen meinen Vor- und meinen Nachnamen aus. Und weißt du was? Mein Gegenüber nimmt das, im Gegensatz zu früher, auch viel energischer und positiver wahr. Ja, früher waren komische Blicke und Kommentare keine Seltenheit. Doch inzwischen sieht das ganz anders aus.

Natürlich bestätigen Ausnahmen die Regel, doch sind diese in der absoluten Minderheit, eben Ausnahmen. Denkst auch du, dass es hier einen Zusammenhang zwischen meiner Einstellung und den Reaktionen von außen geben könnte?

Nichts verändert sich, bis man sich selbst verändert. Und plötzlich verändert sich ALLES!

(Verfasser unbekannt)

Mein Appell an dich: Falls auch du deinen Namen nicht sonderlich magst, völlig egal, ob es sich dabei um deinen Vor- oder Nachnamen handelt, dann fang gleich damit an, *ihn zu akzeptieren – und vor allem, ihn auch zu mögen!*

Das wird einer deiner ersten Schritte zur Erkenntnis deiner Einzigartigkeit sein.

Denk immer daran: Du bist ein Original! Falls du jetzt sagst: „Dejan, ich stehe zu meinem Namen und mag ihn auch", dann möchte ich dir meine Anerkennung aussprechen. Bravo, damit hast du gegenüber vielen anderen einen großen Vorteil. Sei stolz darauf – ich meine das ganz aufrichtig! Und jetzt möchte ich dich einladen, diese Übung zu machen. Wenn du magst, kannst du deinen Nachnamen ebenfalls unter die Lupe nehmen und ihn genauso „zergliedern". Dies macht absolut Sinn, wenn du einen kurzen Vornamen hast. Und selbst, wenn dieser aus zehn Buchstaben bestehen sollte, spricht absolut nichts dagegen, auch noch deinen Nachnamen zu analysieren und auf Erkundungstour zu gehen. Je mehr du über dich weißt, desto eher wirst du dir deiner Einzigartigkeit bewusst werden.

Nicht das, was du bist, hält dich zurück – sondern das, was du glaubst, nicht zu sein.

Denis Waitley

Nun bitte ich dich, dir ein paar Minuten Zeit zu nehmen und die Übung zu machen. Ich wünsche dir viel Spaß bei dieser Erkundungstour!

Wofür steht mein Name?

Hast du die Übung wie empfohlen gemacht? Ja? Super, meinen Glückwunsch dazu! Ich bin mir sicher, dass du die eine oder andere Erkenntnis daraus gewinnen konntest. Aber vor allem hast du eines gemacht: *Du bist aktiv geworden und ins Handeln gekommen.* Auch dazu gratuliere ich dir herzlich, denn *das ist eine Eigenschaft, die echt selten ist.* Nein, damit übertreibe ich keinesfalls. Viele reden über dieses oder jenes und was sie alles irgendwann mal tun werden. Doch weißt du was, in den allermeisten Fällen ist es nur leeres Gelaber und es passiert absolut nichts.

Einen Vorsprung im Leben hat, wer da anpackt, wo die anderen erst einmal reden.

John F. Kennedy

Ich ziehe sämtliche Hüte vor Menschen, die nicht nur reden, sondern vor allem auch handeln. Und du bist einer von ihnen! Dadurch, dass du diese Übung gemacht hast, konntest du dir das auch selbst beweisen. Dies ist mit Sicherheit eine große Stärke von dir, meinst du nicht auch? Und wenn wir schon dabei sind, hast du dir bisher jemals eine Inventarliste deiner Stärken erarbeitet? Bei Vorstellungsgesprächen wird die Frage nach Stärken und Schwächen gerne gestellt. Für geschulte

Personaler bzw. HR-Fachpersonen sind Fragen dieser Art allerdings eher selten, da sie doch ziemlich rudimentär sind. Häufig stellen solche Profis bedeutend komplexere Fragen, deren Antwort auch auf einem anderen Level zu beantworten ist.

Keine Bange, dieses Buch ist kein Kurs für angehende HR-Fachleute, vielmehr wollte ich dir damit lediglich einen kleinen Denkanstoß geben. Doch zurück zu meiner Frage: Hast du dir jemals Gedanken darüber gemacht, was du wirklich gut kannst und was du vor allem auch gern machst? Wofür kann man dich begeistern und welche Fähigkeiten und Eigenschaften zeichnen dich besonders aus?

SUCHE NACH DEINEN STÄRKEN!

Nun, eine deiner Stärken konnten wir schon eruieren – jetzt wollen wir noch weitere finden. Ich bitte dich, die nächste Übung mit größter Sorgfalt durchzuführen, denn sie kann für den weiteren Verlauf deines Lebens sehr entscheidend sein. Ich habe diese Übung schon sehr vielen Menschen als Hausaufgabe mitgegeben und sehr oft habe ich dabei leicht verwirrte Blicke geerntet. Weshalb? Ganz einfach, weil die meisten Menschen sich so gut wie nie mit sich selbst beschäftigen. Schade, schade, denn *mit uns selbst verbringen wir die meiste Zeit.* Wir kommunizieren mit uns selbst am meisten, und das, ohne uns dessen wirklich bewusst zu sein. Manchmal sprechen wir auch schlecht über uns selbst, obwohl wir uns doch bedeutend mehr loben als kritisieren oder uns gar selbst schlechtmachen sollten. Hast du bisher nicht auch schon reichlich solche Erfahrungen gesammelt?

Wie dem auch sei, lass dir bei der folgenden Übung genügend Zeit. Ich empfehle dir wärmstens, hier über einen längeren Zeitraum dranzubleiben, bis du sie vollständig erledigt hast – erfahrungsgemäß kann diese Übung nämlich etwas länger dauern.

Worum geht es?

Lass uns deine Persönlichkeit weiter erforschen. Ich bitte dich, 49 weitere Stärken von dir zu suchen und auch aufzuschreiben. Eine ist dir schon durch die erste Übung bewusst geworden. Nun geht es darum, auf 50 Stärken zu kommen. Höre nicht auf, bis du sie gefunden und aufgeschrieben hast. Das muss nicht alles auf einmal passieren. Das Ziel sollte sein, dass du dir täglich einige Minuten Zeit dafür nimmst und Tag für Tag neue Stärken in deine Liste einträgst. Spätestens, wenn du dieses Buch zu Ende gelesen hast, wird die Liste deiner Stärken komplett sein. Eröffne sie mit deiner soeben gefundenen Stärke und mach dich unverzüglich daran, die restlichen 49 zu suchen.

Erscheint dir die Zahl 50 als etwas zu hoch? Nun, damit bist du nicht allein, diese Rückmeldung bekomme ich relativ oft. Dazu musst du wissen, dass *gerade bei solchen Übungseinheiten das Entwicklungs- und Wachstumspotenzial am größten ist. Genau das zwingt uns nämlich, unsere Komfortzone zu verlassen.* Sehr oft sagen Menschen zu mir, dass es ihnen viel leichter fällt, die eigenen Schwächen aufzuzählen, die wurden ihnen schließlich oft genug genannt. Und genau hier liegt auch der Hund begraben. Wir bekommen häufig gesagt, was wir falsch machen und wo unsere Schwächen liegen. Viel zu oft!

Laut einer Harvard-Studie bekommt ein Mensch bis zu seinem 18 Lebensjahr bis zu 150 000 negative Suggestionen zu hören.

Das sind unter anderem Sätze wie:

„Das kannst du nicht."

„Dafür bist du zu klein."

„Was sollen die Nachbarn bloß denken?"

„Du bist ein Mädchen/Junge, das macht man nicht."

„Aus dir wird nie was."

„Das Nachbarskind ist besser als du."

„Dafür bist du zu blöd."

„Dafür bist du zu jung."

Doch damit nicht genug. Ab dem 18. Lebensjahr geht das fleißig so weiter. Danach kommen täglich noch 20 weitere negative Suggestionen hinzu und mit der Zeit summiert sich das Ganze zu einem absoluten Destruktivprogramm. Wir können den Amerikanern einiges vorwerfen, aber wohl nicht, dass sie besonders klein denken. Nun, wenn sie schon bis zu ihrem 18. Lebensjahr bis 150 000 negative Suggestionen hören, was glaubst du wohl, wie viele es erst bei uns in Europa sind?

Sobald wir dann ein gewisses Alter erreicht haben, heißt es bei uns schließlich:

„Dafür bist du wirklich schon zu alt, in deinem Alter musst du gar nichts Neues mehr anfangen."

Wir Europäer sind bekanntlich nicht dafür bekannt, dass wir besonders groß und schon gar nicht größer als die Amerikaner denken würden. Leider benutzen wir nur allzu oft negative Worte und Sätze, die dann bei einem Menschen auch sehr negative Gefühle auslösen können. Aber mindestens genauso schlimm ist, dass wir diese Wörter für uns selbst übernehmen und anwenden. Wen wundert es so noch, dass ein Mensch große Mühe damit hat, viele eigene Stärken zu finden, wenn ihm jahrelang etwas anderes eingetrichtert wurde?

Und das ist der Grund, weshalb du genau diese Übung wirklich machen musst: um dir all deiner Fähigkeiten endlich bewusst zu werden!

Denke immer daran: Auch du bist ein Master. Du denkst, dass ich übertreibe? Dazu möchte ich dir folgende kurze Geschichte erzählen:

Der (un)begabte Junge

Eines Tages kam ein kleiner Junge mit einem Brief aus der Schule heim. Zu Hause angekommen, teilte er seiner Mutter mit, dass seine Lehrerin einen Brief an sie geschrieben habe und nur sie ihn lesen dürfe. Also öffnete die Mutter den Brief und begann zu lesen. Doch nach nur wenigen Sekunden brach sie leicht in Tränen aus. Ihr Sohn bemerkte das und fragte sie: „Mama, warum weinst du, was steht in dem Brief geschrieben?"

Die Mutter wartete einen Moment mit ihrer Antwort und sagte dann:

„In dem Brief steht, dass du zu intelligent für diese Schule bist und sie dich deshalb nicht mehr unterrichten können. Ich werde gebeten, dir eine andere Schule zu suchen." Der Junge lächelte, nachdem er das gehört hatte, und umarmte anschließend seine Mutter. Es war eine sehr rührende und emotionale Szene, die sich da zwischen Mutter und Sohn abgespielt hat.

Viele Jahre später, die Mutter war inzwischen verstorben, stöberte der inzwischen erwachsen gewordene Mann im Zimmer seiner Mutter herum und fand dabei eine kleine Box, die er öffnete. Darin befand sich unter anderem alter Schmuck, der seiner Mutter gehörte. Doch in der Box lag auch ein Brief, der ihm irgendwie bekannt vorkam. Er öffnete ihn und fing an zu lesen. Plötzlich erinnerte er sich ... Es war genau der Brief von seiner Lehrerin, den er vor vielen Jahren seiner Mutter zum Lesen überreicht hatte. Er konnte sich noch genau an die Worte erinnern, deshalb las er den Brief von Anfang an und ganz langsam durch. In dem Brief stand Folgendes geschrieben:

„Sehr geehrte Frau …,

es tut uns leid, Ihnen mitteilen zu müssen, dass wir Ihren Sohn nicht länger unterrichten können, da er an einer geistigen Störung leidet. Wir müssen Sie daher bitten, für ihn eine Sonderschule zu suchen. Wir bedauern unseren Entscheid und danken für Ihre Kenntnisnahme."

Der Mann erstarrte geradezu und konnte nicht glauben, was da in diesem Brief stand. Doch schließlich flossen auch bei ihm die Tränen, denn ihm wurde plötzlich so vieles klar. Und nun wusste er auch, weshalb seine Mutter sich damals so verhalten hatte. Der Name dieses Mannes lautet: Thomas Alva Edison.

Ich gebe zu, dass mich diese Geschichte immer wieder emotional berührt. Zum einen, weil es darin um denselben Thomas Alva Edison geht, dem wir so viele tolle Erfindungen zu verdanken haben. Zum anderen aber auch, weil uns solche Geschichten echt Mut machen können. Oder wie siehst du das?

MEIN STÄRKENINVENTAR

Also, wenn einem Edison unter solchen Voraussetzungen derart viel im Leben gelungen ist, welche Ausrede hast du jetzt noch in petto, um nicht bei dir auf 50 Stärken zu kommen, bis du dieses Buch zu Ende gelesen hast?

Unsere Wünsche sind Vorgefühle der Fähigkeiten, die in uns liegen, Vorboten desjenigen, was wir zu leisten imstande sein werden. Wir fühlen eine Sehnsucht nach dem, was wir schon im Stillen besitzen.

Johann Wolfgang von Goethe

Gibt dir selbst einen Ruck und fang gleich an. Gehe dabei tief in dich hinein und stelle dir selbst folgende Fragen:

> ➢ Welche Erfolge konnte ich in meinem Leben bisher verbuchen und welche Eigenschaften waren dafür erforderlich?
> ➢ Was kann ich wirklich gut?
> ➢ Wofür kann ich mich begeistern?

- Wovon habe ich als Kind geträumt?
- Welche Fähigkeiten verbergen sich hinter diesen Träumen?
- Was wollte ich damals werden, wenn ich mal groß bin?
- Wofür wurde ich schon mehr als einmal aus meinem Umfeld (Arbeitskollegen, Freunde, Bekannte, Vorgesetze, Lehrer, Eltern) gelobt?
- Zu welchen Themen fragen mich andere Menschen häufig um Rat?
- Wo (Bereich) gehe ich Herausforderungen und Hindernisse mit viel Freude an?
- Was lerne ich besonders schnell?
- Welche Probleme habe ich in der Vergangenheit für mich selbst und/oder für andere mit Bravour gelöst?
- Welche Aufgaben und Tätigkeiten vermitteln mir das Gefühl, etwas Tolles und Sinnvolles zu tun?

Stelle dir selbst diese Fragen und du wirst sehen, dass du sie beantworten kannst. Solche Antworten kommen vor allem vom Unterbewusstsein. Alles, was du bisher erlebt hast, wurde dort abgespeichert. Unser Unterbewusstsein hat eine so enorme Kraft, dass sich bis heute noch kein Computer daran messen und auch nur annährend mithalten kann. Leider haben wir Menschen nie gelernt, das Unterbewusstsein für uns zu nutzen. Wir werden das Unterbewusstsein in einem späteren Kapitel noch etwas ausführlicher behandeln, doch eines kann ich dir jetzt schon sagen: *Stelle ihm die richtigen Fragen und es wird darauf reagieren.*

Etwas sei noch angemerkt: Verwende bitte keine Warum- und Weshalb-Fragen, sondern arbeite mit denjenigen, die ich oben aufgeführt habe. Diese Fragen werden dir helfen, deinen Fokus zu verändern und ermöglichen dir somit eine positive Handlung. Lass dich überraschen. Vielleicht oder wahrscheinlich kommen die Antworten nicht sofort, deshalb ist es auch so wichtig, ständig achtsam zu sein, denn **ganz plötzlich** und wie aus dem Nichts könnten dir gewisse Erkenntnisse zufliegen. Und dann gilt es, sie aufzuschreiben. Genau deshalb ist es ja dein Ziel, mindestens 50 Stärken zu finden, noch bevor du dieses Buch zu Ende gelesen hast.

Falls du der Meinung bist, dass dir ganz locker 50 Stärken von dir einfallen, so bitte ich dich, nach 50 weiterzumachen, bis du vielleicht 80 oder noch mehr Stärken gefunden hast. Menschen, die mit solchen Aufgaben geübt sind, werden das relativ leicht hinkriegen. Aber solche, die sich bisher noch nicht so richtig mit sich selbst beschäftigt haben, werden zu

Beginn womöglich etwas mehr Zeit dafür benötigen. Glaube mir, das wird sich mindestens 1000fach für dich lohnen!

Nochmals zur Erinnerung:

Je mehr du dir deiner selbst und deiner Eigenschaften bewusst wirst, desto eher wird dir auch deine Einzigartigkeit bewusst. Vergiss bitte eines niemals: Du bist ein Original und es gibt dich in dieser Konstellation kein zweites Mal! Ich empfehle dir deshalb, jeden Tag ein paar Minuten in diese Übung zu investieren, bis du deine 50 Stärken gefunden hast.

Kein Mensch weiß, was in ihm steckt, solange er nicht versucht hat, es herauszufinden.

Ernest Hemingway

Das Ganze hat allerdings noch einen weitaus tieferen Grund. Es geht nicht nur darum, so viele Stärken wie möglich zu finden, *es geht vor allem darum, seine Gabe zu entdecken.* Eine Gabe ist ein besonderes Talent, das dir der liebe Gott geschenkt hat. Diese Gabe entdeckt man für gewöhnlich nicht in ein paar Minuten, sondern braucht dafür etwas länger. Es ist eine Herausforderung, sein Talent zu finden, es zu entwickeln und dann auch in sein Leben zu integrieren. Ich konnte feststellen, dass die meisten Menschen nicht bereit sind, einen Preis dafür zu bezahlen. *Und doch kennt das Leben dafür nur eine Währung und die heißt Einsatz!*

Ich bin ein großer Sportfan. Hast du dich schon jemals gefragt, was einen Amateur von einem Profi unterscheidet? Der Profi arbeitet bedeutend härter und seine Einsatzbereitschaft ist enorm hoch. Er hat sich der Entwicklung seiner Stärken verpflichtet, um so auch seiner Gabe gerecht zu werden und letzten Endes zur absoluten Spitze zu gehören. Dahinter steckt sehr viel Arbeit, denn den allerwenigsten Menschen wird im Leben etwas geschenkt.

Deshalb wird es auch länger als fünf Minuten dauern, seine Gabe zu entdecken. Aber immer schön der Reihe nach. Fange erst einmal mit deinen Stärken an und je mehr du davon findest, desto eher wirst du auch auf deine Gaben stoßen. *Hab Vertrauen, denn das Leben meint es gut mit uns und auch du bist auf diesem Planeten, um Außergewöhnliches zu vollbringen.*

Gut möglich, dass sich jetzt dein innerer Kritiker, um nicht zu sagen Schweinhund, meldet und dem widersprechen will. Sollte das der Fall sein, nimm es mit Humor und sag ihm auf eine nette Art und Weise, dass er die Klappe halten soll. Jeder Mensch hat diesen inneren Kritiker, der sich immer dann meldet, wenn er etwas Neues wagen will. Ja, dieser Typ kann manchmal so richtig fies und nervig sein. Doch weißt du, es ist besser, ihm keine große Bühne zu bieten. Denn je mehr du ihn beachtest, desto mehr freut er sich, desto größer wird er und desto mehr „beherrscht" er dich!

Merke dir deshalb einen ganz wichtigen psychologischen Grundsatz:

Alles, was beachtet wird, verstärkt sich.

Alles, was nicht beachtet wird, schwächt sich mit der Zeit mehr und mehr ab.

Oder auch:

Alles, worauf ich meinen Fokus lege, wird wachsen!

Nun möchte ich dich bitten, deinen Fokus auf deine Stärken auszurichten. Ich wünsche dir viel Spaß und großartige Erkenntnisse bei dieser Übung!

Das sind meine Stärken:

1) _____

_____

2) _____

_____

3) _____

_____

4) _____

_____

5) _____

_____

6) _____

_____

7) _____

_____

8) _____

_____

9) _____

_____

10) _____

_____

11) _____

_____

12) _____

_____

13) _____

_____

14) _____

_____

15) _____

_____

16) _____

_____

17) _____

_____

18) _____

_____

19) _____

_____

20) _____

_____

21) _____

_____

22) _____

_____

23) _____

_____

24) _____

25) _____

26) _____

27) _____

28) _____

29) _____

30)

31)

32)

33)

34)

35)

36) _____

37) _____

38) _____

39) _____

40) _____

41) _____

42) _____

43) _____

44) _____

45) _____

46) _____

47) _____

48) _____

_____

49) _____

_____

50) _____

_____

51) _____

_____

52) _____

_____

53) _____

_____

54) _____

_____

55) _____

_____

56) _____

_____

57) _____

_____

58) _____

_____

59) _____

_____

60) _____

_____

61) _____

_____

62) _____

_____

63) _____

_____

64) _____

_____

65) _____

_____

66)

67)

68)

69)

70)

71)

72) _____

_____

73) _____

_____

74) _____

_____

75) _____

_____

76) _____

_____

77) _____

_____

78) _____

_____

79) _____

_____

80) _____

Nun, wie sieht es aus, wie viele hast du schon aufgeschrieben?

Weshalb poche ich eigentlich so sehr darauf? Ganz einfach: Du bist mir wichtig!

Ja, du hast richtig gelesen, du bist mir wichtig und ich möchte, dass wir gemeinsam deine Persönlichkeit erforschen und weiterentwickeln, *denn genau dort ist das Geheimnis deines ICHs vergraben.* Und so ganz nebenbei sind solche Übungen wie diese hervorragend geeignet, dein Selbstvertrauen zu stärken – davon können wir gar nicht genug haben! Wir können es weder irgendwo bestellen, downloaden oder kaufen noch gibt es eine Pille dafür, sondern wir müssen es Schritt für Schritt entwickeln. Solche Übungen sind wie geschaffen dafür.

Weshalb sollten es aber mindestens 50 Stärken und im Idealfall noch mehr sein? Ganz einfach, weil 50 das absolute Minimum sind. Menschen, die die Extrameile im Leben gehen, sind niemals Minimalisten. NIE! Sie leisten mehr, als man von ihnen erwartet, und sie sind stets bestrebt, an sie gestellte Erwartungen zu übertreffen.

Richtige Master eben.

Eine Bonusübung für Nichtminimalisten

Führe ab sofort ein Erfolgstagebuch. Schreibe dort deine täglichen Erfolge nieder. Was ist dir heute gut gelungen und wofür kannst du stolz auf dich sein? Zwei bis drei Erfolge pro Tag reichen zu Beginn völlig aus. Natürlich kannst du auch noch mehr Erfolge notieren, kein Thema! Doch bereits drei tägliche Erfolge machen in einem Jahr 1095 Erfolge aus und das ist schon eine ganze Menge. Es müssen auch gar nicht immer die ganz großen Ereignisse sein, vielmehr kann es sich genauso um kleine Teilerfolge handeln, auf die du stolz bist, eben Dinge, die dir gut gelungen sind. Fragst du dich jetzt vielleicht, was dir das bringen soll?

Nun ja, mit dieser Übung verschiebst du deinen Fokus hin zu den positiven Dingen und Erlebnissen und prägst dadurch dein Gehirn und Unterbewusstsein. Deshalb dürfen wir es nicht versäumen, unsere täglichen Erfolge aufzuschreiben.

Hier einige Beispiele, um dir das Ganze etwas besser zu veranschaulichen:

1. Ich habe heute der Kassiererin aufrichtig einen schönen Tag gewünscht.

Normalerweise mache ich das nie, doch ich habe es gewagt. Ich habe etwas gegen meine Kontaktblockaden getan und mich auch dazu überwunden. Und so ganz nebenbei konnte ich erkennen, wie sich die Kassiererin darüber gefreut hat. So schön, dass ich ihr damit eine Freude bereitet habe. Auch mir geht es dadurch gleich viel besser.

2. Ich habe heute jemandem ein Lob ausgesprochen, weil er etwas gut gemacht hat. Normalerweise bin ich kein Mensch, der anderen Komplimente macht, doch heute bin ich über meinen Schatten gesprungen und habe es getan – ich bin so stolz auf mich!

3. Heute habe ich eine Aufgabe erledigt, die ich schon lange erledigt haben wollte. Ich bin endlich ins Handeln gekommen und habe dadurch meine Aufschieberitis über Bord geworfen. Das hast du (dein Name) toll gemacht, weiter so!

Das sind nur einige Beispiele, wie dein Erfolgstagebuch aussehen könnte. *Und so ganz nebenbei wirst du dadurch auch sehr viele Stärken von dir entdecken und ganz locker 50 oder mehr davon finden.* Wie schon erwähnt, wird es deinem Selbstwertgefühl und Selbstvertrauen enorm guttun. Doch machen musst du es schlussendlich selbst, niemand kann das für dich übernehmen und weißt du, das ist auch gut so. Ich bin ein echter Fan von Eigenverantwortung bzw.

Eigeninitiative. Ich hatte ja schon erwähnt, dass ich einen großen Teil meines Lebens damit verbracht habe zu analysieren, was erfolgreiche von erfolglosen Menschen unterscheidet. Ein Faktor sind unter anderem diese beiden Eigenschaften. Fang an (wenn du es noch nicht tust), Verantwortung für dich und dein Leben zu übernehmen. Ja, du und ich können Einfluss darauf nehmen, was in unser beider Leben geschieht. Du für deines und ich für meines. Selbstverständlich können wir nicht sämtliche Ereignisse kontrollieren, aber wie wir darauf reagieren und vor allem agieren sehr wohl. Falls es etwas gibt, womit du unzufrieden bist, handle sofort, nutze es als Ansporn, ändere es und übernimm die volle Verantwortung dafür. Gib niemand anderem die Schuld für deine jetzige Situation, denn wem du die Schuld gibst, dem gibst du auch die Macht.

Ich erlebe relativ häufig, dass Menschen die Schuld für ihre eigene Situation auf andere schieben und sie dafür verantwortlich machen. Die Zahl der Schuldigen ist dabei unbegrenzt. Die Politik, der Staat, der doofe Arbeitgeber, die lieben Eltern, die netten Nachbarn, die gemeinen Arbeitskollegen, die Versicherung und, und, und.

Doch in Wahrheit gibt es nur einen einzigen Verantwortlichen: **ich selbst!**

Siehst du den Typen, der dich im Spiegel da anstarrt? Das ist dein härtester Gegner. Das gilt im Ring und mit Sicherheit auch im Leben.

Sylvester Stallone als Rocky Balbao im Film „Creed"

GEDANKEN

Ich präzisiere: Es sind deine eigenen Gedanken, sowohl positive als auch negative! Mit den richtigen Gedanken kannst du so gut wie jede Herausforderung meistern.

Hast du dir jemals Gedanken über deine Gedanken gemacht und wie mächtig diese sind? Wir denken ständig und das, ohne es uns bewusst zu machen. Wissenschaftliche Studien haben ergeben, dass ein Mensch pro Tag bis zu 80 000 Gedanken hat. Sie kommen und gehen. Es ist so gut wie unmöglich, nicht zu denken. Gedanken sind Energie, die unsere Realität erschaffen. Ist es tatsächlich möglich, dass wir mit unserem Denken Einfluss auf die Materie und somit auch auf unser Leben nehmen können?

1905 stellte der berühmte Physiker Albert Einstein der Welt seine berühmt gewordene Formel ($E = mc2$) vor, welche die Beziehung zwischen Energie und Materie erklärt. Erreicht die Materie Lichtgeschwindigkeit, nennen wir sie Energie. Sinkt sie jedoch auf 0 ab, bleibt sie Materie. In Einsteins Formel bedeutet E Energie, m Masse oder Materie und c die Lichtgeschwindigkeit. Er zeigt auf, dass Masse und Energie nur zwei verschiedene Wesensformen sind. Ein wichtiges Ergebnis seiner Relativitätstheorie war, dass Masse und

Energie im Prinzip ein und dasselbe sind und sich unter bestimmten Voraussetzungen wechselseitig ineinander verwandeln können. Im Umkehrschluss heißt das nichts anderes, als dass unsere Gedanken die Materie, also unser Leben, erschaffen. In der Quantenphysik stolpern wir diesbezüglich immer wieder mal über die folgenden zwei Sätze:

Materie folgt dem Geist oder anders ausgedrückt, der Geist erschafft die Materie.

Jeder Gedanke, den ein Mensch denkt, wird in den Kosmos ausgesandt und zieht nach dem Gesetz der Anziehung das an, woran wir am häufigsten und intensivsten denken. Hast du schon einmal an einen Menschen gedacht und kurze Zeit später hat sich diese Personen bei dir gemeldet? Gedanken sind magnetisch und besitzen eine Frequenz. *An etwas zu denken heißt, es auch einzuladen, weil Gedanken Schwingungen sind.* Die Qualität dieser Gedankenschwingungen, die wir täglich aussenden, löst in unserem Umfeld eine entsprechende Reaktion aus. Vereinfacht ausgedrückt, Gleiches zieht Gleiches an!

Wenn du die Geheimisse des Universums finden willst, dann denke in Formen von Energie, Frequenzen und Schwingungen.

Nikola Tesla

Unsere Gedanken von heute bestimmen die Zukunft von morgen, denn sie sind die Ursachen dafür. Insbesondere die Gedanken, die uns zur Gewohnheit geworden sind, sind am einflussreichsten, denn sie haben uns zu dem gemacht, was wir heute sind. Das, was du heute den ganzen Tag so gedacht hast, war größtenteils dasselbe, was du gestern und vorgestern auch gedacht hast. Mittlerweile wissen wir, dass unsere Gedanken auch einen großen Einfluss auf unser Wohlbefinden und unsere Gesundheit haben. Die Qualität deines Lebens wird ganz besonders von deinem Denken, deinen Gefühlen und deinem Verhalten bestimmt. Das, was du säst, wirst du ernten.

Das Glück deines Lebens hängt von der Beschaffenheit deiner Gedanken ab. Unser Leben ist das Produkt unserer Gedanken.

Marc Aurel

Nun, zu dieser Erkenntnis scheint auch Marc Aurel schon vor fast 2 000 Jahren gekommen zu sein. Sie hat heute noch Gültigkeit, obwohl schon so viele Jahre seitdem vergangen sind. Darum sollte sie uns echt ins Grübeln bringen.

Denkgewohnheiten entstehen, indem gewisse Gedankenmuster (und Handlungen) ständig wiederholt werden. Das geht so lange, bis sie in Fleisch und Blut übergegangen sind. Nein, das passiert nicht einfach so von einem Tag zum anderen. Es ist ja nicht so, dass du etwas denkst und ein paar Minuten später hat sich das bereits manifestiert. Zum Glück ist das nicht so. Ich sage bewusst zum Glück, denn was wäre, wenn jeder negative Gedanke sofort Realität würde?

Denken wir erst gar nicht darüber nach.

Übung macht auch hier den Meister. Erst die Wiederholungen, der Glaube ans Gelingen und eine positive Erwartungshaltung machen das Ganze zu einem sehr erfolgversprechenden Gesamtpaket. Der berühmte amerikanische Philosoph Ralph Waldo Emerson hat das schon vor vielen Jahren exakt auf den Punkt gebracht:

„*Der Mensch ist, was er den ganzen Tag über denkt.*"

Wenn es doch wirklich so einfach wäre …, wirst du vielleicht jetzt denken.

JA, es ist tatsächlich so einfach! Zuerst kommt der Gedanke, anschließend das Handeln und zu guter Letzt das Resultat. Wenn ein Mensch bis 80 000 Gedanken täglich hat, wie viele vergeudet er wohl für Sinnloses, wie zum Beispiel sich selbst zu sabotieren, sich zu ärgern, zu streiten, sich zu sorgen, über Probleme nachzugrübeln und, und, und …

Und ja, genau so entstehen die sogenannten Destruktivprogramme – irgendwann sind wir dann tatsächlich der Ansicht, dass wir einfach so sind, wie wir sind. Dabei sind wir nicht einfach so, weil wir meinen, so zu sein. Unser Denken hat uns zu dem gemacht, was wir heute sind. Natürlich spielen die Gene und Veranlagungen eine gewisse Rolle. Doch die Erfahrungen, die wir im Leben gemacht haben, die Art der Erziehung, die wir genossen haben, haben uns in unserem Denken sehr stark beeinflusst und sie tun es immer noch.

WAS IST DENKEN ÜBERHAUPT?

Um dir das Ganze etwas greifbarer zu machen, möchte ich hier unsere Sinne mit dir gemeinsam unter die Lupe nehmen. Im NLP pflegen wir zu sagen, dass *Denken der innere Gebrauch der Sinne ist.* Wenn wir denken, sehen wir vor unserem geistigen Auge Bilder, sogenannte innere Bilder. Oder wir fühlen, hören, riechen und schmecken unter Umständen etwas, führen häufig Selbstgespräche. Denke jetzt bitte einmal an ein schönes Ereignis aus deiner Vergangenheit, z.B. an deinen letzten Urlaub, deine Hochzeit, deine Beförderung, deine Hobbys, ganz egal was, tu es für ein paar Sekunden und lies bitte erst danach weiter.

Schreibe deine Erkenntnisse nun hier oder auf einem separaten Blatt Papier nieder:

Was kam zuerst? Waren es Bilder, Geräusche, Gefühle, Gerüche oder ein Geschmack, die du bei deiner Reise in die Vergangenheit wahrgenommen hast?

Nicht jeder Sinneskanal ist dabei gleichermaßen ausgeprägt. In der Regel sind es die ersten drei (visuell, auditiv, kinästhetisch), die am aktivsten sind. Wir benutzen unsere Sinneskanäle permanent, und zwar ohne dass es uns wirklich bewusst wäre. Wir nehmen Infos aus unserer Umwelt wahr (externer Einfluss) und meistens verarbeiten wir diese auf unsere Art und Weise (interner Einfluss). Bei beiden Vorgängen tun wir nichts anderes als zu denken. Demzufolge ist es elementar wichtig, dass wir uns der Prozesse, welche in unserem Gehirn stattfinden, tatsächlich bewusst werden, um somit auch bestimmte gewollte Veränderungen in unserem Denken vornehmen zu können.

Wir nehmen die Welt mit unseren fünf Sinnen wahr:

1. visuell (sehen)

2. auditiv (hören)

3. kinästhetisch (fühlen)

4. olfaktorisch (riechen)

5. gustatorisch (schmecken)

Lass uns nun die Sinneskanäle einmal etwas näher anschauen, um herauszufinden, welcher Kanal bei dir am ausgeprägtesten ist. Dies zu erkennen, wird dir bei der Weiterentwicklung deiner Denkweise sehr behilflich sein.

1. Der visuelle Typ

- denkt und spricht oft in Bildern.
- legt sehr viel Wert auf Äußeres (Attraktivität).
- nimmt die Welt vor allem visuell wahr.
- achtet bei Kleiderauswahl auf die Konstellation der Farben.
- findet Blickkontakt sehr wichtig.
- spricht häufig sehr schnell.
- hat eine schöne Handschrift.

Wörter und Sätze, die er verwendet:

Das sehe ich auch so.

Halt die Augen offen.

Davon muss ich mir erst mal ein Bild machen.

Lass uns etwas Licht ins Dunkle bringen.

Ich möchte dir gerne etwas zeigen.

Das sieht gut aus.

Er muss wohl Tomaten auf den Augen haben.

Das kann ich mir überhaupt nicht vorstellen.

Betrachten wir das Ganze mal von einer anderen Seite.

Das ist ein schönes Kleid.

Ich richte meinen Fokus auf das Wesentliche.

Lass uns das anschauen.

Das habe ich neulich beobachtet.

Wo steht das geschrieben?

Verarbeiten von Informationen:

Da dieser Mensch vor allem in Bildern denkt, fällt ihm das Visualisieren relativ leicht. Sein großer Vorteil ist, dass er sich das Gesehene gut und schnell merken kann. Erinnerungen werden daher oft in Bildern abgerufen. Gesichter von

Menschen speichert er mit Leichtigkeit ab, sogar, welche Kleidung diese Personen am besagten Tag trugen. Informationen werden von ihm relativ schnell verarbeitet und er lernt am besten übers Beobachten. Für den visuellen Typ sind Bilder, Grafiken oder Powerpoint-Präsentationen zum Aufnehmen von Wissen unerlässlich.

2. Der auditive Typ

- denkt in Worten und Sätzen.
- spricht ruhig und langsam.
- spricht oft zu sich selbst.
- ist ein guter Zuhörer.
- reagiert empfindlich auf Geräusche.
- achtet auf die Wortwahl und legt viel Wert auf die Betonung.
- liebt Fachgespräche.
- hat eine eher mittelmäßige Handschrift.

Wörter und Sätze, die er verwendet:

Leih mir mal dein Ohr.

Du hast eine kraftvolle Stimme.

Habe ich mich deutlich ausgedrückt?

Das hört sich gut an.

Erzähl mir mehr davon.

Das klingt wie Musik in meinen Ohren.

Rede nicht so laut.

Lass uns das besprechen.

Das klingt nach Ärger.

Sie hat ihm einen Floh ins Ohr gesetzt.

Was ist das für ein Krach?

Der redet zu leise und ich verstehe fast kein Wort von dem, was er sagt.

Was ist das bloß für ein komisches Geräusch?

Schatz, wir müssen reden.

Verarbeiten von Informationen:

Dieser Mensch speichert Informationen vor allem über das Gehörte ab. Das Visualisieren fällt ihm etwas schwer, dafür kann er sich gesprochene Worte gut und lange merken. Beim Denken führt er oft einen inneren Dialog. Informationen werden von ihm in einem mittleren Tempo verarbeitet und am besten lernt er, wenn er darüber reden kann. Gespräche und Diskussionen sind für den auditiven Typen geradezu ein Muss.

3. Der kinästhetische Typ

- lebt von und in seinen Gefühlen (Gefühlsmensch).

- muss die „Dinge" anfassen können, damit er es besser versteht.

- ist ein Macher – er will anpacken und etwas bewegen.

- hat eine betonte Körpersprache.

- umarmt kräftig bzw. hat einen kräftigen Händedruck.

- liebt und braucht die Bewegung.

- hat eine verkrampfte Handschrift.

Wörter und Sätze, die er verwendet:

Da kriege ich eine Gänsehaut.

Ich habe das schon im Griff.

Packen wir es an.

Das fühlt sich gut an.

Ich könnte Bäume ausreißen.

Bleib mal auf dem Teppich.

Mir fällt ein Stein vom Herzen.

Das ist für mich noch nicht greifbar.

Ich bin ganz angespannt wegen dieser Sache.

Das Ganze geht mir echt auf den Keks.

Das berührt mich überhaupt nicht.

Eine große Last liegt auf meinen Schultern.

Verarbeiten von Informationen:

Dieser Mensch muss die Dinge anfassen (tasten, berühren, fühlen) damit sie für ihn im wahrsten Sinne des Wortes, „greifbar" und somit auch begreifbar werden.

Er ist ein Pragmatiker, der anpackt. Während die einen sich noch fleißig mit der Bedienungsanleitung beschäftigen, arbeitet er bereits an der Umsetzung. Informationen werden von ihm in einem eher langsamen Tempo verarbeitet. Er braucht Übungen, Beispiele, Gruppenarbeiten, um das Gelernte verarbeiten zu können, ganz nach dem Motto „Learning by doing"!

Der kinästhetische Typ ist in der Schule etwas benachteiligt, weil dort der Lernstoff über Geschriebenes oder über die Stimme der Lehrperson vermittelt wird.

Du kennst nun die drei Hauptkanäle. Der Vollständigkeit halber füge ich auch noch die beiden anderen Sinneskanäle hinzu:

4. Der olfaktorische Typ (Riechsinn)

Wörter und Sätze, die verwendet werden:

Das riecht nach Ärger.

Mittlerweile weiß ich, dass Geld nicht stinkt.

Steck deine Nase nicht in fremde Angelegenheiten.

Die Sache stinkt doch bis zum Himmel.

Ich habe die Nase voll.

5. Der gustatorische Typ (Geschmackssinn)

Wörter und Sätze, die verwendet werden:

Die Sache schmeckt mir überhaupt nicht.

Prüfungen sind nie ein Honigschlecken.

Da läuft mir echt das Wasser im Mund zusammen.

Ich habe die Schnauze voll.

Die Geschichte hatte am Ende einen bitteren Beigeschmack.

Wie bereits erwähnt, ist nicht jeder Sinneskanal gleichermaßen ausgeprägt. Die ersten drei (visuell, auditiv, kinästhetisch) sind unsere Hauptkanäle. Jeweils einer dieser drei Sinneskanäle ist dabei dominant. Doch um jegliche Missverständnisse von vornherein aus der Welt zu schaffen, möchte ich etwas Wichtiges klarstellen: Wir nutzen alle unsere Sinneskanäle und es ist beileibe nicht so, dass jemand, der ein ausgezeichneter visueller Wahrnehmungstyp ist, keine Gefühle hat oder keine Informationen über das Gehörte aufnehmen kann. So ist es Gott sei Dank nicht! Einer der drei Sinneskanäle ist jedoch bei den meisten Menschen am stärksten ausgeprägt. Mit ihm nehmen wir die Informationen aus unserer Umwelt vorrangig wahr und verarbeiten diese dann auch. Es gibt jedoch auch Menschen, bei denen zwei Sinneskanäle fast gleichermaßen aktiv sind. Der dritte ist zwar vorhanden, jedoch eher passiv. Ja, das gibt es tatsächlich und es ist weder gut noch schlecht. Es geht vor allem darum zu erkennen, welchen Kanal bzw. welche Kanäle wir am meisten nutzen, um somit noch mehr Einfluss auf unser Denken nehmen zu können.

NUTZE DEINE SINNESKANÄLE BEWUSST

Wie sieht es nun bei dir aus, konntest du deinen favorisierten Sinneskanal bzw. deine am häufigsten genutzten Sinneskanäle ausfindig machen? Lass dir bitte dafür genug Zeit und verinnerliche das Ganze zunächst. Damit du dir eine neue bzw. bessere Denkweise aneignen kannst, um die gewünschten Ergebnisse zu erzielen, ist es von großer Bedeutung zu wissen, mit welchem Sinn du die Welt wahrnimmst und wie du diese Informationen verarbeitest und abspeicherst. Wenn du dann genau weißt, welcher Wahrnehmungstyp du bist, wird dein favorisierter Sinneskanal bzw. werden deine Sinneskanäle dich dabei optimal unterstützen. Es ist ein großer Unterschied, ob du zielgerichtet denkst und die Welt so bewusst wahrnimmst oder ob du es einfach nebenbei tust. Natürlich ist auch das möglich, doch passiert es dann einfach so, ohne dass es dir bewusst ist. *Aber wir wollen ja ab jetzt ganz bewusst Einfluss auf die Entwicklung unseres Lebens nehmen!*

Wir Menschen wurden mit unglaublichen Fähigkeiten ausgestattet – leider wurde aber den wenigsten beigebracht, richtig zu denken und das Unterbewusstsein sowie die bevorzugten Sinne dafür konsequent einzusetzen.

Die Persönlichkeitsentwicklung fängt sehr früh an

Hast du Kinder oder möchtest du mal welche haben? Wenn ja, dann lies dir diesen Abschnitt besonders aufmerksam durch, denn dein Kind wird es dir danken!

Falls dein Kind in der Schule Mühe hat und schlechte Noten mit nach Hause bringt, heißt das noch lange nicht, dass es nicht intelligent genug oder gar unbegabt ist. Meistens verbirgt sich dahinter eine Persönlichkeit mit einem ausgeprägten kinästhetischen Sinneskanal. *Dieser Mensch (Kind) muss die Dinge anfassen*, damit er sie versteht! Bedauerlicherweise gestaltet sich das beim Ziehen der Wurzel aus 144 oder den geometrischen Reihen etwas schwierig. Fördere dein Kind, statt es in dieser Beziehung zu überfordern und gib ihm die Zeit zum Üben.

Lass dein Kind auch kreativ sein. Es soll malen, singen, zeichnen, basteln und, ja, auch spielen! Gerade durch das Spielen lernt dein Kind elementare Dinge. Dieses Noch-Kind-sein-Dürfen ist enorm wichtig und wappnet es für sein ganzes Leben.

Aus der Hirnforschung wissen wir, dass das Spielen für hervorragende Vernetzungen im Gehirn sorgt. Es macht die Kinder nicht nur glücklich, sondern fördert auch deren Hirnentwicklung. Natürlich wollen wir Eltern nur das Beste für unsere Kinder, was denn sonst?! Aber tun wir ihnen tatsächlich einen Gefallen, wenn wir sie in ihren Talenten und

Begabungen bremsen, indem wir sie dort fördern und fordern, wo sie es nicht brauchen und auch gar nicht wollen? Helfen wir Kindern tatsächlich damit, dass wir sie bereits im Kindergarten mit Rechenaufgaben beglücken, nur weil die Gesellschaft es von uns erwartet und damit sie später auch ja konkurrenzfähig sind?

Jeder von uns ist ein Genie! Aber wenn man einen Fisch danach beurteilt, ob er auf einen Baum klettern kann, wird er sein ganzes Leben lang glauben, dass er dumm ist.

Albert Einstein

Dass dieses Zitat hier nochmals erscheint, ist kein Fehler. Aber weil es so essenziell ist, führe ich es hier ein zweites Mal an. Ich erlebe das noch heute so häufig, dass ich Albert Einsteins Worte gar nicht oft genug zitieren kann.

Unser Schulsystem beurteilt unsere Fähigkeiten häufig dadurch, wie gut wir Sachen auswendig gelernt haben, die in ein paar Monaten fast komplett wieder vergessen sind. Leider ist das noch immer so!

Darüber hinaus lernen wir so vieles, das für unsere Allgemeinbildung zwar gut sein mag (wie die Einwohnerzahl Grönlands, die Länge des Nils oder welche Schlachten im Mittelalter geführt wurden), doch für den weiteren Verlauf unseres Lebens keinen allzu großen Mehrwert bietet. Zudem wird uns relativ früh eingetrichtert, dass wir keine Fehler machen dürfen und funktionieren müssen.

Dabei bieten doch gerade Fehler ein großes Potenzial, um daraus zu lernen und sich weiterentwickeln zu können. Nur weil dein Kind für den einen oder anderen Lernstoff vielleicht länger braucht als seine Mitschüler oder Geschwister, bedeutet das noch lange nicht, dass es keine Begabungen hat oder gar nicht intelligent genug wäre! Weit, weit gefehlt! Die Persönlichkeitsentwicklung ist in unserem Schulsystem, wenn sie überhaupt vorkommt, seit jeher leider nur ein Randthema. Eine Erkenntnis, zu der ich nicht allein gekommen bin, sondern etliche ganz große Persönlichkeiten vor mir, unter anderem eben auch der oben zitierte Albert Einstein.

Der Brief des Schuldirektors

Vor einiger Zeit bin ich im Internet über ein Dokument gestolpert, das mich echt gefesselt hat. Ich habe den Text aus dem Englischen übersetzt und bitte dich nun, ihn gründlich zu lesen und auf dich wirken zu lassen. Es handelt sich um einen Brief, den ein Schuldirektor aus Singapur verfasst hat:

Liebe Eltern,

die Prüfungen Eurer Kinder stehen bald an und ich weiß, dass Ihr unbedingt wollt, dass sie gute Noten schreiben. Aber ich bitte Euch, eine Sache dabei zu berücksichtigen: Unter allen Schülern, die dort sitzen und diese Prüfungen schreiben werden, ist ein Künstler, der Mathe einfach nicht verstehen möchte. Da ist ein Unternehmer, der sich nicht um Geschichte oder englische Literatur kümmert. Da ist ein Musiker, dessen Chemienoten ihm nicht wichtig sind. Da ist ein Sportler, dem seine körperliche Fitness wichtiger ist als Lektionen über Physik. Wenn Euer Kind gute Noten kriegt, ist das großartig. Aber wenn sie oder er die nicht kriegt, dann nehmt ihnen nicht ihr Selbstbewusstsein oder ihre Würde weg. Sagt ihnen, es ist okay – es ist nur eine Prüfung. Sie sind für etwas viel, viel Größeres im Leben bestimmt. Sagt ihnen, egal was für Noten sie nach Hause bringen, dass Ihr sie liebt und dass Ihr sie nicht verurteilen werdet. Bitte tut das! Und während Ihr das tut, schaut Euch Eure Kinder an, wie sie die Welt erobern werden.

Eine Klausur oder eine schlechte Note wird niemals ihre Träume oder Talente zerstören. Und bitte glaubt nicht, dass nur Doktoren und Ingenieure die einzigen glücklichen Menschen auf dieser Welt sind!

*Mit ganz warmen Grüßen
der Schuldirektor*

Ich finde diese Worte nicht nur rührend, sondern auch motivierend. Einem Schema F zu folgen, ist relativ einfach. Einem Kind jedoch seine Einzigartigkeit zu verdeutlichen und nahe zu bringen, ist um Einiges anspruchsvoller. Wofür entscheidest du dich?

Bildung ist in meinen Augen einer unserer größten Reichtümer überhaupt, doch persönlich bin ich der Meinung, dass unser Schul- und Bildungssystem etwas überarbeitet werden sollte. Anstatt mehr auf die Individualität und Persönlichkeit eines Menschen zu setzen und diese auch zu entwickeln, fördern wir stattdessen noch immer mehr die Fachdiplomjäger. Es werden fleißig neue Lehrgänge und Diplome geschaffen, von denen bis gestern niemand wusste, dass es sie überhaupt gibt. Dass darüber hinaus sehr gute Alternativen existieren, wird meiner Meinung nach leider etwas vernachlässigt.

Gern möchte ich dir das anhand eines Beispiels aus der Praxis etwas veranschaulichen:

Vor ein paar Monaten war ich bei einem Anlass und kam mit einer Dame, die Leiterin Human Resources in einem Betrieb ist, ins Gespräch. Ich fragte sie, was man für den Einstieg ins HR in ihrem Unternehmen mitbringen muss. Ihre Antwort: „Mindestens den Bachelor." Ich versuchte, meine Frage zu präzisieren und stellte sie deshalb nochmals. „Ich meine nicht gleich eine Leitungsfunktion im HR, sondern einen generellen Einstieg. Ihre Antwort: „Ja eben, den Bachelor setzen wir mindestens voraus."

„Okay, ich verstehe. Das heißt, dass Sie und Ihre Assistentin also mindestens den Master haben, wenn Sie den Bachelor bei Einsteigern voraussetzen?" Die Dame schaute mich etwas verlegen an, zögerte einen Moment mit ihrer Antwort und sagte dann Folgendes: „Nicht ganz, weder ich noch meine Assistentin haben eine höhere Fachausbildung abgeschlossen, sondern sind einfach mal so ins HR eingestiegen und haben uns unser Wissen im Job nach dem Motto ‚Learning by doing', angeeignet." Spannende Aussage, dachte ich so für mich, doch ich fragte noch weiter. „Wie sieht es denn aus, wenn jemand eine Ausbildung als HR-Fachfrau/mann absolviert hat, würde das denn als Einstieg oder sogar für etwas mehr nicht auch ausreichen?" „Herr Sekulic, diese Frage kann ich Ihnen so gar nicht beantworten, ich frage mal meine Assistentin, vielleicht weiß sie es."

Um es kurz zu machen, auch sie wusste es nicht. Ich musste schon ein wenig über diese Reaktionen und Antworten schmunzeln. Tatsächlich gibt es einige sehr gute Ausbildungen, um dann im Human Resources Fuß fassen bzw. um auch verantwortungsvolle Positionen bekleiden zu können. Doch ich fand es echt spannend, dass jemand, der als Leiterin HR tätig ist, außer dem Bachelor keine dieser Ausbildungen kannte. Zwar wusste sie, dass der Bachelor Voraussetzung ist, um bei ihnen einzusteigen, doch ob sie die Inhalte dieser Ausbildungsgänge wirklich kannte, ist eine mindestens ebenso interessante Frage.

Was sagt ein großer Unternehmer zur heutigen Bildung?

„Unsere Kinder könnten den Kampf gegen die Maschinen verlieren. Roboter übernehmen bis 2030 mehrere Millionen Jobs. Bildung ist also die große Herausforderung. Ändern wir nicht, wie wir unterrichten, dann haben wir in 30 Jahren große

Probleme. Die Art, wie wir lehren, die Dinge, die wir unseren Kindern beibringen, stammen aus den letzten 200 Jahren. Sie basieren auf Wissen. Wir können unseren Kindern nicht beibringen, mit Maschinen zu konkurrieren. Lehrer müssen aufhören, lediglich Wissen zu vermitteln. Kinder sollten etwas Einzigartiges lernen, dann können Maschinen sie nicht einholen. Folgende Dingen sollten wir ihnen beibringen: Werte, Überzeugungen, unabhängiges Denken, Teamarbeit, Mitgefühl gegenüber anderen. Das alles sind Soft-Skills, welche ihnen beigebracht werden müssten. Darüber hinaus sollten wir unsere Kinder in Sport, Musik, Malerei, und Kunst fördern. Auf diese Weise können wir sicherstellen, dass Menschen anders sind. Alles, was wir unterrichten und unsere Kinder lehren, muss sich von den Maschinen unterscheiden. Wenn es die Maschinen besser können, müssen wir nochmals darüber nachdenken."

Eine sehr spannende Aussage oder wie siehst du das?

IQ ODER EQ?

Selbstverständlich benötigen wir Fachkenntnisse, wo kämen wir denn hin, wenn wir diese überhaupt nicht mehr hätten? Doch Empathie, Belastbarkeit, Interesse an seinen Mitmenschen und für fremde Kulturen, Kreativität, Kommunikation, Menschenkenntnis, ein gesundes Selbstvertrauen, die Fähigkeit, die Welt des anderen zu betreten und seine Sichtweise zu verstehen, Offenheit, eine positive Einstellung zu Herausforderungen, Eigenreflexion sind bedeutend wichtiger als all die ständig hochgelobten und total überschätzen Fachkompetenzen und Titel.

Wo, bitte schön, bleibt dabei der EQ, die emotionale Intelligenz?
Ich nehme vermehrt wahr, dass sich immer mehr Experten mit diesem EQ beschäftigen. Neueste Studien haben ergeben, dass Menschen mit einem hohen EQ schneller und höher in einem Unternehmen aufsteigen als die sogenannten „Superintelligenten" mit einem hohen IQ. Doch damit nicht genug, haben solche Personen meist auch privat eine beeindruckende Karriere hingelegt. Wie ist so etwas möglich? Ganz einfach, weil sie gelernt haben, an ihrer Persönlichkeit zu arbeiten und sie mit anderen Menschen gut umgehen können. Ob mit der Mutter, Tante, Schwester, Ehefrau, dem Bruder, Vorgesetzten oder Ehemann – völlig egal, diese Menschen verstehen es, andere auf ihre Seite zu holen und

somit auch ihre Sympathien für sich zu gewinnen. Sie haben verstanden, wie wichtig es ist, eine gewinnbringende Persönlichkeit zu sein und dass das der Schlüssel zu einem erfolgreichen Gelingen ist. Deshalb investieren sie auch viel in diesen Bereich. Mal angenommen, jemand spricht fließend sieben Sprachen. Wenn er aber nie richtig gelernt hat, mit Menschen zu sprechen, sind all seine Fremdsprachenkenntnisse höchstens noch die Hälfte wert. Kommunikation ist etwas enorm Wichtiges und gleichzeitig mit das Schwierigste. Doch gute Kommunikation ist nicht nur Reden, sondern vor allem Zuhören. Auch das fällt unter emotionale Intelligenz. Personen, die damit professionell umgehen, haben darin viel Übung.

Das Wertvollste im Leben ist die Entfaltung der Persönlichkeit und ihrer schöpferischen Kräfte.

Albert Einstein

MANAGER OHNE MASTERDIPLOM

Nehmen wir mal all die Frauen, die sich teilweise oder auch ganz der Familie verpflichtet haben und diese **managen** dürfen/müssen. Solche Frauen – und auch Männer, die ihren Haushalt samt Kindern und Partner managen – sind ebenfalls große Führungspersönlichkeiten. Ja, sie sind wahrhafte Master! Solche Menschen haben für gewöhnlich eine hohe emotionale Intelligenz.

Welchen Preis, und unter Preis verstehe ich den Einsatz, bezahlt so eine Person, die zudem noch einen wichtigen Beitrag für die Gesellschaft leistet? Wie viel investiert sie wohl in die Erziehung ihrer Kinder und damit in die Generation von morgen? Wie viel Energie muss eine Frau aufbringen, um sowohl ihren Kindern eine fürsorgliche Mutter als auch ihrem Mann eine gute Ehefrau zu sein? Mal ganz zu schweigen von den alleinerziehenden Müttern und Väter.

Wohin hat uns diese Jagd nach Titeln in den letzten Jahren geführt? Wie haben sich die familiären Werte in den vergangenen Jahren entwickelt? Denke auch darüber mal in aller Ruhe nach. Ich habe nicht wenige Menschen getroffen, die alles für ihre Karriere getan haben, aber irgendwann feststellen mussten, dass ihnen doch etwas fehlt. Ein Partner, der sie liebt, sie umarmt und aufmuntert. Kinder, die ihnen ihre Liebe zeigen und ihre Dankbarkeit zum Ausdruck bringen. Nicht wenige stellen eines Tages eine gewisse Leere fest. Mir persönlich tut das weh, wenn ich solche Menschen leiden sehe. Ich finde es sehr schade, wenn diese Personen im Verlauf ihres Lebens feststellen müssen, dass sie die falschen oder nur gewisse Ziele verfolgt und dabei auch noch die Beziehung zu ihren Mitmenschen völlig vernachlässigt haben. Was wird am Ende mehr schmerzen? Das Diplom, der Titel, der Status, die Karriere, welche im Sortiment noch fehlt, oder die verlorene Liebe der anderen? Diese Frage muss jeder für sich selbst beantworten, doch ich persönlich durfte in meinem bisherigen Leben etwas Wertvolles lernen:

Hinter jedem erfolgreichen Mann steckt sehr oft eine starke und mindestens genauso erfolgreiche Frau. Hinter jeder erfolgreichen Frau steckt meistens auch ein starker und mindestens genauso erfolgreicher Mann.

Ja, es gibt tatsächlich Menschen, die das alles unter einen Hut bringen können und davor ziehe ich meinen Hut. Diese Menschen haben meinen allergrößten Respekt.

Sie sind jedoch alles andere als Übermenschen und auch keine Fachgenies, sondern großartige, starke Persönlichkeiten. Ich bin ein echter Fan von Menschen, die große berufliche Ziele haben, doch selbst das beste und größte Ziel ist in meinen Augen nicht erstrebenswert, *wenn das private Glück letztlich irgendwo auf der Strecke bleibt.*

Meine Empfehlung an dich:

Arbeite bedingungslos an allen Bereichen deines Lebens. Kümmere dich unbedingt um die Menschen, die es gut mit dir meinen und auch in schweren Zeiten zu dir stehen. Zeig ihnen, dass sie dir wichtig sind und verbringe regelmäßig Zeit mit ihnen, denn genau diese Augenblicke geben uns Kraft und spornen uns an, damit wir auch in anderen Bereichen unseres Lebens top Leistungen erbringen können. Und so ganz nebenbei löst so etwas bei allen Beteiligten Glücksgefühle aus und das hat sehr viel mit emotionaler Intelligenz zu tun.

Glück ist das Einzige, das sich verdoppelt, wenn man es teilt.

Albert Schweitzer

Ich respektiere Menschen, die einen hohen Grad an Bildung und womöglich auch einen Doktortitel haben. Mein allergrößter Respekt gebührt diesen Personen und ich bin sehr dankbar, dass ich von ihnen lernen durfte. Ich will auch nicht den Eindruck erwecken, dass ich etwas gegen Fachkompetenz hätte. Weit gefehlt, denn Fachwissen ist enorm wichtig. Doch wir brauchen keine Diplomjäger und am allerwenigsten benötigen wir das Schubladisieren, weil jeder Mensch einzigartig ist. Das, was wir am allermeisten benötigen, sind gewinnbringende Persönlichkeiten, die für Individualität und Menschlichkeit stehen. Wir brauchen Menschen mit Visionen, die ihren Beitrag leisten möchten, um die Welt zu einem besseren Ort zu machen. Wir brauchen Menschen, die uns inspirieren, uns dabei helfen, etwas Grandioses aus unserem Leben zu machen.

Nur Persönlichkeiten bewegen die Welt, niemals Prinzipien.

Oscar Wilde

Wir brauchen Genies und „eigentlich" hätten wir sie ja auch, denn jeder von uns ist eines, auch DU! Welche Titel oder Diplome du hast, ist dabei zweitrangig. Und du bist nicht nur ein Genie, sondern vor allem auch einzigartig! Vielleicht fällt es dir schwer, mir das zu glauben – das geht absolut in Ordnung. Doch etwas kann ich dir versichern: Ich meine es zu 110 Prozent so. Ich ernte häufig, sagen wir mal etwas spezielle Blicke, wenn ich das zu jemandem sage. Wen wundert's? Unsere Gesellschaft und zum Teil auch gewisse Medien schränken uns extrem ein und vermitteln uns nicht selten, dass wir begrenzt sind in dem, was wir tun und anstreben. Und jetzt kommt da einer, der behauptet, dass ich etwas Besonderes, ja sogar Einzigartiges sei. Ja, ich sage das mit großer Überzeugung, weil ich auch ganz fest daran glaube.

Ich denke, dass es für gewöhnliche Menschen möglich ist, sich dafür zu entscheiden, außergewöhnlich zu sein.

Elon Musk

Allerdings spielt es nur eine untergeordnete Rolle, was ich oder wer auch immer denkt. Viel wichtiger ist es, was du von dir hältst. Der Hauptgrund, der uns am meisten daran hindert, uns zu entfalten, liegt in uns selbst. Wenn du deine inneren Stärken und Begabungen entdeckst, auf sie vertraust, und dir bewusst machst, wie viel verborgenes Potenzial in dir liegt, hast du bereits mehr erreicht als die breite Masse, denn genau die setzt sich mit solchen Fragen sehr selten bis niemals auseinander.

Das Leben ist die schwierigste Prüfung. Viele bestehen diese leider nicht, weil sie zu oft andere nachmachen und irgendwann entsetzt feststellen, dass diejenigen, welche sie kopiert haben, andere Prüfungsfragen zu lösen hatten.

Wenn wir schon dabei sind, wie weit bist du mit deinen Stärken? Hast du dir bereits mindestens zehn aufgeschrieben? Falls nicht, bitte ich dich, hier und jetzt eine Pause einzulegen und dich deinen Stärken und deiner Einzigartigkeit zu widmen. Bitte lies erst weiter, wenn du diese zehn Stärken gefunden hast. Es ist mir wirklich wichtig, dass du deine Talente und Fähigkeiten entdeckst und dir deiner Einzigartigkeit mehr und mehr bewusst wirst.

Lies also bitte erst weiter, wenn du deine zehn Stärken entdeckt und aufgeschrieben hast!

Hier nochmals die Fragen, die dir bei der Suche helfen werden:

- Welche Erfolge konnte ich in meinem Leben bisher verbuchen und welche Eigenschaften waren dafür erforderlich?
- Was kann ich wirklich gut?
- Wofür kann ich mich begeistern?
- Wovon habe ich als Kind geträumt?
- Welche Fähigkeiten verbergen sich hinter diesen Träumen?
- Was wollte ich werden, wenn ich mal groß bin?
- Wofür wurde ich schon mehr als einmal aus meinem Umfeld (Arbeitskollegen, Freunde, Bekannte, Vorgesetze, Lehrer, Eltern) gelobt?
- Zu welchen Themen fragen mich andere Menschen häufig um Rat?
- Wo (Bereich) gehe ich Herausforderungen und Hindernisse mit viel Freude an?
- Was lerne ich besonders schnell?
- Welche Probleme habe ich in der Vergangenheit für mich selbst und/oder für andere mit Bravour gelöst?

➢ Welche Aufgaben und Tätigkeiten vermitteln mir das Gefühl, etwas Großartiges und Sinnvolles zu tun?

Je öfter du dir diese Fragen stellst und du auch auf dein Inneres hörst, desto wahrscheinlicher werden es auch wirklich **deine Antworten** sein. Bitte bleib hier unbedingt dran!!

Wenn du eine weise Antwort verlangst, musst du vernünftig fragen.

Johann Wolfgang von Goethe

Auf zur nächsten Runde

Wie sieht es jetzt aus – konntest du zehn Stärken von dir ausfindig machen? Ja? Bravo! Du hast damit bereits 20 % unseres Ziels erreicht. Bleib unbedingt weiter dran. Falls du jedoch noch keine zehn Stärken von dir finden konntest, bitte ich dich, zurückzukehren und so lange weiterzumachen, bis du sie entdeckt hast. Wenn sich eine Eigenschaft im Leben auszahlt, dann ist es die Beharrlichkeit, doch dazu später mehr.

Ich hatte vorhin über das Denken und die Gedanken geschrieben und nun möchte ich daran gern anknüpfen. Sowohl du als auch ich können unser Denken trainieren, um in uns ein neues und hilfreicheres Mindset zu installieren. Denk an deine Sinneskanäle und nutze bitte auch sie intensiv, denn sie warten nur darauf, dich für deine Vorhaben bestmöglich zu unterstützen. Unser Gehirn hat solch fantastische Möglichkeiten und mit jedem neuen Denkprozess entstehen in diesem „Apparat" neue neuronale Verknüpfungen, sogenannte Synapsen. Das ist doch genial, oder?

Im Umkehrschluss heißt das nichts anderes, als dass alles, was wir einmal gelernt haben, wir auch wieder verlernen können. Dazu gehört definitiv auch das negative Denken und alles, was dich bisher an deinem Erfolg und Weiterkommen gehindert hat. Weder du noch ich sind mit dieser Denkweise zur Welt gekommen. Am Tag unserer Geburt kannten wir sie gar nicht. Erst im Laufe der Jahre hat es sich entwickelt, indem wir sämtliche Informationen über unsere Sinne wahrgenommen und aufgenommen haben. Weshalb sollte es also nicht möglich sein, den Spieß zu unseren Gunsten umzudrehen?! *Es ist möglich – vorausgesetzt, dass du es auch wirklich möchtest!* Wir können unser Denken gezielt für die Erreichung unserer Ziele einsetzen. Doch das ist nur die Spitze des Eisbergs. Wir können es für die Verbesserung unseres Allgemeinzustands, unseres Lebens (privat und beruflich) und der Weiterentwicklung unserer Persönlichkeit nutzen. Die Möglichkeiten sind nahezu unbegrenzt. Ich hoffe, dir ist nun klargeworden, weshalb das so wichtig ist. Vielleicht wirst du jetzt einwenden, das ist ja alles schön und gut, doch ich kann mein Denken nicht von heute auf morgen ändern. Auch hier gibt es eine gute Nachricht, das ist reine Übungssache. Ich sage nicht, dass sich innerhalb von 24 Stunden alles um 180 Grad ändern wird. Nein, das ist absoluter Blödsinn und wer so etwas behauptet, ist einfach nur ein Lügner!

Mit positivem Denken allein kannst du aber auch keine großen Sprünge machen. Du kannst positiv denken, bis du grün bist, doch wirklich signifikante Änderungen wirst du erst dann verbuchen können, *wenn du neben dem positiven Denken auch aktiv* ins Handeln kommst. Es geht hier vor allem um eines, nämlich um die gesteuerte? Bewusstseinserweiterung.

Wie lange so ein Prozess dauert, ist von Person zu Person bzw. Situation zu Situation völlig unterschiedlich. Ich kenne Menschen, bei denen sich kaum etwas getan hat und wiederum bei anderen kamen die Veränderungen relativ schnell. Weshalb war das so? Ganz einfach. Diejenigen, bei denen sich etwas veränderte, hatten auch den *starken Wunsch, etwas ändern zu wollen.* Ja, sie hatten dieses enorme Bedürfnis nach einer Veränderung. Sich das nur halbherzig zu wünschen, reicht definitiv nicht aus. Je stärker also der Wunsch ist, die eigene Denkweise zu ändern, desto eher ist diese Veränderung zu schaffen. Willst du das, dann triff jetzt die Entscheidung und handle entsprechend. Falls bei dir jedoch alles perfekt sein sollte und du mit deinem Leben zu 200 Prozent zufrieden bist, kannst du natürlich auch alles so lassen, wie es ist.

Ich empfehle dir dennoch, das Ganze auch einmal aus einer anderen Perspektive zu betrachten. Vergiss den Unterschied zwischen dem „Ja, aber"- und dem „Warum nicht"-Menschen nicht. Unsere persönliche Einstellung ist das alles Entscheidende in unserem Leben!

GEDANKENHYGIENE

Ein französischer Weinbauer wanderte einst in die USA aus, um dort sein Glück in seiner Branche zu versuchen. Zehn Jahre später feierte er bereits sein erstes Firmenjubiläum. Zu diesem Anlass wurde er – wie es sich gehört – von einer Journalistin interviewt. Eine ihrer Fragen, die ihr unter den Fingern brannten, war folgende:

„Monsieur, woher haben Sie den Mut genommen, um das zu tun, was Sie getan haben? Denn einige Jahre nach Ihrem Start brach in den USA eine große Krise in der Weinbranche aus und all Ihre Konkurrenten standen unter Schock, während Sie neues Land kauften und zugleich auch in eine noch bessere Technik investierten.

Woher hatten Sie den Glauben und den Mut, so zu handeln? Das war offensichtlich das Fundament für Ihren grandiosen Erfolg. Der Weinbauer lächelte und antwortete ihr wie folgt:

„Madame, als ich damals in die USA ausgewandert bin, habe ich so gut wie jeden Tag und jede Nacht gearbeitet. Infolgedessen hatte ich so gut wie keine Zeit, Englisch zu lernen und deshalb habe ich auch kein Radio gehört, keine TV-Sendungen angeschaut und keine Zeitungen gelesen. Ich habe damals gar nicht mitgekriegt, in welcher Krise meine Branche steckte, denn *hätte ich das mitbekommen, hätte ich mit Sicherheit nie investiert und mit sehr großer Wahrscheinlichkeit auch nie expandiert!"*

Welches Fazit ziehst DU aus dieser Geschichte?

Was meinst du, wie die Story zu Ende gegangen wäre, hätte der Weinbauer gewusst, in welcher Krise sich seine Branche befindet? Wir können hier nur mutmaßen, doch seine Aussage (*Ich habe damals gar nicht mitgekriegt, in welcher Krise meine Branche steckte, denn hätte ich das mitbekommen, hätte ich mit Sicherheit nie investiert und mit sehr großer Wahrscheinlichkeit auch nie expandiert!*) finde ich äußerst spannend. Wo liegt jetzt hier der Unterschied? Wir sprechen vom selben Weinbauer, im selben Land, während derselben Zeitperiode und während derselben Krise. Der einzige kleine Unterschied liegt „nur" darin, dass er von dieser Krise nichts wusste. Denn hätte er davon gewusst, worauf hätte er sich dann womöglich mehr konzentriert? Auf den Aufbau seines Geschäftes (Chance) oder auf die Krise? Ich könnte dazu jetzt noch etliche Fragen einbringen, doch weder du noch ich könnten sie abschließend beantworten.

Aber etwas kann ich dir mit Bestimmtheit sagen:

Worauf du deinen Fokus (Gedanken) richtest, dorthin fließt deine ganze Energie! In unserem Leben erleben wir genau das, worauf wir unsere Gedanken mehrheitlich richten. Im Positiven wie auch im Negativen! Fokussiere dich deshalb bitte auf das, was du haben möchtest, und nicht auf das, was du vermeiden willst!

Davor möchte ich dich warnen!

Meide Mord- und Totschlag-Schlagzeilen – sie sind reines Gift für deine Seele. Denn dein Gehirn wird annehmen, dass all das Negative „die Realität" ist. Damit meine ich keineswegs, dass dir dieses oder jenes egal sein sollte, weit gefehlt! Aber du hilfst niemandem und am allerwenigsten dir selbst damit, wenn du dir ständig Negatives reinziehst. Das Gegenteil ist der Fall. Überlege dir stattdessen, welchen Beitrag du leisten kannst, um die Welt zu verbessern. Jeder von uns kann das und es muss auch gar nichts Gigantisches sein. Spenden zum Beispiel sind eine wunderbare Sache, Gutes zu tun, ob Geld oder Kleidung, die du nicht mehr brauchst. Bevor du Kleider und Schuhe wegwirfst, frage dich stets, ob sie noch jemandem von Nutzen sein könnten. Du spendest lieber Geld? Dann gründe eine Stiftung oder beteilige dich an einer. Was immer du gern gibst – gib es. Es existieren unzählige Möglichkeiten, um der Menschheit zu dienen. Sich dagegen jeden Tag durch Horrorschlagzeilen in Selbsthypnose versetzen zu lassen, hilft keinem. Und so ganz nebenbei schadest du dir damit langfristig enorm, denn dein Unterbewusstsein schläft nie, es hört immer mit.

Wie wäre es, wenn du dein Gehirn und dein Unterbewusstsein mit Visionen, Träumen, Zielen und positiven Suggestionen füttern würdest? Wofür entscheidest du dich? Egal wie alt oder jung du bist, es ist niemals zu früh oder zu spät!

An sich ist nichts weder gut noch böse, unser Denken macht es erst dazu.

William Shakespeare

Lass uns jetzt noch ein wenig konkreter werden

Wir wollen uns nun einem Unterthema, der Gedankenhygiene, etwas intensiver widmen. Ich finde, dass dies ein besonders wichtiges Thema ist, schließlich betreiben wir ja auch Körperhygiene. Wir können es uns gar nicht leisten, keine Hygiene bei Dingen zu betreiben, von denen wir täglich bis zu 80 000 Stück geschenkt bekommen. Damit meine ich natürlich unsere Gedanken! Dazu möchte ich dir hier gern eine kleine Metapher erzählen:

Der Indianerhäuptling und sein Sohn

Eines Abends saßen ein alter Indianerhäuptling und sein Sohn am Lagerfeuer und philosophierten ein wenig über das Leben. Der Vater wandte sich zum Sohn und sagte: „Mein Sohn, in uns leben zwei Wölfe, die ständig miteinander kämpfen. Der eine Wolf ist voller Hass, Neid, Gier, Wut, Ärger, Eifersucht und Angst.

Der andere Wolf ist voller Liebe, Freude, Zuversicht, Hilfsbereitschaft, Friede und Wohlwollen."

Der Sohn schaute seinen Vater etwas verwirrt an und fragte: „Vater, welcher der beiden Wölfe wird den Kampf gewinnen?"

„Mein Sohn, sei dabei sehr achtsam, denn es wird der Wolf gewinnen, den du mehr fütterst."

Welche Schlussfolgerung ziehst du aus dieser Metapher? Ich stelle oft fest, dass den allermeisten Menschen nicht bewusst ist, womit sie ihren Geist täglich zumüllen (bitte verzeih mir diesen Ausdruck) und was dieses Negative mit ihnen, ihrer Gesundheit, ihrer Persönlichkeit, ja, mit ihrem ganzen Leben anstellt.

Der alte Indianer hat es exakt auf den Punkt gebracht: Es wird der Wolf mit all diesen Eigenschaften gewinnen, den du mehr fütterst. Und voilà, schon habe ich mein Denkprogramm. Ich befasse mich seit vielen Jahren relativ intensiv mit diesem Thema und eines kann ich dir mit Gewissheit sagen:

Ich habe noch keinen glücklichen Menschen getroffen, der mit einem derartigen Destruktivprogramm ausgestattet war.

Menschen mit einem Destruktivprogramm sehen so gut wie in jeder Situation das Negative. Wenn sie Blumen riechen, denken sie z. B. automatisch an eine Beerdigung. Ich habe dir nachfolgend einmal die Eigenschaften eines Menschen, der solch ein Destruktivprogramm hat, zusammengestellt. Bitte lies es achtsam durch!

Die destruktive Denkweise

Er ist immer Teil des Problems.

Er hat immer eine Entschuldigung.

Er sagt: „Das ist nicht meine Aufgabe."

Er sieht ein Problem in jeder Lösung.

Er sagt: „Es ist möglich, aber zu schwierig."

So denkt der Pessimist, der Negative:

„Ich weiß nicht, was ich will."

„Daraus wird nichts."

„Die Welt ist einfach ungerecht."

„Erfolg strebe ich nicht an, ist doch eh alles Glückssache."

„Schuster, bleib bei deinen Leisten."

„Entweder man hat es oder man hat es nicht."

„Ich habe Angst, dass etwas schiefgehen könnte."

„Wenn ich scheitere, werden mich alle auslachen und ich blamiere mich."

„Alles im Leben ist vorbestimmt, was soll ich mich anstrengen, wenn ich es eh nicht beeinflussen kann?"

„Warum habe ich nur so wenig?"

„Ich will es komfortabel und bequem im Leben haben."

„Die anderen sollen mal schauen, dass es mir gut geht."

„In der heutigen Zeit wimmelt es nur so von Problemen."

Sein Verhalten:

Er verbreitet schlechte Stimmung und kritisiert fast jeden und alles.

Er fürchtet Veränderungen.

Er sieht Hürden als Schwierigkeiten.

Er verbreitet Angst und Panik.

Er spricht von Problemen.

Er versteckt sich hinter Ausreden.

Er ist kraftlos und lässt andere für sich machen.

Er prahlt, wo er nur kann – Angeberei zeichnet ihn aus.

Er imitiert andere. Somit ist er eine Kopie und kein Original.

Er verbringt täglich mehrere Stunden vor dem Fernseher.

Er weiß eh immer schon alles.

Er ist ziellos und lebt in den Tag hinein.

Er macht alle andere für sein Versagen verantwortlich.

Er stellt häufig Ansprüche.

Er ist auf den Erfolg anderer neidisch.

Er empfindet Angst, Hass, Abneigung, Lustlosigkeit, Misstrauen und Sorge.

Sind dir diese Eigenschaften und Verhaltensweisen bekannt? Konntest du dich vielleicht in dem einem oder anderen wiedererkennen? Ich empfehle dir, hierbei ganz ehrlich zu dir selbst zu sein!

DIE GESCHICHTE EINES EHEMALIGEN

Ich möchte dir hier von einem Fall erzählen, der mich noch heute emotional berührt. Ich kannte einmal einen Menschen, der einiges, Gott sei Dank nicht alles, besaß, was oben erwähnt wurde. Viele Jahre wurde er von diesen Eigenschaften und von seinem Destruktivprogramm gesteuert und dominiert. Auch er wusste nicht, woher das kam, stattdessen sagte er sich immer wieder: „Ich bin halt so, wie ich bin und das ist schon richtig so. Im Leben ist sowieso alles vorbestimmt. Schließlich wird mir das ja regelmäßig gepredigt." Stur machte er größtenteils so weiter. Ich sage bewusst größtenteils, denn er hatte auch eine gute Seite und die positiven Eigenschaften waren durchaus präsent. Aber wie gesagt, es war viel Destruktives vorhanden und das konnte er auch nicht leugnen. Ständig war er der Überzeugung, dass andere mehr Glück und Talent hätten als er. Dabei war doch einer seiner Fehler, dass er sich mit sich selbst und seinen Stärken zu wenig befasst hatte. Schon seine Schulzeit war nicht gerade einfach Er wurde von seinem Lehrer häufig angeschrien, bloßgestellt und hin und wieder auch als dumm bezeichnet – vor der ganzen Klasse, versteht sich. Gut möglich, dass ein Teil seines Destruktivprogramms dort einen seiner Ursprünge hat. Dagegen gewehrt hat er sich leider auch nie, denn seine Angst vor diesem äußerst autoritären Lehrer war einfach zu groß. Stattdessen glaubte er den Worten des Lehrers. Was er natürlich nicht wusste, war, dass er dieses negative Programm damit noch zusätzlich verstärkte.

Eines Tages fing er an, sich mit Erfolg und Biografien von anderen zu beschäftigen. Er verstand allerdings aufgrund seines Alters vieles nicht, deshalb ließ er die Sache wieder schleifen und fiel somit alsbald ins alte Fahrwasser zurück. Wen wundert's, denn das war für ihn halt bedeutend bequemer.

Es vergingen viele Jahre und das Destruktivprogramm machte sich immer wieder in seinem Leben bemerkbar. Schade nur, dass er es nicht bemerkte. Und doch machte sich bei ihm eine Unzufriedenheit immer breiter. Schließlich wollte er daran etwas ändern, machte im Selbststudium weiter und studierte die Biografien großer Persönlichkeiten erneut. Was ihm damals nicht bewusst war und was er auch nicht wissen konnte, war, dass dies der erste Schritt in Richtung positives Mindset war und sich dadurch vieles in seinem Denken positiv zu verändern begann. Die Person, um die es hier geht, ist diejenige, welche ich jeden Morgen im Spiegel sehe!

Warum habe ich dir das jetzt alles erzählt? Ganz einfach, um dir einmal mehr zu zeigen, dass ich kein Theoretiker bin und nicht über Sachen spreche, von denen ich keine Ahnung habe. Ich bin ehrlich zu dir und gebe es darum offen zu, dass ich lange Zeit ebenfalls ein solches Destruktivprogramm hatte.

Das hätte ich ja ganz einfach verschweigen können und nichts davon erwähnen müssen. Doch wie gesagt, Ehrlichkeit ist mir sehr wichtig und ich stehe auch dazu. Es ist ein Teil meiner Vergangenheit und das Ganze hat mich lange Zeit ausgebremst. Ich möchte dir damit zeigen, dass ich mit beiden Denkweisen Bekanntschaft gemacht habe, ja vielleicht sogar zu lange und zu intensiv den falschen Wolf gefüttert habe. Doch irgendetwas hat mich davon abgehalten, es weiterhin in dem bisherigen Ausmaß zu tun. Was war das? Einige nennen es das Leben, wiederum andere bezeichnen es als eine höhere Macht, den Kosmos, das Universum. Ich bin da sehr, sehr altmodisch, denn ich nenne es den lieben Gott! Der universelle Geist, die Quelle, die alles erschaffen hat! In sehr vielen Büchern, die ich in die Hand nehmen durfte, konnte ich immer wieder lesen, dass Gott in jedem von uns wohnt. Er möchte, dass wir glücklich sind, uns entwickeln und unser Potenzial leben, da er jeden von uns mit ganz besonderen Fähigkeiten gesegnet hat.

Stellen Sie sich Gott als den größten Wissenschaftler des Universums vor, der den Kosmos durch unveränderliche mathematische Gesetze regiert. Er ist der Schöpfer aller Elektronen, Atome und Dinge im Universum. Er ist die unendliche Intelligenz, die alles überblickt und genau weiß, wie jede Form von Energie eingesetzt werden kann, um der

Menschheit Heilung, Segen und Wohlstand zu bringen. Machen Sie sich klar, dass diese Kraft auch in Ihnen wohnt.

Dr. Joseph Murphy

Unsere ureigenste Aufgabe besteht darin, diese Talente und Fähigkeiten in uns zu entdecken und die Welt dadurch zu einem besseren Ort zu machen.

Du musst weder einer Organisation angehören noch musst du religiös sein, es spielt überhaupt keine Rolle, welche Religion du hast, denn vor Gott sind wir alle gleich – er kennt keine Religionen. Denk einmal in aller Ruhe darüber nach. Ich auf alle Fälle bin ich so was von dankbar, dass mich diese Kraft abgehalten hat, weiterhin den falschen Wolf zu füttern. Die Zeichen dafür tauchten schon sehr früh auf, doch leider habe ich die Botschaften damals nicht verstanden.

Egal was du über dieses Buch bisher denkst, ob du es gut oder schlecht findest, merke dir trotzdem bitte diesen einen Satz, denn er ist echt Gold wert. Ich bin sehr froh, dass ich vor vielen Jahren auf ihn gestoßen bin, weil er mein Leben extrem zum Positiven verändert hat.

Das Leben ist immer für und niemals gegen uns!

Ja, das Leben schickt uns hin und wieder gewisse Herausforderungen, aber nicht um uns zu ärgern, sondern um uns zu fordern und zu fördern. **Jede Herausforderung ist eine Prüfung des Lebens!** Letztlich ist jeder für seine Denkweise selbst verantwortlich. Und natürlich ist jedem von uns in seinem Leben das eine oder andere wiederfahren, doch: ICH allein entscheide, welchen Wolf ich künftig füttern werde! Darum erinnere ich hier nochmals daran, dass mir bisher noch kein glücklicher Mensch begegnet ist, der eine negative Denkweise hatte. Wirklich kein einziger! Wir allein entscheiden, was wir denken, und es ist möglich, alles positiv zu beeinflussen. Um die Herausforderungen des Lebens erfolgreich meistern zu können, müssen wir lernen, wie ein Gewinner zu denken und uns die Eigenschaften eines Gewinners anzueignen.

Lass uns nun also den Wechsel vollziehen und die Denkweise eines Gewinners anschauen:

Er ist immer ein Teil der Lösung.

Er hat stets einen Plan.

Er sagt: „Lass mich das für dich machen."

Er sieht für jedes Problem eine Lösung.

Er vergleicht sich nicht mit anderen, sondern mit sich selbst und wie er sich in den letzten zwei Jahren entwickelt hat.

Er vergleicht seine Leistungen mit seinen Zielen.

Er sagt: „Es ist zwar schwierig, aber es ist möglich."

Wahre Sieger sind nicht die, die andere besiegen, um sich dadurch besser zu fühlen. Wahre Sieger sind diejenigen, die sich selbst besiegen und anderen Menschen helfen, es auch zu tun.

Dejan Sekulic

So denkt der Optimist, der Positive:

„Ich weiß genau, was ich will."

„Ich verfolge meine Ziele hartnäckig, bis ich sie erreicht habe."

„Die Welt ist einfach fantastisch."

„Ich sage JA zum Leben."

„Das Glück liebt glückliche Menschen."

„Ich denke groß."

„Wie mache ich es möglich?"

„Ich kann nur gewinnen – jede neue Erfahrung bringt mich weiter."

„Wer wagt, der gewinnt."

„Es ist mein Leben und ich nehme es in die Hand. Ich bin meines Glückes Schmied."

„Ich bin für alles, was ich habe, sehr dankbar."

„Ich will in meinem Leben wachsen und mich weiterentwickeln."

„Ich übernehme die volle Verantwortung für mein Leben."

„Ich habe das Glück, im 21. Jahrhundert zu leben, denn es wimmelt nur so von Chancen."

Sein Verhalten:

Er verbreitet eine positive Stimmung und lobt andere.

Er freut sich auf Neues.

Er sieht Herausforderungen als Chance.

Er macht anderen Mut.

Er spricht von Lösungen.

Er steht zu seinen Fehlern.

Er ergreift die Initiative.

Sieger sind und bleiben bescheiden.

Er ist authentisch – ein Original.

Er investiert täglich ein paar Minuten in seine persönliche Entwicklung.

Er lernt täglich Neues dazu.

Er hat Ziele und setzt diese auch in die Tat um.

Er übernimmt Verantwortung für seine Handlungen.

Er ist dankbar.

Er gönnt anderen ihren Erfolg.

Er empfindet Mut, Liebe, Zuneigung, Freude, Begeisterung und Selbstvertrauen.

Das ist die Art, wie erfolgreiche Menschen denken, und ich kann dir mit Gewissheit sagen, dass diese Menschen – die sogenannten Gewinnertypen – nicht einfach rein zufällig erfolgreich geworden sind, weil es das Leben, das Schicksal, der liebe Gott oder wer auch immer es gut mit ihnen gemeint haben. Nein, so einfach war das dann doch nicht. Diese Menschen haben hart dafür gearbeitet und sich im Laufe der Jahre Fähigkeiten angeeignet, die ihnen sehr dabei geholfen haben zu erreichen, was sie erreicht haben.

Ich glaube, dass du die Unterschiede zwischen diesen beiden Denktypen erkennen konntest.

Meine 4minuten-inspration ist hervorragend geeignet, um sein Denken zu schulen, zu verbessern und letztlich auch auf ein höheres Level zu bringen. Dies wird dir helfen, mehr Glück, Erfolg und Lebensfreude in dein Leben zu ziehen. Wenn du dir dieses Geschenk noch nicht gesichert hast, so hole es am besten gleich nach und freue dich auf diese positive Energie.

https://www.4minuten-inspiration.com

Absolute Ehrlichkeit, bitte!

Sei dir gegenüber ganz ehrlich. Wenn du dir selbst eingestehen kannst, dass dir zum jetzigen Zeitpunkt noch gewisse Fähigkeiten oder Verhaltensmuster fehlen, dann ist das schon mal ein ganz wichtiger und gleichzeitig großer Schritt in die richtige Richtung. Strebe sie an und feile an diesen Eigenschaften, damit hast du schon viel für dich getan. Das bedeutet keineswegs, dass du kein Gewinner bist oder gar ein

Verlierer wärst. Alles andere als das! Denn: *Wir alle sind Gewinner!* Hier geht es vielmehr darum, Eigenschaften zu entwickeln, durch die sich überdurchschnittlich erfolgreiche Menschen auszeichnen.

Ich rate dir deshalb wärmstens, dir diesen Abschnitt immer wieder zu Gemüte zu führen, weil es sich letztlich für viele Bereiche deines Lebens positiv auszahlen wird. Ach ja, fast hätte ich etwas ganz Wichtiges vergessen:

Nur weil es auf der einen Seite Gewinner gibt, heißt das noch lange nicht, dass es auf der anderen Seite Verlierer geben muss! *Das ist ein uralter, weit verbreiteter Irrtum, um nicht zu sagen Aberglaube!* Fakt ist, dass wir mehr Gewinner in dieser Welt brauchen. Also Menschen, die anpacken und bereit sind, einen großen Beitrag für die Menschheit zu leisten. Wie viele Stiftungen wurden schon gegründet und haben das Leben anderer dadurch verbessert?

Stell dir vor, du hättest morgen eine nicht ganz einfache Augenoperation und der behandelnde Arzt würde zu dir sagen:

„Wissen Sie was, mir geht es bei Ihrer Operation nicht ums Gewinnen."

Mal angenommen, du baust ein Haus und dem Bauleiter geht es dabei nicht ums Gewinnen. Was würdest du dann wohl tun? Brauchst du überhaupt jemanden, der ins Scheitern oder ins Gelingen und Gewinnen verliebt ist?

Nochmals, einem aufrechten Gewinner geht es nie um das Besiegen anderer Menschen, sondern in erster Linie darum, über sich selbst hinauszuwachsen. Wie würde es auf unserer Welt ohne diese Sieger wohl aussehen?

Denk einmal an all die Wissenschaftler, denen wir unendlich viele Erkenntnisse und Errungenschaften verdanken. Mediziner, denen es gelungen ist, Krankheiten zu heilen und diese für und mit den Patienten besiegt haben. Wo wäre unsere Menschheit ohne all die siegreichen Erfinder, die durch ihren Ideenreichtum so vieles ermöglicht und revolutioniert haben? Und wo wären wir erst ohne all die Gelehrten, die das Unwissen ihrer Schüler besiegt und somit auch sie zum Sieger gemacht haben? Ja, unsere Geschichte hat viele Gewinner, aber in meinen Augen noch immer zu wenige. Die Menschheit braucht bedeutend mehr Sieger, die ihr Potenzial entfalten und diese Welt zu einem besseren Ort machen. Und jetzt weißt du ja, dass auch DU ein Gewinner bist, der viel bewegen kann!

BORN ON A LUCKY DAY

Du hast schon vor langer Zeit das Rennen gemacht, als sich die stärkste Samenzelle gegen Millionen anderer Samenzellen durchgesetzt hat – am Ende warst DU der Sieger. Wenn du dich also gegen Millionen von Mitstreitern durchsetzen konntest, kannst du gar nichts anderes als ein Gewinner sein! Völlig egal, wo du heute stehst, es geht nur darum, wohin du willst und wo du morgen sein möchtest. Das ist entscheidend. Um Ergebnisse zu erreichen, musst du aber zuerst Einfluss auf deine Denkweise nehmen!

Otto Normalverbraucher lebt tagein, tagaus vor sich hin. Er schenkt seinen Gedanken keinerlei Beachtung, verhält sich passiv und lässt sich einfach leiten, weil er denkt, dass es so sein muss und ohnehin alles vorbestimmt ist. Genau die richtige Methode, um Verantwortung abzugeben. Doch wir sind proaktiv und nehmen unser Leben selbst in die Hand. Wir wissen genau, wenn wir das tun, dann können wir auf sehr vieles Einfluss nehmen. *Gedanken sind Energie und haben darum die Tendenz, sich zu verwirklichen – das Gesetz der Anziehung wirkt immer, wie es das Gesetz der Schwerkraft auch tut.* Beide sind Naturgesetze, ob wir ihnen Glauben schenken oder nicht, ist diesen Gesetzen völlig egal. Denke dich glücklich und gib deinem Leben dadurch eine neue Richtung. Jeden Tag ein kleines bisschen kann am Ende des Jahres schon eine ganze Menge sein. Ich hoffe, dass du die Unterschiede erkennen konntest.

Eigne dir die Denkgewohnheiten und Verhaltensweisen eines positiven Menschen, eines Gewinners, an und ich versichere dir, dass du beachtliche Veränderungen erzielen wirst. Falls du dich fragst, ob negative Gedanken dann komplett und für immer verschwinden werden, so muss ich das verneinen. In einem späteren Abschnitt werde ich dir noch mehrere Übungen vorstellen, wie du lästige Gedanken loswirst – doch kein Mensch ist 365 Tage im Jahr nonstop supergut drauf.

Selbstverständlich macht sich das Destruktivprogramm auch bei mir manchmal noch bemerkbar, ganz gefeit bin selbst ich nicht davor. Aber es ist ein großer Unterschied, ob das Programm einige Stunden, allenfalls Tage oder aber ein ganzes Leben lang aktiv ist. Ja, es gibt Menschen, die fast ihr Leben lang nur den einen Wolf füttern. Das Schöne an dieser Geschichte ist aber, dass ein jeder es jederzeit ändern kann – tatsächlich ist es nie, nie, nie zu spät dafür!

Das Leben ist wie ein Spiel. Es kommt nicht darauf an, wer nach 20 Minuten vorn liegt, sondern wer am Ende als Sieger vom Platz geht.

Dejan Sekulic

Ich habe für dich ein paar wichtige Tipps für die Praxis zusammengestellt, die dir dabei helfen werden, dein Denken in eine positive Richtung zu lenken. Wie gesagt, wird das nicht von heute auf morgen geschehen, doch wenn du es täglich praktizierst, werden sich in kürzester Zeit positive Veränderungen bei dir bemerkbar machen! Die Neurowissenschaft geht heute davon aus, dass es beim Menschen 60 bis 300 Tage dauert, um ein neues neuronales Netzwerk aufzubauen. Diese Zahlen sind selbstverständlich nicht in Stein gemeißelt, dennoch empfehle ich dir, sie als kleine Orientierungshilfe zu nutzen, zumal die Neurowissenschaft bisher beachtliche Erfolge verbuchen konnte. Du siehst also, wenn die Wissenschaft bereits solche Nachweise erbringen konnte, dann muss doch etwas Wahrheit darin enthalten sein.

Lass uns nun mit den Praxistipps loslegen:

Tipp Nummer 1:

Hör auf, dich zu beschweren! Jammern ist mit Abstand das Unklugste, was du tun kannst. Falls du diese Gewohnheit hast, dann wirf sie sofort über Bord.

Es gibt viele Wege zum Glück. Einer davon ist, aufhören zu jammern.

Albert Einstein

Was genau tust du, wenn du jammerst? Genau, du richtest deinen Fokus auf das Negative, also auf das, was du eben nicht möchtest. Und dorthin, worauf du deinen Fokus richtest, fließt auch deine Energie! Wundere dich also nicht, wenn dir das Leben mehr davon liefert. Bist du mit etwas nicht zufrieden, egal was es ist, dann ändere es! Geh die Sache an, setz dich damit auseinander, suche nach Alternativen, nach Lösungen. Frage dich nicht mehr, warum und wieso du dieses Problem hast, sondern *wie du es jetzt lösen, was du dagegen tun kannst*. Frage dich, *was das Leben dir damit sagen will, was das alles mit dir zu tun hat und, ganz wichtig, wofür das Ganze gut ist.* Stelle dir vermehrt Fragen dieser Art und du wirst über die Antworten, die aus dem Unbewussten kommen werden, echt überrascht sein!

Übe dich stattdessen in Dankbarkeit und lerne, all das, was du im Leben hast, wertzuschätzen! Vielleicht denkst du, dass zwei gesunde Augen, Ohren, Arme oder Beine eine Selbstverständlichkeit wären. NEIN, sind sie nicht, es sind Geschenke! Lerne, auch für solche vermeintliche Selbstverständlichkeiten dankbar zu sein. Mit Dankbarkeit lässt sich sehr vieles „heilen". Doch dazu später mehr.

Ich bin dankbar, aber nicht, weil es vorteilhaft ist, sondern weil es mir Freude macht.

Seneca

Tipp Nummer 2:

Achte auf deine mentale Nahrung!

Sei bitte sehr behutsam, womit du dein Gehirn und Unterbewusstsein fütterst, denn unser Unterbewusstsein speichert ALLES ab!

Wenn ich das den Menschen so sage, bekomme ich häufig zu hören: „Bei mir hinterlässt das keine Spuren, ich filtere das und lasse es nicht an mich heran."

Meine Antwort sieht dann folgendermaßen aus: „Unser Unterbewusstsein hat eine riesige Festplatte und unbewusst nimmst du es auf. Das geht so extrem schnell, dass du es gar nicht merkst!"

Psychische Krankheiten entstehen eben auch nicht von einer Minute zur anderen, sondern sie entwickeln sich normalerweise schleichend. Es spricht ja nichts dagegen, sich einmal täglich mit einer seriösen Zeitung zu beschäftigen. Doch sind die Mord- und Totschlag-Schlagzeilen sowie all die Katastrophenbilder, die uns tagtäglich serviert werden, Gift für unser Wohlbefinden und unsere Seele.

Wenn ich Menschen beobachte, die im Nachrichten- und Social-Media-Flow sind, bekomme ich unter anderem solche Kommentare zu hören:

„Es kommen schwere Zeiten auf uns zu."

„Wenn ich das lese oder mir die Nachrichten ansehe, habe ich kaum noch Lust aufzustehen."

„Hast du gehört, dass die Firma XY baut schon wieder Stellen abbaut? Es rollen die nächsten Köpfe."

„Die nächste Krise kommt bestimmt."

„Das wird ein schlechtes Jahr."

„Hast du von diesem Familiendrama gehört, bei dem der Ehemann seine ganze Familie ermordet hat? Die Polizei war vor Ort und es gab keine Überlebenden."

Ich könnte dir noch zig weitere Beispiele aufzählen, verzichte aber bewusst darauf.

Viele Menschen werden von diesen Geschehnissen so beherrscht, dass sie sich häufig in Selbsthypnose versetzen, ohne es zu bemerken. Aber unbewusst nehmen sie all diese Worte und Bilder auf, sie nisten sich nach und nach ins Unterbewusstsein ein und nehmen somit Einfluss auf ihre Denkweise. Jetzt frage ich dich: Kann diese dann noch optimistisch, zuversichtlich und positiv sein, wenn einem Menschen täglich Gedanken dieser Art durch den Kopf gehen?

Nochmals zur Wiederholung: Ich sage nicht, dass uns dramatische Ereignisse kalt lassen sollen, Gott bewahre! Jedem Menschen, der auch nur ein bisschen Mitgefühl hat, können Tragödien nicht egal sein. Allerdings schaden wir uns selbst, wenn wir uns solche Bilder reinziehen und dann noch stundenlang darüber reden. Stattdessen wäre es hilfreicher, etwas dagegen zu tun. Wie? Ganz einfach, für die Opfer zu spenden wäre eine Möglichkeit! Wenn ich mein Mitgefühl zeigen will, dann kann ich auch gleich etwas dafür tun und eine Spende abgeben. Dies ist viel nützlicher!

Wer auf Dauer viel gibt, wird mittel- bis langfristig auch vom Gesetz des Gebens profitieren. Auch das ist ein Naturgesetz und universell gültig! Und so ganz nebenbei hinterlässt Geben bei einem selbst positive Spuren, wodurch am Ende eine echte Win-win-Situation entsteht. Was ist nun intelligenter? Es gibt durchaus viele gute Medien, Zeitschriften, Magazine oder Social-Media-Kanäle, die uns mit hilfreichem Wissen versorgen und somit unseren Horizont erweitern. Seriöse Informationen tun nicht nur uns gut, sondern auch unseren Mitmenschen, vorausgesetzt, wir teilen dieses Wissen mit ihnen. Deshalb empfehle ich dir wärmstens, positive Literatur zu konsumieren. Es gibt viele tolle Bücher und Zeitschriften mit hilfreichen Inhalten, geschrieben von Menschen, die in der Lage sind, uns zu zeigen, wie es geht.

Tipp Nummer 3:

Werde wieder Kind!

Du hast richtig gelesen, werde wieder zum Kind! Kannst du dich noch an die Träume deiner Kindheit erinnern? Was du alles machen wolltest, wenn du mal groß bist? Was ist daraus geworden? Ich habe immer wieder festgestellt, dass die meisten Menschen all ihre Träume leider schon vor langer Zeit die Toilette heruntergespült haben. Das ist extrem schade und doch kann ich es wirklich gut verstehen und nachvollziehen, denn irgendwann einmal wurde uns gesagt, dass wir nicht mehr träumen, sondern gefälligst erwachsen werden sollen. Als Erwachsener träumt man nicht, die Realität sieht ganz anders aus! Was für ein Blödsinn, schließlich erschaffe doch ich selbst mir meine Realität. Bei diesem Thema könnte ich manchmal echt an die Decke hochspringen, *weil uns solche Rat-Schläge enorm begrenzen.* So viele Jahre wurde auch mir das eingetrichtert und ich habe diesen Schwachsinn geglaubt. Was der Mensch glaubt, sucht und findet er unbewusst auch, nur damit er die Bestätigung dafür erhält, dass er mit seinem Glauben tatsächlich richtig liegt.

Wie ist das bei dir? Kannst du dich noch regelmäßig, also mindestens einmal täglich in Tagträumereien verlieren? Dann beglückwünsche ich dich von ganzem Herzen!

Ich bin mir sicher, dass sich in deinem Gehirn sehr schnell ein neues neuronales Netzwerk bilden wird! Schreibe dir deine Erkenntnisse unbedingt auf, es könnten sehr wichtige Hinweise sein, die dir deine Stärken und Talenten bewusst machen. Vergiss nicht, diese dann sofort in dein Stärkeinventar aufzunehmen!

Solltest du aufgehört haben zu träumen, dann fang bitte umgehend wieder damit an! Geh nochmals in die Vergangenheit zurück und erinnere dich, wie es war, als du noch geträumt hast. Wie hast du das gemacht? Was hast du gesehen, gehört, gefühlt, gerochen und geschmeckt? Erinnere dich an eine Situation, geh in sie hinein und erlebe das Ganze neu mit all deinen Sinnen! Es ist ein echt schönes Gefühl und du setzt dadurch viele positive Energien frei. So ganz nebenbei förderst du damit auch deine Kreativität. Werde also wieder zum Kind und investiere jeden Tag einige Minuten in Träume! Nimm dir ein leeres Buch, in dem du deine Träume – es könnte sich dabei ja um ganz wunderbare Ideen handeln – notierst. Völlig egal, was dein innerer Kritiker dazu jetzt vielleicht sagt, mach es trotzdem! Ich nenne es Book of my dreams. Falls du eher zu den modernen Menschen gehörst und ein klassisches Schreibbuch für dich zu altmodisch ist, kannst du auch gern dein Handy dafür verwenden und dir dort einen virtuellen Notizblock erstellen. Mittlerweile gibt es sehr gute Apps, die hervorragend dafür geeignet sind. Wähle die Form, die zu dir passt und mit der du dich wohlfühlst, aber geh es schnell an und fang wieder an zu träumen!

Alle Träume können wahr werden, wenn wir den Mut haben, ihnen zu folgen.

Walt Disney

Tipp Nummer 4:

Komm ins Handeln!

Schon Edison sagte: Der Wert einer Idee liegt in deren Umsetzung. Belasse es bitte nicht nur beim Träumen, sondern lerne, mit der Umsetzung deiner Träume zu beginnen. Ein Traum ohne nachfolgende Aktion ist und bleibt nur eine Illusion. Wie ich zu Beginn des Buches bereits erwähnte, gibt es in unserer Gesellschaft viele Schwätzer, die nur davon erzählen, was sie alles tun wollen. Doch in den meisten Fällen ist und bleibt es nur leeres Geschwafel. Es geht nicht darum, dass schon am Anfang alles perfekt sein muss, daraus wird sowieso nichts. Es geht vor allem darum, überhaupt anzufangen. *Hab keine Angst zu scheitern, hab höchstens Angst vor den Chancen, die du im Verlauf deines Lebens wegen Aufschieberitis liegenlassen wirst.* Stell also einen Plan für die Erfüllung deiner Träume auf und frage dich ganz gezielt:

> ➢ Wie könnte ich das erreichen?

> ➢ Was muss ich tun, damit es Wirklichkeit wird?

> ➢ Welchen Einsatz muss ich dafür erbringen?

➢ Wer hat das erreicht, was ich anstrebe, und könnte mir dabei nützliche Tipps geben?

Je öfter du dir Fragen dieser Art stellst, desto eher werden dir entsprechende Antworten zufliegen. Sei auch hier bitte wieder sehr achtsam und versäume nicht, sie aufzuschreiben. Lege dir deshalb ein Action-Plan-Book zu, in dem du dir alle spontanen Erkenntnisse, wie du deine Pläne umsetzen kannst, notierst. Einer, der diese Vorgehensweise intensiv praktiziert hat, war kein Geringerer als Nikola Tesla. Keiner weiß, wie viele Ideen dieses Genie wirklich hatte. Eines aber etwas wissen wir mit Bestimmtheit, nämlich, dass er sich unfassbar viele Notizen bezüglich ihrer Umsetzung gemacht hat. Ich könnte dir neben ihm noch viele weitere Menschen nennen, die das genauso handhaben und dank dieser Vorgehensweise große Erfolge verzeichnen konnten. Genau aus diesem Grund empfehle ich dir, es ihnen nachzutun. Ob du zum Aufschreiben wieder dein Handy benutzt oder dir extra ein leeres Buch zulegst, ist zweitrangig, das Wichtigste ist, DASS du es tust!

Tipp Nummer 5:

Investiere in deine Persönlichkeit.

Befasse dich mit der richtigen Literatur, sauge die Inhalte wie ein Schwamm auf und lass dich von anderen inspirieren. Lies täglich mindestens eine Stunde! Falls deine Zeit dafür nicht ganz ausreicht, so reduziere das Lesen auf 30 Minuten und weiche für die anderen 30 Minuten auf ein Hörbuch aus. Das ist viel sinnvoller und bringt dir persönlich bedeutend mehr als all die Negativmeldungen, die dich mehrmals am Tag erreichen. Eine Stunde täglich sind pro Jahr 365 Stunden, die sich in zehn Jahren auf 3650 Stunden summieren. Das sind zirka 150 Tage an Wissen, welches du so ganz nebenbei aufnimmst. *Was meinst du, welchen Wissensvorsprung du damit gegenüber all den Menschen haben wirst, die das nicht tun?* Mach dein Handy oder dein Auto deshalb zu deinem persönlichen mobilen Weiterbildungsinstitut. Wie viel Zeit verbringst du sonst vor dem Fernseher? Dazu sagte Jim Ron, der ein sehr erfolgreicher Unternehmer und Trainer war, einmal folgenden Satz: „Erfolgreiche Menschen haben eine große Bibliothek, der Rest hat einen großen Fernseher."

Auch wenn du nur einen kleinen Fernseher hast, vor dem du jedoch zu viel Zeit verbringst, ist sicher, dass dich diese Art der „Weiterbildung" bei der Entwicklung deiner Persönlichkeit kaum voranbringen wird. Investiere unbedingt in Fachwissen, aber investiere vor allem in deine Persönlichkeitsentwicklung mit dem Ziel, der Beste zu werden, der du sein kannst.

Ich bin einmal mehr ehrlich zu dir und gebe offen zu, dass ich früher sehr viel Zeit vor dem Fernseher verbracht und mir reichlich Müll reingezogen habe. Natürlich gibt es auch im TV gute Sendungen, die nützlich sind und uns sogar weiterbringen können. Doch der größte Teil sieht, was den Inhalt betrifft, im Allgemeinen anders aus. Heute verbringe ich ca. 90 % meiner Zeit mit Lesen und höchstens 10 % mit Fernsehen. Nebenbei bemerkt, hat Lesen einen positiven Effekt aufs Gehirn und kann das Risiko für Alzheimer bis zu 60 % reduzieren. Das zumindest hat die Gehirnforschung vor einiger Zeit festgestellt. Doch damit nicht genug hat die Yale University vor Kurzem herausgefunden, dass „Bücherwürmer" tendenziell länger leben als Nicht-Leser. Du siehst somit, wie gesund und wirkungsvoll Lesen für uns ist. Darum lies fleißig jeden Tag und investiere in einen der wichtigsten Menschen deines Lebens, IN DICH!

Der Kluge lernt aus allem und von jedem. Der Normale aus seinen Erfahrungen und der Dumme weiß sowieso alles besser.

Sokrates

Tipp Nummer 6:

Vergleiche dich nicht mit anderen!

Wir Menschen machen das so gern, dabei ist es absolut unklug, das zu tun. Es ist sinnlos, sich mit anderen Personen zu vergleichen, denn nicht selten enden solche Vergleiche in totalem Frust. Obendrein suchen uns dann häufig auch noch Versagensgefühle heim. Wenn du dich schon mit jemandem vergleichen willst, dann mit dir selbst und mit der Person, die du vor einem Jahr noch warst. Wie hast du dich in den letzten zwölf Monaten weiterentwickelt, was hast du alles gelernt und an Erfahrungen gewonnen und welches Fazit ziehst du daraus? Was war hilfreich und was möchtest du in Zukunft anders machen? Vielleicht bist du mit dem Erreichten nur bedingt zufrieden, *dann nutze diese Unzufriedenheit als Ansporn, um es für die nächsten zwölf Monate besser zu machen.* Sei aber trotzdem dankbar für all die Geschenke an Erfahrungen des letzten Jahres, denn sie haben dich, obwohl es dir vielleicht gar nicht bewusst war, als Persönlichkeit weitergebracht. Lerne unbedingt, das zu erkennen und zu würdigen. Mach dir dadurch bewusst, welch neue Stärken und Kompetenzen du dadurch dazugewonnen hast und trage sie anschließend in dein Stärkeinventar ein.

Tipp Nummer 7:

Das Leben ist immer für und niemals gegen uns!

Diesen Satz habe ich schon mal erwähnt und weil diese Erkenntnis so enorm wichtig ist, gehe ich jetzt etwas intensiver darauf ein. Alles in unserem Leben geschieht aus einem ganz bestimmten Grund, doch leider – oder auch zum Glück – ist dieser für uns nicht immer sofort erkennbar.

Wenn du das nächste Mal in so eine Situation kommst, dann frage dich ganz gezielt:

> ➢ Was will mir das Leben jetzt damit sagen?
> ➢ Was hat das Ganze mit mir zu tun?

Es handelt sich sehr häufig um verdeckte Botschaften, die uns das Leben schickt.

Wir sollen uns damit auseinandersetzen, um zu lernen und um daran zu wachsen. Leider ignorieren das die meisten von uns und anstatt wir uns damit beschäftigen, verdrängen wir die Botschaft einfach. *Vergiss bitte dieses Märchen vom Zufall, denn jede Ursache hat ihre Wirkung, so wie jede Wirkung ihre Ursache hat.* Die universellen Lebensgesetze sind so exakt und verlässlich wie kaum etwas anderes! Mit unserem Denken erschaffen wir unsere Realität und ziehen nach dem Gesetz der Anziehung bewusst, aber vor allem unbewusst die Umstände in unser Leben. Vielleicht intervenierst du jetzt und sagst voller Überzeugung, dass du ganz bestimmt nicht den Streit, den Ärger, die Krankheit, die Schulden usw. angezogen hast. Und doch ist es so. Ich glaube kaum, dass ein Mensch das bewusst macht, doch unbewusst läuft in uns extrem viel ab.

Glaubst du allen Ernstes, dass es gut für unser Leben sein kann, wenn wir uns Sorgen machen, uns streiten, ärgern, aufregen oder Groll empfinden und dass wir mit derart giftigen Gedanken großartige Ereignisse anziehen können?

Glaubst du wirklich, dass Menschen, die voller Bitterkeit und Hass sind, ein glückliches und harmonisches Leben führen können?

Vielleicht kennst du es ja wie ich aus eigener Erfahrung, dass, wenn man sich über etwas geärgert hat und länger als gewöhnlich in diesem negativen Zustand geblieben ist, es nicht lange dauert, bis einem der nächste Ärger serviert wird. Nein, das liegt eben nicht am Leben direkt, sondern vor allem an uns selbst! Das Leben will aber, dass wir daraus lernen und wir uns weiterentwickeln. Es gab in meiner Vergangenheit viele Situationen, die für mich viel schlimmer hätten ausgehen können, doch einmal mehr wurde ich davor bewahrt – und dafür bin ich so was von dankbar. Dennoch wurde mir jedes Mal eine Lektion erteilt, bei der ich mich selbst an der Nase ziehen musste. Zugegeben, es ist bequemer, die Schuld jemand anderem in die Schuhe zu schieben, und es braucht viel mehr, um zu sagen: „Mann, das war ja wohl totaler Mist, den ich da fabriziert habe!" Im ersten Moment kann so ein Eingeständnis ganz schön wehtun, doch bei genauerer Betrachtung verstecken sich dahinter ganz viele Kompetenzen, die du als Person noch entwickeln kannst – völlig unabhängig von deinem Alter und deiner Herkunft! Häufig bleibt einem gar nichts anderes übrig, als sich den Herausforderungen und Veränderungen zu stellen. Und Veränderungen sind nun mal nötig, damit etwas Neues in unser Leben einziehen kann. Lehnen wir sie aber ab, dann stellen wir uns gegen das Leben, obwohl es eigentlich etwas Schönes für uns bereithält und uns damit überraschen möchte.

Trennungen jeder Art sind dafür ein Paradebeispiel. Menschen treten in unser Leben, manche bleiben für lange, einige für immer und andere gehen auch wieder. Zu Beginn kann es schmerzhaft sein, doch später ist es häufig ein Segen und wir konnten – wenn wir es auch wollten – etwas lernen. Um das zu erkennen, können uns folgende Fragen eine gute Hilfe sein:

➢ Wozu ist oder war das jetzt gut?

➢ Was lerne ich daraus?

Auch wenn du nicht sofort eine Antwort findest, vertraue darauf, dass es für etwas gut ist oder sein wird. Ich sage nicht, dass uns das Leben nicht prüft und diese Prüfungen nicht wehtun können. Doch, das tut es sehr wohl! Es fordert von uns Ausdauer, Einsatz und Geduld und wenn wir diese aufbringen, sind wir auf einem guten Weg, jede Prüfung zu bestehen. Sobald wir begreifen, dass das Leben auf unserer Seite ist und möchte, dass wir lernen, wachsen, uns entwickeln und vor allem ihm vertrauen, wird es uns das mit Zins und Zinseszins vergüten. Das Leben ist ein Traum – lebe es, vertrau ihm und habe Vertrauen zu dir selbst!

Tipp Nummer 8:

Fehler sind etwas Gutes!

Auch wenn dir wahrscheinlich schon oft gesagt wurde, dass Fehler schlecht sind und du bitte schön bloß keine machen darfst, sind Fehler in der Tat etwas Gutes.

Es ist totaler Schwachsinn, Fehler zu verteufeln, denn genau hier liegt die Chance, uns zu verbessern und zu lernen. Dafür ist es wichtig, die begangenen Fehler zu analysieren, um sie nicht beliebig oft zu wiederholen. Aber wenn wir das einmal verstanden haben, dann sind sie uns eine echte Hilfe. Ja, Fehler sind Helfer! Schau dir die beiden Wörter mal genau an – sie enthalten sogar dieselben Buchstaben:

Fehler = Helfer

Fehler gehören zu unserem Leben wie die Luft zum Atmen. Wenn du keine Fehler machst, wirst du nie die Gelegenheit haben, dich weiterzuentwickeln. Und wenn du dich nicht weiterentwickelst, bleibst du stehen.

Fehler sind eine einfache Gelegenheit, noch mal neu anzufangen, nur diesmal intelligenter.

Henry Ford

Wie hast du Laufen oder Fahrradfahren gelernt? Konntest du es auf Anhieb? Wohl kaum. Du hast nach deinen Fehlern immer wieder neu Anlauf genommen, einen neuen Versuch gewagt, bis du es letztendlich konntest. Ich könnte mir vorstellen, dass es mit dem Laufen sogar ganz einfach ging, weil du dir als Kleinkind ja kaum viele Gedanken über deine Fehler gemacht hast, oder? Ich finde dieses Beispiel sehr passend und immer wieder faszinierend.

Ein Kleinkind fällt beim Laufenlernen unzählige Male um, macht aber fleißig weiter, bis es sein Ziel erreicht hat. Es steht immer wieder auf und macht sich über seine Fehler kaum Gedanken. Was aber machen Erwachsene? Viele bleiben einfach liegen und wagen gar keinen weiteren Versuch mehr. Oder noch schlimmer, einige überlegen sogar, wen sie für ihr Umfallen verantwortlich machen und verklagen könnten. Solches Verhalten ist echt tragisch. Darum habe den Mut, eigene Fehler zu machen, sieh sie als deine Helfer an und dann steh wieder auf und mach weiter!

Tipp Nummer 9:

Führe ein Erfolgstagebuch

Diesen Tipp hatte ich dir bereits in einem früheren Abschnitt mit auf den Weg gegeben. Bist du schon fleißig dabei? Je mehr du dir deiner täglichen Erfolge bewusst wirst, desto eher richtest du deinen Fokus auch auf die Dinge, welche in deinem Leben gut funktionieren. Und ganz nebenbei wirst du weitere Stärken von dir entdecken. Doch wir wollen ja mehr, denn unser Ziel ist es, dass du mittel- und langfristig auch deine Gabe, die dir das Leben in deine Wiege gelegt hat, erkennst.

Nochmals zur Erinnerung:

Es müssen nicht immer die ganz großen Sachen sein. Ganz „gewöhnliche Taten", die du im Verlauf des Tages „vollbracht" hast, sind bereits enorm wertvoll. Zwei bis drei Erfolge täglich sind absolut okay und so viel besser als gar keiner. Falls du mehr finden solltest, umso besser. Eines kann ich dir jetzt schon versprechen: Wenn du das täglich praktizierst, wirst du mit der Zeit bedeutend mehr Erfolge wahrnehmen und somit auch verbuchen können, als dies zu Beginn noch der Fall war. Dein Unterbewusstsein wird sie gezielt für dich suchen und finden. Lass dich überraschen! Diese tägliche Übung hat daneben auch noch einen sehr guten Einfluss auf deinen Zustand und auch auf dein Selbstvertrauen!

Der Erfolgreiche überprüft seine Begabungen und Fähigkeiten, ehe er sein Ziel steckt.

Vera F. Birkenbihl

Fang wieder an zu träumen!

DU kriegst das hin!

TEIL 2 - SEI EIN ORIGINAL

WERTE

Im letzten Kapitel hatte ich mehrmals von der Einzigartigkeit eines Menschen gesprochen und wie wichtig es ist, dass wir uns dessen auch bewusst werden.

Jeder, der ein Original und keine Kopie sein möchte, wird nicht darum herumkommen, diese Schritte zu gehen. Vielleicht hört sich das jetzt für dich wie ein Widerspruch an. Auf der einen Seite erzähle ich davon, dass jeder Mensch einzigartig ist und dann wiederum spreche ich von Schritten, die nötig sind, um ein Original zu sein. Wie soll das jetzt funktionieren?

Um dir das etwas besser zu veranschaulichen, möchte ich dir gern eine Metapher dazu erzählen.

Ein Bauer fand eines Tages in der Nähe seines Hofes ein Ei, welches aufgebrochen am Boden lag. Er merkte relativ schnell, dass es sich dabei um das Ei eines Adlers handelte und das kleine Tierchen gerade schlüpfen wollte. Dem Bauer tat es leid, das Küken hier einfach so zurückzulassen, zumal er weit und breit keinen seiner Angehörigen aus der Adlerfamilie sichten konnte. Also beschloss er, den kleinen Adler mitzunehmen und ihn zu seinen Hühnern zu stecken, damit er in bester Gesellschaft aufwachsen konnte. Und so nahm das Leben des Adlers seinen Lauf. Er wuchs mit den Hühnern auf, ging in den Hühner-Kindergarten, anschließend in die Hühner-Schule und, wie es sich gehört, später dann auf die Hühne- Universität. Er übernahm alle Eigenschaften, Stärken, Glaubenssätze und Werte eines Huhns und zweifelte keine Sekunde daran, ein Huhn zu sein. Nur hin und wieder kam er sich unter all den Hennen etwas fremd vor, allerdings wusste er nicht wirklich, weshalb und konnte dieses Gefühl nicht richtig zuordnen. Sein Gackern klang anders, seine Bewegungen und die Denkweise waren es teilweise auch. Eines Tages erblickte er im Himmel einen großen Vogel, der majestätisch hoch oben seine Kreise zog. Er war sehr fasziniert und beeindruckt von ihm. Voller Begeisterung rief er die anderen Hühner zu sich, um ihnen diesen „Kollegen" zu zeigen. „Schaut her, schaut her, er ist einer von uns. Und seht nur, wie er fliegt, wow, kommt, lasst uns das auch versuchen." Die Reaktion der anderen Hühner war ernüchternd: „Spinnst du, das ist ein Adler, der König der Lüfte. Wir sind Hühner, wir können das nicht, denn wir sind gar nicht gemacht dafür." Für den jungen Adler brach in diesem Moment eine Welt zusammen. Gerade noch war er so motiviert, das Gleiche zu versuchen und wollte seine Freunde dazu ermuntern, es auch einmal zu probieren – und dann das! Die Enttäuschung war ihm sichtlich anzumerken, aber unter diesen Umständen blieb ihm nichts anderes übrig, als diesen Umstand so wie er war zu akzeptieren.

Es vergingen einige Jahre und einmal mehr war der Hühner-Adler allein. Das Bild des fliegenden Adlers hatte ihn seit jenem Tag nicht mehr losgelassen. Wie aus dem Nichts kam ihm plötzlich die Idee, das Fliegen doch mal zu versuchen, entgegen dem, was ihm seine Hühner-Freunde gepredigt hatten. Für ein einziges Mal war es ihm egal, was die anderen von ihm denken würden – außerdem war weit und breit gerade keiner von ihnen zu sehen. Er fasste sich ein Herz und hob ab, schraubte sich höher und höher in die Luft. Dann war er so hoch oben wie noch nie in seinem bisherigen Leben. Ja, er konnte es selbst kaum fassen, was er da tat, doch das war ihm in dem Moment so was von egal, denn er war so glücklich wie noch nie zuvor. Endlich hatte er das getan, was er schon lange tun wollte, und das, obwohl ihm alle einreden wollten, dass er das nicht kann und auch nie wird lernen können. Der Adler hatte sich an diesem Tag selbst bewiesen, dass dies alles nicht stimmt und war deshalb und völlig zu Recht sehr stolz auf sich. Er verbuchte diesen Tag deshalb als den besten und glücklichsten seines Lebens.

Wieder vergingen einige Jahre. Der Hühner-Adler war inzwischen in die Jahre gekommen und wartete nur noch darauf, dass er das Zeitliche segnen würde. Er wusste, dass es eine Frage der Zeit war, bis es so weit sein sollte. Deshalb fing er auch nichts Neues mehr an und verbrachte seine letzten Tage nur noch liegend im Bett. Eines Nachts, kurz vor seinem Tod, kamen bei ihm die Bilder des Adlers wieder hoch, den er vor vielen Jahren in der Luft fliegen sah. Gleichzeitig erinnerte er sich daran, wie er einst selbst ganz oben in den Lüften war und dabei so glücklich seine Kreise am Himmel zog. All diese Erinnerungen suchten ihn jetzt heim und dabei sagte er zu sich selbst immer wieder folgende Sätze: „Diese beiden Tage waren die besten meines Lebens. Warum nur habe ich nicht das Leben dieses großen Adlers, den ich vor vielen Jahren fliegen sah, gelebt, obwohl ich doch ganz genauso fliegen konnte wie er damals?" Aus seinen Adleraugen flossen ein paar Tränen und nur wenige Sekunden später starb er mit der Erkenntnis, nicht das Leben gelebt zu haben, das er hätte leben können.

Welches Fazit ziehst du nun aus dieser Metapher?

Wie viele von uns leben das Leben eines Huhns und merken nicht, dass sie gar keines sind? Wie viele von uns sind so fremdgesteuert, dass sie leider nie erkennen, wie einzigartig sie doch sind? Wie viele von uns laufen der großen Masse hinterher und realisieren fast zu spät oder vielleicht nie, dass sie das gar nicht wollten? Wie ist so etwas denn überhaupt möglich? Tja, es gibt viele Beweggründe dafür und einige habe ich hier bereits ausführlich erwähnt. Um bei dieser Geschichte zu bleiben: Ich werde nie das Leben eines Adlers leben können, wenn mir nicht mal bewusst ist, dass ich überhaupt fliegen kann. *Im Umkehrschluss heißt das nichts anderes, als dass ich mich mit meinen Stärken beschäftigen muss.* Natürlich werde ich nie das Leben eines Adlers leben können, wenn ich nicht einmal weiß, dass ich einer bin. Ich werde weder kongruent, authentisch noch ein Original sein können, wenn ich gar nicht weiß, was mich im Inneren meines Herzens anfeuert und was ich als besonders wertvoll in meinem Leben erachte.

Konkret heißt das wiederum, dass ich wissen muss, wer ich bin, was mich antreibt und was mich im Inneren motiviert. Und so komme ich zu unserem nächsten und äußerst wichtigen Thema: die Werte. Hast du dich schon einmal mit deinen Werten beschäftigt? Könntest du mir ganz spontan deine zehn wichtigsten Werte aufzählen? Genau, es geht um DEINE Werte. Also nicht die Werte von Mama oder Papa, Tante oder Onkel, Schwester oder Bruder, Freundin oder Freund oder von wem auch immer. Wir sprechen von deinen Werten, denn es geht hier um dich. Wenn du deine Werte-Hierarchie kennst, wirst du wissen und nachvollziehen können, warum du das tust, was du tust oder getan hast. *Werte sind unsere inneren Motivatoren und stehen hinter unseren Denk- und Verhaltensweisen. Sie sind die unbewussten Teile unserer Persönlichkeit und dienen uns als Orientierungshilfe.*

Wenn du dein Verhalten ändern möchtest oder eine wichtige Entscheidung treffen musst, ohne dabei deine Werte zu kennen, dann kann ich dir schon vorhersagen, dass dies ein hartes Stück Arbeit wird. Wenn dein Verhalten nicht mit deinen Werten im Einklang steht, dann wirst du so gut wie keinen, und wenn doch nur sehr geringen und auch kurzfristigen Erfolg verzeichnen können. Du wirst dieses Verhalten aufgrund deines Wertekonflikts nicht lange aufrechterhalten können.

Gibt es in deinem Leben noch Träume und Ziele, die du unbedingt erreichen möchtest? Ja? Großartig! Doch etwas muss dir völlig klar sein: Du wirst weder deine Träume verwirklichen noch deine Ziele erreichen können, wenn du gegen dein eigenes Wertesystem handelst. Wir werden uns später noch mit den Zielen als Thema beschäftigen, bevor wir aber dazu kommen, ist es wichtiger herauszufinden, welches DEINE Werte sind.

Eine Freude, die von außen kommt, wird uns auch wieder verlassen. Jene anderen Werte aber, die im Inneren wurzeln, sind zuverlässig und dauernd.

Seneca

Nur wenn deine Werte im Einklang mit deinem Verhalten und Handeln stehen, wirst du es schaffen, die Ziele zu erreichen, die du dir gesetzt hast. So gesehen geht es bei der Erreichung unserer Ziele vor allem um die Befriedigung unserer Werte. Sie sind demzufolge nicht nur Motivatoren, sondern wie gesagt vor allem auch Orientierungshilfen. Was wir als richtig oder falsch, gut oder schlecht beurteilen, hat in den allermeisten Fällen mit unserer Werte-Hierarchie zu tun. Jeder Mensch orientiert sich anhand seiner persönlichen Werte. Menschen, die du liebst und mit denen du befreundet bist, das Auto, welches du fährst, die Art und Weise, wie du deinen Job erledigst und deine Kinder erziehst, all das wird von deinen persönlichen Werten bestimmt.

Woher kommt das denn nun?

Es gibt sehr viele Quellen, denen unsere Werte entstammen. Mutter, Vater, Schwester, Bruder, Großmutter- und Großvater (Familie) Lehrer, Erzieher, Kirche, Vereine, Partnerin, Partner, Freunde, Arbeitskollegen, Vorgesetze, Medien sind nur einige von vielen. Die ökonomischen und politischen Verhältnisse, in die wir hineingeboren und in denen wir aufgewachsen sind, spielen natürlich auch eine entscheidende Rolle. Es geht auch nicht darum, hier jetzt alle aufzuzählen, vielmehr wollte ich dir einen kleinen Anhaltspunkt zur Quelle unserer Werte geben. Um die Geschichte des Adlers nochmals aufzugreifen: Was glaubst du wohl, woher seine Werte stammen? Vielen Menschen geht es wie dem Adler und sie sind sich ihrer Werte überhaupt nicht bewusst. Hast du dir schon jemals Gedanken darüber gemacht, weshalb du dich in der Gegenwart gewisser Menschen sehr glücklich fühlst und bei anderen wiederum sehr unwohl und ausgelaugt? Ganz einfach, zur ersten Kategorie gehören die Personen, die ähnliche Werte haben wie du. Zur zweiten Kategorie gehören die Gegensätze. Falls du noch immer an dieses Märchen glaubst, dass sich Gegensätze anziehen, dann solltest du dich davon sofort befreien. Kurzfristig können Menschen, die anders sind als wir, interessant und anziehend für uns sein. *Doch langfristig mögen wir Menschen, die so sind wie wir.*

Ich möchte dir das hier anhand von zwei Beispielen etwas näher erläutern. Mal angenommen, dass dir Ehrlichkeit absolut wichtig ist. Nun lernst du eine Person kennen, die gern Unwahrheiten verbreitet. Im ersten Moment kann – Betonung auf kann – dies für dich interessant sein, weil dieser Mensch diesbezüglich anders ist als du. Doch wird sich daraus kaum eine dauerhafte enge Freundschaft entwickeln, außer du wärst jemand, der unbewusst genauso tickt oder andere Werte hat, die mit dieser Person völlig im Einklang stehen. Dann kann es teilweise funktionieren.

Oder mal angenommen, dein Vorgesetzter hätte völlig andere Werte als du, so ist es eine Frage der Zeit, bis es zu Diskussionen, Reibereien und allgemeinen Schwierigkeiten kommt. Im Extremfall kann es zu einer Versetzung oder gar Trennung kommen. Hast du dich schon mal gefragt, weshalb manche Personen eher befördert werden als andere? Natürlich kannst du jetzt sagen, dass es an Sympathie, Antipathie,

Vitamin B, Bekannter vom Chef und, und, und liegt – und das ist auch alles richtig! Doch was genau steht denn hinter all dem? Genau, die Werte aller beteiligten Personen.

Falls du Single bist, so rate ich dir, die Werte deines künftigen Herzblatts deinen eigenen gegenüberzustellen. Vielleicht musst du jetzt darüber schmunzeln, doch ich bin mittlerweile absolut davon überzeugt, dass wir viel weniger Scheidungen und Trennungen hätten, wenn wir genau das bei der Partnerwahl tun würden. Häufig wird als Trennungsgrund angegeben, dass man sich auseinandergelebt habe. Doch im Grunde heißt das nichts anderes, als dass die Wertevorstellungen unterschiedlich waren. Entweder waren es schon zu Beginn der Beziehung so oder es hat sich im Verlaufe der Partnerschaft gezeigt. *Werte haben nun mal eine starke emotionale Wirkung und wir beurteilen andere Menschen häufig nach unseren eigenen Werten.* Gehen die Werte der Partner immer weiter auseinander, geht es die Beziehung auch. Falls du in einer glücklichen Beziehung lebst, so rate ich dir, deine Werte mit denen deines Partners zu vergleichen. Unsere Werte können sich im Verlauf des Lebens ändern und tun das häufig auch. Plötzlich haben wir neue Ziele, die wir vorher nicht hatten. Mit unseren Zielen verändern sich auch unsere Werte und somit auch unser Selbstbild. Deshalb ist es auch so elementar wichtig, seinen Partner in diesen Prozess miteinzubeziehen. Genau dasselbe gilt natürlich auch für alle anderen zwischenmenschlichen Beziehungen. Analysiere deshalb auch dein Umfeld, beruflich wie privat, auf deren Werte und vergleiche sie mit deinen. Willst du die Werte eines Menschen herausfinden, so höre ihm sehr aufmerksam zu. Was er sagt, welche Wörter er verwendet, wie er es sagt, was ihm wichtig ist. Du wirst überrascht sein, wie einfach es sein kann, einen Menschen einzuschätzen – Betonung auf einschätzen! Ich meine damit kein Schubladisieren, sondern sich einen besseren Zugang zu dieser Person und ihren Bedürfnissen zu verschaffen.

Wenn ich die Werte eines Menschen kenne, so ist es für mich viel einfacher, die Beziehung zu ihm zu managen. Und wenn ich auch meine eigenen Werte kenne, so ist es für mich viel leichter, mein eigenes Leben zu managen. Und genau dann nämlich bin ich kongruent, stimmig sowie authentisch und kann ein Leben führen, das meiner wahren Bestimmung entspricht. Ich laufe dann nicht Gefahr, das Leben eines Huhns zu leben, obwohl ich ein Adler bin. Ich sorge ganz allein dafür, dass ich ein Original mit allen Ecken und Kanten bin.

Eine wichtige Lektion **fürs Leben:**

Menschen mit gemeinsamen Werten sind schwer zu trennen.

Vielleicht wird dir jetzt etwas mehr bewusst, weshalb gewisse Menschen aus deinem Leben verschwunden sind, warum andere dazukommen mussten und weswegen ein paar der alten Gefährten geblieben sind.

Im Grund genommen ist es so leicht, doch wenn du dieses Wissen nicht hast, drehst du dich lange im Kreis und fragst dich, warum das Leben mit dir nur solche Spielchen treibt. Ganz einfach, weil das Leben möchte, dass du dich mit seinen Spielregeln auseinandersetzt und diese begreifst!

Auch dem Adler-Huhn wurde diese Gelegenheit geboten, doch leider ist er seiner Bestimmung nicht gefolgt, da er nicht auf seine innere Stimme gehört hat. Ich hoffe und wünsche mir so sehr, dass du es besser machen wirst. Es spielt keine Rolle, wie alt du bist und wo du im Leben heute stehst. *Das Allerwichtigste ist herauszufinden, was dich im Inneren antreibt, motiviert und wo du hinmöchtest.*

Damit dir das gelingt, musst du deine wahren Werte kennen. Jetzt geht es vor allem darum, sich mit ihnen auseinandersetzen. Ich habe hier eine Auswahl für dich zusammengestellt und bitte dich, dir beim Durcharbeiten dieser Übung genügend Zeit zu nehmen. Diese von mir aufgelisteten Werte haben keinen Anspruch auf Vollständigkeit, es sind lediglich Denkanstöße. Sollten gewisse Werte fehlen, so füge diese unbedingt hinzu.

Nun zu unserer Übung!

Entdecke deine Werte und wähle die für dich wichtigsten zehn aus.

Folgende Fragen können dir dabei helfen, deine Werte zu finden:

➢ Was erachte ich als besonders wertvoll im Leben?

➢ Was ist mir wirklich wichtig?

➢ Worauf lege ich großen Wert?

Finde deine 10 Werte:

Abenteuer	Gerechtigkeit	Selbstlosigkeit
Abwechslung	Gesundheit	Selbstverwirklichung
Achtsamkeit	Großzügigkeit	Sexualität
Aktivität	Harmonie	Sicherheit
Akzeptanz	Herausforderung	Sparsamkeit
Anerkennung	Hilfsbereitschaft	Spaß
Anpassungsfähigkeit	Integrität	Spiritualität
Attraktivität	Kreativität	Toleranz
Aufrichtigkeit	Lebensfreude	Treue
Ausgeglichenheit	Leidenschaft	Umweltschutz
Beliebtheit	Lernen	Unabhängigkeit
Bewunderung	Liebe	Verantwortung
Dankbarkeit	Loyalität	Vergnügen
Disziplin	Macht	Vernunft

Effektivität	Motivation	Verständnis
Ehrlichkeit	Mut	Vertrauen
Einfluss	Optimismus	Vielfalt
Energie	Ordnung	Vitalität
Entwicklung	Perfektion	Wachstum
Erfolg	Professionalität	Weisheit
Ehrgeiz	Rechtmäßigkeit	Wissen
Fairness	Reichtum	Wohlstand
Familie	Respekt	Zärtlichkeit
Fitness	Ruhe	Zufriedenheit
Freiheit	Sauberkeit	Zugehörigkeit
Gehorsam	Schönheit	Zuverlässigkeit

Meine Wertehierarchie

1. _____

2. _____

3. _____

4. _____

5. _____

6. _____

7. _____

8. _____

9. _____

10. _____

Erfahrungsgemäß ist es gut möglich, dass dir die Einordung anfangs etwas schwerfällt. Wenn dem so ist, dann können dir folgende Fragen sehr dienlich sein:

> ➢ Was genau verstehe ich unter Geld und Luxus und welche wirklichen Werte verstecken sich dahinter?
>
> ➢ Worauf könnte ich eher verzichten: Gesundheit oder Anerkennung?
>
> ➢ Was ist mir wirklich wichtiger: Familie oder Karriere?
>
> ➢ Wie geht es mir, wenn ich das (z. B. Karriere) gar nicht mehr habe?
>
> ➢ Könnte ich mir ein Leben ohne das (z. B. Familie) überhaupt vorstellen?
>
> ➢ Was würde passieren, wenn einer dieser beiden Werte wegfiele?

Stell dir diese Fragen und geh deine Werte in aller Ruhe durch. Darüber hinaus empfehle ich dir, jeden Wert mit einem Bild oder, noch besser, mit einem Gefühl zu verknüpfen.

Ist das wirklich so?

Es ist wichtig, sich für diese Übung genügend Zeit zu nehmen! Aus meinen Coachings weiß ich, dass, wenn der Coachee seine zehn Werte nochmals durchgeht, es erneut zu der einen oder anderen Verschiebung kommen kann. Anerkennung ist dann doch nicht mehr so wichtig wie Liebe und plötzlich steht Gesundheit vor der Freiheit und, und, und. *Geh bei dieser Übung in dich hinein und höre auf dein Inneres.* Stelle dir die oben genannten Fragen ganz gezielt und warte geduldig auf deine Antworten. Welche Gefühlsintensität und Bilder verbergen sich hinter gewissen Werten? Bei welchen Werten nimmst du eine starke Energie wahr? Geh ruhig auch in deine Vergangenheit zurück und durchlebe gewisse Situationen nochmals. Was waren das für Erlebnisse, was hat dich dabei geprägt und welche Werte verstecken sich dahinter? Und was genau verstehst du darunter?

Mal angenommen, du hast den Wert Erfolg ganz oben auf deiner Hierarchie. Frage dich daher bewusst, was genau du unter Erfolg verstehst. Wie definierst du ihn? Oder gehen wir davon aus, dir wäre Harmonie wichtig. Was müsste geschehen, damit du dich harmonisch fühlst? Gibt es vielleicht bestimmte Werte, die du deiner Hierarchie noch hinzufügen möchtest? Je mehr du mit diesen Fragen nachbohrst, (im positiven Sinne), desto klarere Antworten wirst du erhalten und desto eindeutiger werden sich auch deine wahren Werte herauskristallisieren – und deren Wichtigkeit kann ich gar nicht oft genug betonen. Es macht wirklich wenig Sinn, sich

Ziele zu setzen, alles dafür zu tun, um dann eines Tages festzustellen: Ach du liebe Güte, hier wollte ich doch eigentlich gar nicht hin. Das ist gar nicht das Leben, welches ICH leben will ...

Ich denke, du weißt, was ich meine. Zieh deine Erkenntnisse aus der Metapher mit dem Adler und wende dich bitte intensiv deinen Werten und Stärken zu.

Bitte lies erst weiter, wenn du deine zehn Werte gefunden hast!

Nochmals zur Erinnerung, deine Werte können sich im Verlauf der Jahre ändern, deshalb ist es ratsam, diese Übung nach ca. drei Jahren zu wiederholen. Es können auch mal fünf Jahre oder mehr sein, doch tendenziell empfehle ich dir, nicht allzu lange damit zu warten.

Was unsere Gesellschaft am meisten belastet, ist der Verfall von Werten und von sozialen Beziehungen.

Maria Jepsen

Und da wir schon mal beim Arbeiten sind, wie sieht es mit deinem Stärkeinventar aus? Wie viele deiner Stärken konntest du bisher ausfindig machen? Kleiner Tipp: Jetzt, wo du dich mit deinen Werten beschäftigen wirst, lohnt es sich mehr denn je, dich auch deinen Stärken zu widmen und weitere herauszufischen. Beides passt jetzt wie die Faust aufs Auge und du wirst sehen, sobald du an deiner Werte-Hierarchie arbeitest, wirst du auch relativ schnell über gewisse Stärken von dir stolpern. Schließe aber das eine mit dem anderen nicht aus, sondern nutze diese Synergien. Darüber hinaus werden sich bei dir auch vermehrt gewisse Glaubenssätze bemerkbar machen, die du vorher so gar nicht oder zu wenig wahrgenommen hast. Glaubenssätze sind unsere Software, doch mehr dazu in einem späteren Kapitel. Bleibe für den Moment bei deinen Werten und Stärken. Was meinst du, werden wir es schaffen, bis zum nächsten Kapitel 30 Stärken von dir herauszufinden?

Gib alles und ich bin davon überzeugt, dass du es hinkriegst. Lies erst weiter, wenn du sowohl zehn Werte als auch 30 Stärken gefunden hast.

Man entdeckt keine neuen Erdteile, ohne den Mut zu haben, alte Küsten aus den Augen zu verlieren.

André Gide

ZIELE

Nun, wie sieht es aus, hast du deine Werte-Hierarchie beisammen? Meinen Glückwunsch, jetzt haben wir eine gute Basis, um uns den Zielen zuzuwenden. Ein wichtiges Fundament wurde somit gelegt. Ich wiederhole mich gern nochmals, *es bringt herzlich wenig, sich mit Zielen zu beschäftigen, wenn die betroffene Person nicht weiß, was ihre inneren Motivatoren sind und was sie antreibt.* So etwas endet häufig in Frust und Enttäuschung, mit der Konsequenz, dass sich viele Menschen aufgrund dessen oft kaum mehr Ziele setzen. Ich habe in meinen Coachings mehrfach erlebt, dass Personen falsche Ziele verfolgt haben, die niemals ihren Werten entsprachen. Ob beruflich oder privat spielt dabei keine Rolle, denn Werte und Ziele gehören zusammen wie Old Shatterhand und Winnetou. Also, finde Klarheit zu deinen Werten und du bist auf dem besten Weg, ein einzigartiges sowie originelles Leben zu führen.

MACH AUS DEINEM PROBLEM EIN ZIEL

Es gibt viele Menschen, die sich damit schwertun, irgendwelche Ziele für sich zu definieren. Für sie stellt sich das als eine echte Herausforderung dar. Ich kann das sehr gut nachvollziehen, denn für jemanden, der es nicht gewohnt ist, mit Zielen zu arbeiten, kann das wirklich anspruchsvoll sein. Oder auch nicht – wenn diese Person in der Lage ist, für sich ein Problem zu lokalisieren, um daraus ein Ziel zu entwickeln. Hast du dich jemals gefragt, welche Konsequenzen es für dich hätte, wenn du dein Problem einfach umdeuten und ihm eine neue Essenz geben würdest? Was wäre, wenn aus deinem Problem so ein Ziel würde? Es ist im Grunde genommen sehr einfach, denn in dem Wort Problem sind drei besondere Buchstaben enthalten: PRO – und „pro" heißt nichts anderes als „für". Also etwas, das für und nicht gegen uns ist. PRObleme sind nichts anderes als Gelegenheiten und somit gute Möglichkeiten, sie anzupacken und sich daraus ein Ziel zu basteln. Vorausgesetzt, wir sind in der Lage, sie als solche zu erkennen.

Hier eine kleine Geschichte dazu:

Eine Firma hatte einen Klebstoff entwickelt, doch dieser hatte ein gravierendes Problem: Der Klebstoff hielt nicht. Es steht wohl außer Frage, dass dies für einen Klebstoff ein absolutes No-Go ist. Aber irgendwann erkannte eine Person darin eine neue Möglichkeit, doch noch etwas Sinnvolles daraus zu machen. Das Produkt, welches daraus entstanden ist, sind die uns allen gut bekannten „post it!"-Klebezettel. Das Unternehmen heißt 3M und ist mittlerweile milliardenschwer. Die große Stärke dieser Klebezettel ist es, dass sie kleben, aber eben doch nicht so ganz richtig. Bloß Zufall? Ganz bestimmt nicht! Vielmehr hat jemand eine Möglichkeit in diesem PRObleme gesehen und in Lösungen gedacht. So kann es gehen, wenn man nach einer Chance in einem PROblem sucht.

Sieh deshalb in jedem Problem eine Chance und mach es dir zum Ziel, es zu lösen. Wenn du das jedes Mal tust und die Sache tatsächlich angehst, solltest du keine Schwierigkeiten mehr haben, künftig für dich Ziele zu finden. Welche Probleme existieren zurzeit in deinem Leben, die du unbedingt lösen musst? Oder anders formuliert, gibt es im Moment etwas in deinem Leben, womit du unzufrieden bist, du es partout ändern möchtest und vielleicht auch müsstest? Und genau das ist das richtige Stichwort: müsstest. *Solange du deinen IST-Zustand so akzeptierst, wie er im Moment ist, wirst du nicht genügend Energie mobilisieren können, um deine Ziele auch zu erreichen.*

Gern möchte ich dir das anhand von zwei Beispielen etwas verdeutlichen:

Tomi ist Single und setzt sich als Ziel, eine Partnerin zu finden und mit ihr eine glückliche Beziehung zu führen. Doch auf der anderen Seite sagt er zu sich selbst: „Ach, eigentlich bin ich doch ein glücklicher Single und mit meiner Situation ganz zufrieden." Die Chance, dass er sein Ziel trotzdem erreicht, ist relativ gering, denn er ist ja mit seiner IST-Situation im Prinzip ganz glücklich und akzeptiert sie somit indirekt auch.

Martina setzt sich zum Ziel, innerhalb von sechs Wochen vier Kilo abzunehmen. Andererseits ist sie aber mit ihrem Gewicht grundsätzlich zufrieden und sieht diese paar Pfunde nicht als sonderlich dramatisch an. Sie akzeptiert die IST-Situation ebenfalls so, wie sie ist. Ob sie trotzdem Erfolg haben wird?

Beide Personen sind mit ihrer IST-Situation „eigentlich" zufrieden und sehen darum keinen triftigen Grund, diese zu ändern. Solange jemand seinen IST-Zustand toleriert und ihn nicht wirklich ändern möchte, ist praktisch jedes Unterfangen zum Scheitern verurteilt. *Du brauchst ein starkes Warum und dabei kann dir eine kleine Dose Unzufriedenheit enorm dienlich sein*. Und genau aus dem Grund sind PRObleme geradezu wie geschaffen dafür, aus ihnen attraktive und damit motivierende Ziele zu machen.

Ich habe deshalb bei der nächsten Übung nach jedem Bereich ein paar Zeilen eingefügt, in denen du deine IST-Situation erfassen kannst, damit du einen direkten Vergleich zwischen IST und SOLL hast. Denn wenn beide Varianten im direkten Vergleich stehen, wirst du schnell erkennen können, wie viel dir zu deinem SOLL noch fehlt. Dann macht es überhaupt keinen Sinn, sich noch etwas vorzumachen oder gewisse Sachen schönzureden. Nutze deshalb diese Lücke als Motivation. Falls die Lücke in deinen Augen, Stand heute, etwas zu groß ist – so what? Lass dich deshalb unter keinen Umständen runterziehen und schon gar nicht darfst du deine Ziele anhand deines IST-Zustandes kleinreden. Nutze sie stattdessen als Motivation, um zu lernen und zu wachsen, denn allein dadurch wirst du deinen Zielen näher kommen und sie schließlich erreichen. Nutze deshalb PRObleme als Chance und leite daraus ein Ziel für dich ab. Was gibt es mit Stand heute in deinem Leben, das du unbedingt angehen müsstest?

Es könnte sich dabei um folgende Bereiche handeln:

(Beruf, Gesundheit, Finanzen, Partnerschaft, Freizeit, Persönlichkeit)

Schreibe sie bitte hier auf:

Konntest du das eine oder andere Problem identifizieren und möchtest du jetzt ein Ziel daraus machen? Hast du Aspekte in deinem Leben entdeckt, die Optimierungspotenzial aufweisen? Gibt es einen Bereich, der sich zurzeit nicht so entwickelt, wie du es gern hättest? Dann empfehle ich dir umso mehr, jetzt ein kleines Brainstorming zu machen und lade dich ganz herzlich zu deinem persönlichen Ziele-Workshop ein. Ich bin mir sicher, dass dich die unten aufgeführten Fragen ins Grübeln (und hoffentlich auch ins Träumen) bringen werden.

Investiere diese Zeit in dich und deine Träume.

Wie schon erwähnt, ist es äußerst hilfreich, die IST-Situation der SOLL-Situation gegenüberzustellen. Damit kannst du dir ehrlich vor Augen führen, wo du heute tatsächlich stehst.

MEIN ZIELE-WORKSHOP

Persönlichkeit

➢ Wie ist die IST-Situation Stand heute?

_____

_____

_____

_____

_____

_____

_____

_____

SOLL-Situation

> Zu welcher Persönlichkeit möchte ich mich in den nächsten zwei bis vier Jahren entwickeln?

> Welche Charaktereigenschaften möchte ich verstärken?

> Wo will ich mich am meisten verbessern?

> Welche Bücher möchte ich noch lesen?

> Welche Seminare können mich in meiner Entwicklung weiterbringen?

Gesundheit und Wohlbefinden

➢ Wie ist die IST-Situation Stand heute?

_____

_____

_____

_____

_____

_____

_____

_____

_____

_____

SOLL-Situation

➢ Wie steht es um meine Gesundheit und mein allgemeines Wohlbefinden in fünf Jahren?

➢ Wie sieht meine Ernährung aus?

➢ Wie viel beträgt mein Idealgewicht?

➢ Was tue ich für meine Work-Life-Balance?

_____

_____

_____

_____

_____

_____

_____

Partnerschaft

> Wie ist die IST-Situation Stand heute?

SOLL-Situation

- ➢ Wie sieht meine Partnerschaft in zwei Jahren aus?
- ➢ Mit welchem Partner will ich leben?
- ➢ Welche Charaktereigenschaften hat er?
- ➢ Wie sieht meine Beziehung mit meinem Partner aus?
- ➢ Auf welche Art und Weise zeigen wir uns gegenseitig unsere Liebe?
- ➢ Wie verbringen wir unsere gemeinsame Zeit?

_____

_____

_____

_____

_____

Familie

➢ Wie ist die IST-Situation Stand heute?

SOLL-Situation

➢ Möchte ich Kinder haben und wenn ja, wie viele?

➢ Welche Art von Mutter oder Vater möchte ich für meine Kinder sein?

➢ Wie möchte ich von meinen Kindern wahrgenommen werden?

_____

_____

_____

_____

_____

_____

_____

Beruf

> Wie ist die IST-Situation Stand heute?

_____

_____

_____

_____

_____

_____

_____

_____

_____

SOLL-Situation

➢ Welche berufliche Tätigkeit will ich in drei Jahren ausüben?

➢ In welcher Branche möchte ich arbeiten?

➢ In was für eine Richtung zieht es mich?

➢ (Fachspezialist, Führungskraft, Unternehmer)

_____

_____

_____

_____

_____

_____

Geld und Wohlstand

➢ Wie ist die IST-Situation Stand heute?

_____

_____

_____

_____

_____

_____

_____

_____

_____

SOLL-Situation

➢ Wie viel werde ich in fünf Jahren pro Monat verdienen?

➢ Wie hoch ist mein Vermögen in zehn Jahren?

➢ Welchen fixen prozentualen Betrag lege ich monatlich zur Seite?

Freunde und Bekannte

➢ Wie ist die IST-Situation Stand heute?

_____

_____

_____

_____

_____

_____

_____

_____

_____

SOLL-Situation

- ➤ Mit welchen Menschen will ich in Zukunft meine Zeit verbringen?

- ➤ Warum gerade mit denen?

- ➤ Wie verbringe ich meine Zeit mit diesen Personen?

Freizeit

➢ Wie ist die IST-Situation Stand heute?

SOLL-Situation

➢ Wie verbringe ich in Zukunft meine Freizeit?

➢ Welchen Hobbys gehe ich nach?

Konntest du bei dieser Übung erste Erkenntnisse für dich gewinnen? Falls du sie nur überflogen hast, bitte ich dich einmal mehr, erst weiterzulesen, wenn du für mindestens zwei Bereiche zwei bis vier Ziele gefunden hast. Nochmals, das hier ist kein reines Lesebuch. *Du wirst nur dann für dich den größtmöglichen Nutzen daraus ziehen können, wenn du dich selbst einbringst. Es lohnt sich wirklich, Zeit und „Mühe" in den Menschen zu investieren, der dir am nächsten ist, in DICH!*

Das ist auch ein entscheidendes Kriterium, was Menschen mit Zielen von denen ohne Ziele unterscheidet. Menschen mit Zielen verpflichten sich, diese zu erreichen. Sie machen aus „Ich sollte" ein „Ich MUSS ". Und genau diese Worte sorgen für den Unterschied. Vorsätze wie „Ich sollte weniger essen", „Ich sollte Gewicht verlieren", „Ich sollte mehr lesen und lernen" sind nichts weiter als sinnloses Blabla.

Sobald DU aus deinem „Ich sollte" ein „Ich MUSS" machst und dich dazu *voll und ganz verpflichtest, wirst du auch signifikante Veränderungen erfahren.*

Mehr als 90 Prozent aller Menschen setzen sich mit solchen Formulierungen kaum auseinander und die Gründe dafür sind vielfältig. Bequemlichkeit ist sicher ein Grund von vielen, doch ein anderer sticht in den meisten Fällen besonders heraus: die Angst vor dem Scheitern, vor dem Versagen, vor der Enttäuschung.

ANGST VOR DEM SCHEITERN UND DER ENTTÄUSCHUNG

Es gibt zwar Menschen, die ihre Werte kennen und auch ihre Probleme gezielt angehen, aber vielleicht die Lust, sich größere Ziele zu setzen, verloren haben. Ein Grund, weshalb das bei vielen Menschen der Fall ist, ist die Angst. Angst vor Enttäuschung, Angst, diese Ziele doch nicht zu erreichen, dann womöglich in den Augen ihrer Mitmenschen als „Verlierer und Versager" dazustehen und als gescheitert abgestempelt zu werden. Nun, die Geschichte ist voll mit sogenannten gescheiterten Menschen, *von denen trotzdem nicht gerade wenige richtig berühmt wurden.*

Hier nenne ich nur einige Beispiele von namhaften Persönlichkeiten, die auch mal gescheitert sind:

Nikola Tesla (Erfinder, Physiker und Elektroingenieur)

Zu seinen Lebzeiten hielten ihn viele für verrückt, ja sogar für größenwahnsinnig. Seine gewagten Aussagen wie die, dass wir über Bildschirme und Telefone kommunizieren werden und dass diese Geräte in jede Hosentasche passen würden, sorgten in den 1920er-Jahren natürlich für reichlich Kopfschütteln. Knapp 100 Jahre später hat fast jeder von uns ein Gerät, das sich Smartphone nennt. Tesla hat es vorausgesagt, erntete dafür aber jede Menge Spott und Hohn. Heute gilt er als Jahrhundertgenie, dem wir zahlreiche tolle Erfindungen verdanken. Die Umsetzung vieler weiterer wird sogar noch folgen, denn Nikola Tesla war seiner Zeit weit voraus. Sein größtes Ziel war es, der Menschheit einen Dienst zu erweisen. Dass er dabei von einigen auch als geisteskrank bezeichnet wurde, hielt ihn nicht davon ab, seine Vision weiterzuverfolgen.

Michael Jordan (Basketballlegende)

Michael wurde aufgrund mangelnden Talents nicht ins Basketball-Team seines damaligen Colleges aufgenommen. Dies hinderte ihn allerdings nicht, an sich und seinen Fertigkeiten zu arbeiten, um eines Tages der beste Basketball-Spieler der Welt zu werden. Auch heute halten ihn viele noch für den besten Spieler aller Zeiten. Wie unglaublich sich das anhören mag für einen Jungen, der es nicht einmal ins Basketball-Team seines Colleges geschafft hat! Doch sein Erfolg hat weder mit Glück noch Zufall zu tun, sondern mit Einsatz. Michael Jordan hat nach der Absage nicht aufgegeben, sondern noch intensiver trainiert und an seinen Stärken gearbeitet. Persönliches Engagement zahlt sich aus, wie hier zu sehen ist.

Walt Disney (Gründer von Disneyland)

Walt wurde von seinem Chef wegen Mangel an Ideen und Kreativität entlassen. Bis er Disneyland ins Leben gerufen hat, ging er mehrmals in Konkurs. Walt Disney verdanken wir nicht nur Mickey Mouse und all seine Filme sowie Freizeitparks, sondern noch vieles mehr. Bekannt wurde er daneben für seine Kreativitätsstrategie, die Walt-Disney-Strategie, die ich in meinen Coachings gern anwende, weil sie so was von genial ist. Ja, auch ich durfte davon profitieren – herzlichen Dank dafür, lieber Walt!

Sylvester Stallone (Schauspieler)

Als Sly am Tiefpunkt seines Lebens angelangt war, musste er seinen Hund, den er über alles liebte, verkaufen, damit er für sich und seine Frau etwas zu essen kaufen konnte. Eines Abends sah er einen Boxkampf von Mohamed Ali, der ihn inspirierte, das Manuskript für Rocky zu schreiben. Er begann sofort mit der Arbeit und hatte es in wenigen Tagen fertig. Kurz darauf machte er sich auf den Weg, um sein Manuskript mehreren Filmproduzenten zu präsentieren. Sly hatte ein klares Ziel: Er wollte die Hauptrolle in diesem Film. Nun wollten die meisten Produzenten zwar sein Skript, allerdings nicht ihn. Sie entschieden sich klar für die Geschichte und gegen Stallone. Weil sie die Story aber so spannend fanden, unterbreiteten sie ihm ein Angebot von mehr als 100 000 Dollar. Das war zu diesem Zeitpunkt eine Menge Geld, dennoch lehnte Sly ab. Die Produzenten erhöhten ihr Angebot immer wieder und überboten sogar die 300 000-Dollar-Grenze – erneut lehnte Sylvester Stallone ab, weil er sein Ziel nicht aufgeben wollte. Letzten Endes gaben die Produzenten nach und er erhielt die Hauptrolle für Rocky. Der Rest ist Geschichte.

Nick Vujicic (internationaler Motivationsredner und Evangelist)

Nick kam ohne Arme und Beine zur Welt. In einem seiner Vorträge führte er mal eine sehr mitreißende Demonstration durch. Nick ließ sich fallen und lag für ein paar Sekunden auf dem Bauch. Nur wenige Augenblicke später zeigte er dem Publikum, wie er es allein und ohne Beine und Arme schafft, sich wieder aufzurappeln. Dabei ließ er den Zuschauern folgende Botschaft zukommen:

„Wenn ich es allein fertigbringe, ohne Beine und Arme wieder aufzustehen, welche Gründe könntest du noch haben, es nicht auch zu schaffen?" Nick nimmt mich emotional echt mit und was er erreicht hat, ist in Worten kaum zu beschreiben.

Hinfallen ist weder gefährlich noch eine Schande. Liegen bleiben ist beides.

Konrad Adenauer

Vielleicht wirst du jetzt intervenieren und zu mir sagen: „Dejan, das waren und sind doch hauptsächlich Amerikaner, bei denen funktioniert das, aber nicht bei uns, nicht bei mir." Nun, dazu kann ich Folgendes sagen. Nicht alle der oben genannten Persönlichkeiten kommen oder kamen aus den USA. Tatsächlich aber können wir uns von den Amerikanern etwas abschauen, nämlich die Think-big-/Denke-groß-Strategie. Ich sage nicht, dass alles toll ist, was aus den USA kommt, doch die Art und Weise, wie die Menschen dort groß denken, ist es definitiv. Im Übrigen haben diese Idee auch längst nicht alle Amerikaner voll verinnerlicht. Und ich kann dich beruhigen, große Persönlichkeiten sind auch außerhalb der USA zu finden.

Hier einige weitere Beispiele:

Oliver Kahn (deutsche Torwartlegende)

Es gab einige Fußballspieler und Torhüter, die mehr Talent hatten als Oli Kahn. Er ist im Laufe seiner Karriere auf viele Widerstände gestoßen, doch Aufgeben war für ihn nie eine Option. Von früh an war er ein äußerst ehrgeiziger Mensch, der ein klares Ziel vor Augen hatte und genau wusste, was getan werden musste, um sein Vorhaben zu erreichen. Ja, auch er hatte Augenblicke, in denen es für ihn richtig schwer war, doch er hielt hart an seinem Ziel fest und machte scheinbar Unmögliches möglich. Obwohl ich nicht immer mit allem einverstanden war, was Oli ab und zu auf dem Platz bot, hat mich seine Biografie sehr fasziniert und auch inspiriert – ich ziehe sämtliche Hüte vor seiner Performance.

Roger Federer (Schweizer Tennislegende)

Roger hat Stand heute so viele Grand-Slam-Titel gewonnen wie kein anderer Tennisspieler vor ihm. Auch wenn er von sehr vielen häufig schon abgeschrieben war und fast zum Rücktritt gezwungen wurde, kam er immer wieder zurück. Er ließ sämtliche Kritiker verstummen und gewann selbst mit Mitte dreißig noch den einen oder anderen Grand-Slam-Titel. In einem seiner Interviews sagte er einmal folgenden Satz:

„Obwohl ich für mehrere Wochen die Nummer eins war, frage ich mich regelmäßig, was ich an mir verbessern kann, denn wenn ich nichts tue, bleibe ich stehen und stehen bleiben bedeutet, Rückschritte zu machen."

Gebrüder Klitschko – Vitali und Wladimir (ukrainische Boxweltmeister)

Boxer werden oft als Schläger und nicht sonderlich intelligent abgestempelt, doch die beiden Klitschko-Brüder haben der Welt genau das Gegenteil bewiesen. Charisma, eine natürliche Art und gute Erziehung sowie das Interesse an ihren Mitmenschen sind nur einige ihrer persönlichen Eigenschaften, dank denen sie die Sympathien vieler Menschen gewannen. Darüber hinaus haben beide einen Doktortitel, was alles andere als eine Selbstverständlichkeit ist. Ihre Karriere war gekennzeichnet von vielen Höhen, aber auch Tiefen. Mitunter mussten sie Spott und Hohn über sich ergehen lassen, doch das alles hielt sie nicht davon ab weiterzumachen, ihren Traum Wirklichkeit werden zu lassen und Boxgeschichte zu schreiben. Vitali und Wladimir schafften es, gleichzeitig Boxweltmeister im Schwergewicht zu sein, was nie zuvor einem Brüderpaar gelungen war. Zwei Menschen, die dasselbe Ziel verfolgten und trotz mitunter heftigen Gegenwinds an ihrem Kurs festhielten.

Novak Djokovic (serbische Tennislegende)

Novak wurde Ende der 80er-Jahre im damaligen Jugoslawien geboren. Was sich in den 90er-Jahren in diesem Land tragischerweise wirklich abspielte, ist den meisten nur ansatzweise bekannt. Auch Novak war davor nicht gefeit und vieles hat in seinem Leben Spuren hinterlassen. Die Familie Djokovic musste während des Krieges lernen, mit umgerechnet nur wenigen D-Mark pro Tag auszukommen. Dennoch hatte Novak ein großes Ziel, das er unbedingt erreichen wollte. Immer wieder träumte er davon, wie er viele Tennisturniere gewinnen und seine Trophäen in die Höhe stemmen würde. Aber wie es das Schicksal wollte, suchte ihn die Gluten-Krankheit heim, was für einen Profisportler nun wirklich keine Bereicherung ist. Hat ihn das abgehalten, so viele Turniere zu gewinnen und zu den erfolgreichsten Tennisspielern aller Zeiten zu gehören? Nein! 2011 gewann Novak zehn Titel, darunter drei Grand Slams, und siegte darüber hinaus in 43 aufeinanderfolgenden Matches. So eine Leistung war zuvor noch keinem Tennisspieler gelungen.

Ich könnte dir noch viele solcher Beispiele nennen, doch ich denke, dass du jetzt verstanden hast, was ich dir damit vermitteln möchte. Und nun frage ich dich: Wenn all diese Persönlichkeiten ihren Mitmenschen, die nicht an sie geglaubt haben und sie für gescheitert hielten, *zu viel Beachtung geschenkt hätten*, glaubst du, dass sie dann auch so erfolgreich geworden wären? Was denkst du, ob es für sie nach ihrem Scheitern einen Grund gegeben hätte, sich künftig keine Ziele mehr zu setzen?

Setze dir ein Ziel und du wirst zumindest etwas erreichen. Setze dir gar kein Ziel und du wirst ziemlich sicher gar nichts erreichen.

Selbstverständlich werden wir nicht immer all unsere Ziele erreichen, aber sich deswegen gar keine mehr zu setzen, erachte ich als den größten Schwachsinn überhaupt. Sei dir im Klaren darüber, dass es kein Scheitern gibt, sondern nur Ergebnisse, aus denen wir viel lernen können. Sehr häufig hat das Nichterreichen von Zielen einen Grund, der für uns im ersten Moment nicht ganz nachvollziehbar ist. *Doch nicht selten stellt sich dieses sogenannte Scheitern später als versteckter Segen heraus.* In vielen Fällen erfordert es die Situation, dass wir unsere Pläne überarbeiten müssen und manchmal wartet dann noch etwas bedeutend Besseres auf uns. Gelegentlich müssen wir auch an uns arbeiten, um uns zu verbessern und noch weiterzuwachsen. Für das Letztere bin ich persönlich sehr dankbar, da mir dadurch oft die Gelegenheit geboten wurde, an mir zu arbeiten, um mich zu verbessern und zu entwickeln. Genau deswegen habe ich auch all diese tollen Persönlichkeiten als Beispiele genommen, weil viele das Gefühl haben, dass ihnen sämtliche Talente in die Wiege gelegt wurden. Doch sie alle mussten sehr hart für ihren Erfolg arbeiten. Vor persönlichem Einsatz drücken kann sich so gut wie niemand, der im Leben etwas erreichen möchte. *Wir müssen zuerst etwas geben, bevor wir etwas nehmen können, denn: Vor der Ernte kommt die Saat!*

DENKE LANGFRISTIG

Wir Menschen sehnen uns danach, sofort für unsere Bemühungen belohnt zu werden. Und wenn das Erstrebe nicht umgehend eintritt, sind wir nicht selten deswegen enttäuscht. Doch genau hier liegt der Hund begraben. Viele von uns überschätzen, was sie in kurzer Zeit erreichen möchten, unterschätzen aber gleichzeitig, was sie langfristig erreichen könnten. Die Frist für die Zielerreichung ist häufig so unrealistisch, dass das Ganze nur im Frust enden kann. Ich gebe offen zu, dass auch ich das lernen musste. Oftmals habe ich mir Ziele gesetzt und durfte auf dem Weg dorthin feststellen, dass ich äußerst optimistisch kalkuliert hatte. Nein, übermäßige Geduld gehört definitiv nicht zu meinen Stärken. Andererseits bin ich aber auch froh darüber, denn meine Ungeduld hat immer wieder dafür gesorgt, dass ich an meinen Zielen dranbleibe. Im ersten Moment war die Erkenntnis natürlich sehr frustrierend und obendrein schmerzvoll, doch bei genauerer Betrachtungsweise auch sehr wirkungsvoll.

Verwandle deinen Schmerz in einen Vorteil

Das Empfinden von Schmerz, wenn du dein Ziel nicht erreichst oder erst gar nicht in Angriff nimmst, kann einerseits qualvoll und andererseits sehr motivierend sein. Falls du mal nicht genügend Motivation aufbringen kannst, um dein Ziel anzugehen oder dir unterwegs die Kraft auszugehen droht, dann stelle dir in diesem Moment bitte folgende Frage:

Wie viel Schmerz wird es mir bringen, wenn ich mein Ziel nicht erreiche?

Gehe einmal gezielt in die Situation hinein und verknüpfe jede Vorstellung, dass du dein Ziel nicht erreichen wirst, mit Schmerz, Wut und Enttäuschung.

Wie geht es dir dann, was empfindest du, welche Gefühle kommen dabei hoch?

Ich empfehle jedem, der ein Ziel erreichen möchte, diese Übung unbedingt durchzuführen. Unter anderem hatte ich sie einmal einem Kollegen, der selbst Coach ist, vorgeschlagen. Seine Antwort lautete: „Dejan, das tue ich, doch das nützt bei mir nichts, ich komme trotzdem nicht ins Handeln." Ich wusste zuerst nicht, was ich ihm darauf sagen sollte, aber dann entschloss ich mich, ehrlich zu ihm zu sein und antwortete darauf wie folgt:

„Der Grund, weshalb du trotz deines Wissens nicht ins Handeln kommst, ist, dass du dich immer noch in deiner scheiß Komfortzone befindest, dich dort schön wohl fühlst und der Schmerz bei dir einfach noch nicht groß genug ist." Mein Freund war über diese Antwort im ersten Moment nicht gerade erfreut, doch am Ende gab er zu, dass ich Recht hatte. Natürlich wehren wir uns anfangs dagegen, doch etwas dazwischen existiert nicht. *Ein bisschen schwanger gibt es schlussendlich auch nicht. Entweder ist der Schmerz dafür nicht groß genug oder er ist es und zwingt mich im wahrsten Sinne des Wortes dazu, aktiv zu werden.* Solltest auch du ein solcher Mensch sein, dann lege ich dir diese Übung besonders ans Herz. Nimm ein Blatt Papier zur Hand und teile es in zwei Spalten ein, links für Nachteile und rechts für Vorteile.

Frage dich nun ganz gezielt:

Welche Nachteile entstehen mir, wenn ich mein Ziel nicht erreiche?

Welche Vorteile entstehen mir, wenn ich mein Ziel erreicht habe?

Nachteile	Vorteile

Was du jetzt anschließend tun solltest, ist, ein weiteres Blatt Papier zur Hand zu nehmen und es ebenfalls in zwei Spalten einzuteilen, links für Schmerz und rechts für Freude.

Frage dich erneut ganz gezielt:

Wie hoch wird der Schmerz auf einer Skala von 1 bis 10 sein, wenn ich mein Ziel nicht erreiche?

Wie viel Freude werde ich auf einer Skala von 1 bis 10 empfinden, wenn ich mein Ziel erreicht habe?

Schmerz (Skala 1–10)	Freude (Skala 1–10)

Wenn du dir das so vor Augen führst, werden die Nachteile, der Schmerz und die Vorteile sowie Freude in direktem Vergleich stehen. Das löst in einem Menschen einen enormen Handlungsbedarf aus. Die Motivation, seine Ziele dennoch weiterzuverfolgen, steigt normalerweise um ein Vielfaches an. Wenn du dir dessen bewusst wirst und du bereit bist, das zu ändern, geht es darum, sie zu konkretisieren. Viele Menschen meinen zwar, Ziele zu haben, doch in Wirklichkeit sind das nur Wünsche und im besten Fall Träume.

Nun, wie schon gesagt, sind Tagträumereien etwas Hervorragendes und ich empfehle dir gern, dich ihnen regelmäßig hinzugeben, da sie einen enorm positiven Einfluss auf dein Gehirn haben. *Wenn du aber nur beim Träumen bleibst, ist das definitiv zu wenig. Es geht darum, deine Träume zu präzisieren und zu konkretisieren.* Mehr Geld, mehr Liebe, mehr Freunde, eine bessere Gesundheit sind zwar schön und gut, doch unserem Gehirn reicht das nicht. Es braucht klare und sehr genaue Anweisungen.

BE SMART – EINE GUTE FORMEL FÜR UNSERE ZIELE

Etwas, das in einigen Firmen für die Unternehmens- sowie Mitarbeiterführung genutzt wird, ist die mittlerweile gut bekannte SMART-Formel. Ihre fünf Buchstaben stehen für:

Spezifisch

Messbar

Attraktiv

Realistisch

Terminiert

Ich habe die Erfahrung gemacht, dass nicht alle Unternehmen damit arbeiten und Privatpersonen sie für ihre persönlichen Lebensziele so gut wie gar nicht einsetzen. Selbstverständlich gibt es Ausnahmen, doch die sind ganz klar in der Minderheit. Das Erstaunliche dabei ist, dass viele die SMART-Formel zwar kennen, sie allerdings für ihre Lebensziele nicht anwenden. Nun, zwischen Kennen und Anwenden liegt ein großer

Unterschied. Wissen, das nicht aktiv genutzt wird, ist und bleibt wert- und somit auch nutzlos. Natürlich ist es toll, eine gute Allgemeinbildung zu haben, doch ich bin der Meinung, *dass jeder Mensch sein Wissen auch aktiv nutzen sollte.* Ich finde es sehr spannend zu beobachten, wie einige von uns viele Ziele für ihren nächsten Urlaub haben und diesen auch fast bis ins letzte Detail planen. Doch wenn es darum geht, sich konkrete Ziele für sich und sein Leben zu setzen, sieht es häufig ganz anders aus.

Selbstverständlich ist es wichtig, die Ferien gut zu planen und sich im Vorfeld auch die dafür erforderlichen Ziele zu setzen. Aber was ist wichtiger und wo sind die Prioritäten höher zu setzen? Diese Frage kann nur jeder für sich selbst beantworten. Bedenke aber: *Du hast nur dieses eine Leben und es lohnt sich wirklich, sich ernsthafte Gedanken darüber zu machen, wohin du möchtest.* Je klarer dein Ziel ist, desto besser werden dich dein Gehirn und dein Unterbewusstsein auf dem Weg dorthin unterstützen.

Gehen wir die fünf Buchstaben einmal zusammen durch:

S steht für **spezifisch**.

Dein Ziel sollte so konkret wie möglich sein. Die Zielformulierung „ein Einfamilienhaus" als Beispiel ist ziemlich rudimentär. Besser wäre: ein Einfamilienhaus mit 6 Zimmern, einem großen Garten und einem 2 x 3 m großen Pool. Werde so spezifisch wie nur möglich.

M steht für **messbar.**

Hier solltest du ein messbares Kriterium für deine Zielformulierung verwenden. In unserem Beispiel könnte das der Preis des Einfamilienhauses sein: Der Kaufpreis dieses Hauses beträgt maximal 900 000 Euro.

A steht für **attraktiv.**

Ziele haben eine magnetisierende Wirkung und das ist nun wirklich nichts Neues. Je anziehender dein Ziel ist, desto mehr Kräfte wird es in dir freisetzen. Dein Ziel muss dich motivieren, fordern und fördern. Ein Ziel, das dich nicht in einem gesunden Rahmen herausfordert, ist nicht attraktiv genug und lässt dich erst gar nicht aktiv werden. Wenn du ein Einfamilienhaus mit sechs Zimmern anpeilst, würde dich dann auch eine Drei-Zimmer-Wohnung als Ziel reizen?

R steht für **realistisch**.

Realistisch und machbar ist ziemlich viel, doch in welcher Zeitperiode? Das Wichtigste dabei ist, dass du es selbst glauben und dir vorstellen kannst. Mal angenommen, du hättest einen Berg voller Schulden, dann wäre es doch eher unrealistisch, dir als Ziel zu setzen, ein Haus zu besitzen, das 900 000 Euro kostet, und dir dafür nur zwei Monate Zeit zu geben. Natürlich ist auch das theoretisch möglich, allerdings ist die Wahrscheinlichkeit, dass dieses Ergebnis eintritt, sehr gering.

T steht für **terminiert**.

Setze dir eine Frist! Bis wann spätestens möchtest du dein Ziel erreicht haben? Was sagt dein Verstand und – vor allem – was sagt dein Bauch dazu?

Hier ein paar Beispiele, wie eine Zielformulierung aussehen könnte:

Zum 30.06.20XX wiege ich 80 Kilogramm und bin körperlich topfit.

Bis zum Monatsende gewinne ich mindestens fünf neue zahlungswillige Kunden, von denen mir jeder 1.000 Euro und mehr Umsatz einbringt.

Zum 01.03.20XX verdiene ich monatlich 10.000 Euro und habe darüber hinaus noch außerordentlich viel Spaß dabei.

Folgende vier Inhalte sollten immer in deiner Zielsetzung enthalten sein, wobei die Reihenfolge natürlich abweichen kann:

(Ich) + (Verb) + (um was es geht) + (Zeitpunkt)

Die SMART-Formel ist in meinen Augen ein gutes Tool, um seine Ziele zu präzisieren. Und doch es geht noch spezifischer.

LASS UNS JETZT NOCH EIN WENIG KONKRETER WERDEN

Die entscheidenden Faktoren für korrekte Zielsetzungen sind:

Präzisierung

Was genau willst du?

Einbeziehung aller Sinneskanäle

Was wirst du sehen?

Was wirst du hören?

Was wirst du fühlen?

Was wirst du riechen oder schmecken?

Bestätigung

Woran wirst du erkennen, dass du dein Ziel erreicht hast?

1) Formuliere deine Ziele positiv!

Unser Gehirn kann Negationen nicht verarbeiten. Wenn ich dich also bitte, nicht an eine grüne Wiese zu denken, dann wirst du aller Wahrscheinlichkeit nach mindestens für einen kurzen Moment genau das tun. Sage deshalb positiv, was du erreichen und was du in Zukunft erleben möchtest.

2) Sei präzise!

Hin und wieder habe ich Klienten, die nach Formularen fragen. Diese Konversation sieht dann folgendermaßen aus: „Herr Sekulic, könnten Sie mir bitte dieses Formular zusenden?"

„Welches Formular meinen Sie denn?"

„Das weiße."

„Fast alle sind weiß, welches meinen Sie genau? Den Namen des Formulars finden Sie oben links. Sagen Sie mir bitte, wie es heißt und ich werde es Ihnen zustellen."

Häufig verhalten wir Menschen uns bei der Formulierung unseres Zieles genauso und wundern uns dann, weshalb wir es nicht erreichen bzw. manchmal ganz woanders landen. Unser Gehirn ist mit einem Navi vergleichbar. Es reicht eben nicht aus, nur die Stadt einzugeben, sondern es erfordert ein paar

Informationen mehr, wie zum Beispiel die genaue Postleitzahl, die Straße und die Hausnummer.

Je präziser du bei deiner Eingabe bist, desto besser und schneller wird dich dein Navi ans Ziel bringen. Je präziser du deinem Gehirn bekannt gibst, was du möchtest, desto besser wird es dich bei der Erreichung deines Zieles unterstützen.

Wie genau sieht dein Ziel aus, was hörst du, was fühlst du? Beziehe alle deine Sinneskanäle mit ein, um dieses Endergebnis zu beschreiben. Lege fest, bis wann du dieses Ziel erreicht haben möchtest. Falls du dich mit einem genauen Datum schwertust, so empfehle ich dir, es auf eine Jahreszahl, zum Beispiel 20XX, zu beschränken.

3) Direkt beeinflussbar

Setze dir bitte nur Ziele, die du selbst direkt beeinflussen kannst. Wenn du beispielsweise im Pferderennen gewinnen möchtest, selbst aber kein Pferdezüchter bist und auch keinen Einfluss auf das Training irgendeines Pferdes hast, dann liegt dieses Ziel außerhalb deines Einflussbereichs. Dasselbe gilt auch für Sportwetten oder Lotto. Ein weiterer Klassiker ist, dass sich jemand als Ziel setzt, seine Partnerin oder seinen Chef ändern zu wollen. Dass so ein Ziel meist in Frust endet, sollte mehr als klar sein. Darüber hinaus ist so etwas auch höchst manipulativ.

4) Dein Ziel muss realistisch sein

Ich hatte bereits angesprochen, dass wir Menschen sehr oft überschätzen, was wir in kurzer Zeit erreichen möchten, und auf der anderen Seite unterschätzen, was wir auf längere Sicht erreichen könnten. Nochmals, es bringt absolut nichts, sich Ziele mit utopischen Fristen zu setzen. Sei bei der Zielsetzung in einem gesunden Rahmen ruhig etwas kritisch und frage dich, ob dieses Ziel in dieser Zeitspanne wirklich erreicht werden kann. Falls du unsicher bist, dann setze hier lieber noch eines oben drauf *und wähle ein Datum, das du selbst glauben kannst.* Falls du im Moment noch Single bist, macht es wenig Sinn, dir als Ziel zu setzen, in einem Jahr eine dreiköpfige Familie zu haben, wenn du Stand heute noch nicht mal einen Partner hast. In solchen Fällen empfehle ich dir, mit kleinen Etappenzielen zu arbeiten. Setze dir besser fünf kleinere, dafür erreichbare Ziele statt eines großen Ziels, das in der anberaumten Zeit gar nicht erreicht werden kann. Natürlich ist dieses Beispiel etwas überzogen, allerdings kann es auch auf andere Situationen umgemünzt werden, denn das Prinzip ist immer dasselbe.

5) Mach einen Ökologie-Check

Spricht etwas gegen dieses Ziel? Welche Folgen hat es, wenn ich dieses Ziel erreicht habe? Wir Menschen setzen uns manchmal Ziele, die für uns als Individuum zwar attraktiv sein mögen, für unser Umfeld aber überhaupt nicht. Mal angenommen, du entscheidest dich, viermal in der Woche abends nach Feierabend ins Fitnessstudio zu gehen. Gehen wir jetzt außerdem davon aus, dass du eine Familie hast, die die Abende gern mit dir verbringen möchte. Für dich und deine Gesundheit mag deine Zielstellung gut sein, doch wenn du dabei deine Familie völlig vernachlässigst, wird das mit großer Wahrscheinlichkeit zu Konflikten führen und Konsequenzen nach sich ziehen. *Damit dein Ziel niemandem „schadet" und mit deinen Werten in Einklang steht, ist dieser Öko-Check so wichtig.*

6) Hast du alles, was du brauchst?

Benötigst du gegebenenfalls noch gewisse Fertigkeiten, um dein Ziel zu erreichen? Fehlen dir womöglich bestimmte Ressourcen, die für die Erreichung deines Zieles unabdingbar sind? Falls du für ein bestimmtes Unternehmen tätig sein möchtest, bei dem sehr gute Englischkenntnisse verlangt werden, du aber genau weißt, dass deine – Stand heute – dafür noch nicht ausreichen, so müsste dir schnell klar werden, was vorrangig für die Erreichung dieses Zieles nötig ist. Entweder besuchst du einen Englischkurs oder du buchst einen Sprachaufenthalt und lernst Englisch dort vor Ort. Sei auch hier absolut ehrlich zu dir. Völlig egal, worum es sich dabei handelt, es gibt immer eine Möglichkeit, sich die Fertigkeiten oder das Wissen anzueignen. Ebenso gibt es Menschen, die du um Rat bitten kannst und die bereit sind, dich auf dem Weg zu deinem Ziel zu unterstützen. Wer hat das, was du anpeilst, schon erreicht und wie könnte dir dieser jemand dabei helfen, dasselbe zu erreichen?

In einer Gesellschaft von drei Menschen kann ich immer einen finden, der mein Lehrer sein könnte.

Konfuzius

7) Gibt es eine Garantie?

Auch hier sei als Wiederholung gesagt, dass es keine Garantie gibt. Einen matchentscheidenden Tipp möchte ich dir trotzdem mit auf dem Weg geben: Geh davon aus, dass du dein Ziel mit Sicherheit erreichen wirst und ein Scheitern absolut ausgeschlossen werden kann. Wie würdest du dich dann verhalten?

Dies ist die sogenannte So-tun-als-ob-Methode. Vermutlich wird dir dein Verstand zu Beginn dazwischenquatschen und dir raten, vernünftig zu sein. Ignoriere ihn einfach und verhalte dich im Geiste so, als hättest du dein Ziel bereits erreicht. *Fühle dich so stark du kannst in diese Situation ein.* Lass dabei so viele positive Gefühle hochkommen, wie nur irgend möglich. Dreh deinen ganz persönlichen Lebensfilm mit all deinen Zielen!

Im Buch „Die Möwe Jonathan" von Richard Bach heißt es, man müsse schon dort sein, bevor man angekommen ist. Das heißt, *du musst in deiner Vorstellung schon dort sein, bevor du physisch angekommen bist.* Nochmals als Erinnerung:

Der Geist erschafft die Materie – die Materie folgt dem Geist.

Ja, das braucht am Anfang etwas Übung, weil sich immer wieder die Vernunft melden wird. Doch je öfter du es wiederholst, desto eher wird sich dein Verstand daran gewöhnen und aufgrund deines Denkens neue Verknüpfungen bilden. Diese Technik ist derart genial, dass ich es in Worten kaum beschreiben kann.

8) Deine Begründung

Erkläre in diesem Schritt, warum du dein Ziel erreichen wirst. Du, und nur du, musst wissen, weshalb du es schaffen möchtest und auch schaffen wirst. Dein Warum muss für dich zu 110 Prozent begründbar und nachvollziehbar sein. Wenn ein Mensch genau weiß, warum er etwas tut, dann hat er mindestens einen Grund, sich dafür wirklich anzustrengen.

Etwas Essenzielles möchte ich dir aber keinesfalls vorenthalten: Finde mindestens 20 Gründe, *warum du dein Ziel erreichen wirst*. 20 ist dabei das absolute Minimum. Ich empfehle dir, deutlich mehr Gründe zu finden, denn je mehr du aufzählen kannst, desto einfacher wirst du es haben. Besonders dann, wenn es mal nicht so läuft wie gewünscht, werden dir diese Gründe enorm weiterhelfen.

Wer ein Warum zum Leben hat, erträgt fast jedes Wie.

Friedrich Nietzsche

9) Deine Identität

Begib dich hier auf die Identitätsebene: Wenn ich die oder der bin, wie lebe ich, was mache ich, mit wem mache ich was? Welche Persönlichkeit wirst du werden, wenn du deine Ziele erreicht hast? *Während wir Ziele erreichen, wachsen und entwickeln wir uns als Menschen weiter – wir werden zu jemandem.* Auch dies ist unter anderem einer der ganz wichtigen Beweggründe, sich überhaupt Ziele zu setzen.

Hier zwei Beispiele dazu:

Ein Medizinstudent ist während seines Studiums noch kein Arzt, obwohl er sich ständig neues Wissen aneignet. Sobald er seinen Abschluss gemacht und sein Diplom erworben hat, sieht das anders aus. Er wird dadurch zu jemandem – in seinem Fall zu einem Arzt.

Sobald eine Frau ein Kind auf die Welt bringt, wird sie zur Mutter. Sie wird dadurch zu jemandem, der sie vorher nicht war. Diese Veränderung kann ihr Leben auf Grund dessen völlig auf den Kopf stellen und ich meine das keineswegs negativ. Genau deshalb ist es ja so wesentlich, sich im Vorfeld Gedanken darüber zu machen, welche Person man nach der Erreichung des Zieles sein wird. Definiere deshalb bitte unbedingt, wer du sein möchtest, wenn du deine Ziele erreicht hast.

10) Füttere dein Gehirn und dein Unterbewusstsein damit

Der Körper braucht Nahrung, der Geist Inspiration. Dein Gehirn braucht genau wie dein Unterbewusstsein klare Anweisungen zu dem, was du willst! Jetzt geht es darum, beide mit der nötigen Nahrung zu versorgen. Falls du über ein Tablet, einen PC oder ein Smartphone verfügst, rate ich dir, das Gerät aktiv für die Erreichung deiner Ziele zu nutzen. Sammle Bilder von deinen Träumen und Zielen. Erstelle, wenn du magst, eine Powerpoint-Präsentation oder speichere die Bilder als Desktophintergrund auf deinem PC ab und schau sie dir mehrmals täglich an. Bei dieser „Übung" geht es darum, sowohl dem Gehirn als auch dem Unterbewusstsein die richtigen Impulse zu geben.

Sammle deshalb nur Bilder, die im Einklang mit deinen Zielen stehen und dich ihnen näherbringen. Du wirst mit der Zeit feststellen, dass sich die Qualität deines Denkens ändert, *denn jeder neue Denkprozess führt im menschlichen Gehirn zu neuen Verknüpfungen.* Du wirst deine Wahrnehmung bezüglich deiner Ziele mehr und mehr schärfen. Ziele wirken unbewusst und haben eine starke, geradezu magnetisierende Wirkung. Deshalb ist es so wichtig, sich attraktive Ziele zu setzen und die dafür nötigen Bilder zu sammeln.

Geh jetzt noch einen Schritt weiter und setze dir zu jedem Zielbild einen Termin. Ob du dafür eine Powerpoint-

Präsentation oder ein normales Bildbearbeitungsprogramm verwendest, ist sekundär. Es geht einzig und allein darum, dass du Klarheit über deine Ziele gewinnst und sie so, wie du es hier gelernt hast, aufschreibst und danach mit den nötigen Bildern versorgst.

Falls dir PC, Smartphone oder Tablet zu umständlich sind, dann weiche einfach auf ein leeres Buch aus. Schreibe dir deine Ziele dort auf, sammle inspirierende Bilder und klebe sie in dein Buch. Was du ebenfalls machen kannst, ist, eine Visionstafel zu erstellen und die Bilder da aufzukleben. Es spielt keine Rolle, für welche Variante du dich entscheidest, die Hauptsache ist, dass du deinem Geist die für deine Zielstellung nötige Nahrung gibst.

Immer schön der Reihe nach!

Versuche, nicht allzu viele Ziele auf einmal anzugehen. Das Risiko, dass du dich dabei verzettelst, ist groß und das solltest du keinesfalls außer Acht lassen. *Das Sprichwort, wer zu viele Hasen jagt, wird am Ende gar keinen fangen, lässt sich sehr gut auf die Verfolgung unserer Ziele anwenden.* Zu viele Ziele gleichzeitig zu verfolgen, kann dich ziemlich stressen und du läufst dadurch Gefahr, sie nicht zu erreichen oder dir nie wieder irgendwelche zu setzen. Es ist besser, mit drei bis fünf Jahreszielen zu starten und die Anzahl bei Bedarf leicht zu erhöhen. Wenn du mit 20 Jahreszielen startest, kann dich das am Anfang schnell überfordern. Für die richtige Menge gibt es allerdings keine fiktive Zahl, denn das ist bei jedem anders. Es gibt Menschen, denen 30 Jahresziele nichts ausmachen, die dadurch sogar noch richtig angespornt werden. Doch sind das eher Menschen, die es seit Langem gewohnt sind, mit Zielen zu arbeiten. Finde für dich die Anzahl, mit der du dich wohlfühlst. Und selbst wenn es zu Beginn nur ein Ziel ist, so ist das doch viel besser als gar keines.

11) Werde aktiv

Wie komme ich dahin?

Jetzt geht es darum, dass du dir die dafür nötige Strategie erarbeitest und das Ganze in die Tat umsetzt. Dies ist in meinen Augen der wichtigste Part überhaupt, denn alle vorherigen Schritte sind nutzlos, wenn du nicht ins Handeln kommst. Ich weiß, dass ich diesen Aspekt hier im Buch schon mehr als einmal erwähnt habe und dich womöglich damit nerve. *Aber weißt du, damit kann keiner oft genug genervt werden, weil genau an dieser Stelle so viele von uns hängen bleiben.* Und weil es mir ein großes Anliegen ist, dass es dir nicht so ergeht und du es besser machst, wiederhole ich diesen Aspekt gern öfter mal.

Schon Edison sagte: „Der Wert einer Idee liegt in deren Umsetzung." Ein Traum ohne Aktion ist und bleibt nur eine Illusion. Es geht keinesfalls darum, dass gleich am Anfang alles perfekt ist – abgesehen davon, wird es das sowieso nicht. Es geht vor allem darum, mit der Umsetzung deiner Ziele überhaupt zu beginnen. Oder was meinst du, weshalb so viele Softwareprogramme von Zeit zu Zeit ein Update erhalten?

Hab keine Angst zu scheitern, hab höchstens Angst um die Chancen, die du im Verlauf deines Lebens wegen Aufschieberitis liegen lässt.

Erarbeite dir deshalb einen Plan für deine Ziele und frage dich dabei ganz gezielt:

Wie kann ich mein Ziel erreichen?

Was muss ich tun, damit es Wirklichkeit wird?

Welchen Einsatz muss ich dafür erbringen?

Wer hat schon erreicht, was ich anstrebe und könnte mir nützliche Tipps geben?

Je öfter du dir Fragen dieser Art stellst, desto leichter werden dir Antworten zufliegen. Nochmals: Ziele verändern unsere Wahrnehmung. „Plötzlich" werden dir Menschen und Situationen begegnen, die mit deinen Zielen, direkt oder indirekt, zu tun haben. Ziele wirken vor allem unbewusst, deshalb ist es so wichtig, auf dem Weg zum Ziel überaus achtsam zu sein. Schreibe deine Erkenntnisse, wie du an dein Ziel kommen möchtest, unbedingt auf. Nikola Tesla und auch viele andere haben diese Methode genutzt, um ihre Ziele zu verwirklichen. Was hindert dich daran, es nachzumachen? Solltest du jetzt glauben, alles im Kopf zu haben, wo es ja abgespeichert ist, dann vergiss dieses Märchen ganz schnell wieder. Schreib alles auf, denn wer schreibt, der bleibt!

Ideen können wir überall und jederzeit haben. Das Problem der Notiz im Geiste allerdings besteht darin, dass die Tinte rasch verblasst.

Rolf Smith

Ob du dafür dein Handy benutzt oder dir extra ein Buch zulegst, bleibt dir überlassen. Das Wichtigste ist, DASS du es tust! Ja, du kannst scheitern, doch das ist gar nicht schlimm. Wie schon Konfuzius einst erkannte, ist der Weg das Ziel. *Versprich dir aber selbst, immer dein Bestes zu geben. Bleibe also bitte unbedingt dran, denn derjenige, der aufgibt, hat schon verloren. Wer einmal ein Ziel oder sogar einen Traum aufgegeben hat, der wird wahrscheinlich nie wieder anfangen zu träumen und sich auch keine neuen Ziele mehr stecken.* Deshalb: Bleib dran und gib niemals auf!

Trenne dich nie von deinen Wünschen, Zielen und Träumen. Denn wenn sie verschwunden sind, wirst du zwar weiter existieren, doch aufgehört haben zu leben.

Mark Twain

Werde aktiv!

Weil das Tun so enorm entscheidend ist und ich dessen Wichtigkeit gar nicht oft genug betonen kann, möchte ich mich dieser Angelegenheit besonders widmen. Gern erzähle ich dir dazu eine kleine Geschichte:

Das Ei des Kolumbus

Christoph Kolumbus musste eines Abends beim Kardinal und bei den Beratern der spanischen Regierung antraben. Bei diesem Treffen wurde ihm vorgeworfen, dass das, was er vollbracht hatte, eigentlich nichts Besonderes sei und jeder der Anwesenden das ebenso gekonnt hätte. Kolumbus war etwas irritiert und wusste im ersten Moment nicht, was er darauf antworten sollte. Schließlich nahm er ein Ei und bat die Herren, dieses so auf die Spitze zu stellen, dass es nicht umfiele. Viele versuchten es, doch keiner schaffte es. „Kolumbus, diese Aufgabe ist unlösbar", riefen sie ihm zu und forderten ihn auf, es selbst zu versuchen. Kolumbus ließ sich nicht lange bitten, nahm sich das Ei und dazu einen Löffel, mit dem er die Spitze des Eis aufschlug. „Bitte sehr, das Ei steht", rief er den Herren stolz zu. Kaum sagte er das, protestierten die Anwesenden erneut: „Kolumbus, auch das ist nichts Besonderes. Jeder von uns hätte das gekonnt, wie alles andere auch, was Sie getan haben." Christoph Kolumbus schaute alle an und entgegnete: „Meine Herren, Sie haben vollkommen Recht, jeder von Ihnen hätte das, was ich getan habe, genauso gut vollbringen können. Doch Sie haben etwas Wichtiges außer Acht gelassen: Ich habe es tatsächlich getan."

Fazit:

Zwischen etwas tun können und es tatsächlich tun, liegt ein riesengroßer Unterschied. Vielleicht sagst du dir jetzt: „Tolle Geschichte, doch ich habe nicht solche Monstervisionen wie Christoph Kolumbus." Die brauchst du in diesem Ausmaß aber auch gar nicht zu haben, es geht hier lediglich ums Prinzip! *Ob du ein Unternehmen gründen oder fünf Kilo abnehmen willst, der Grundsatz bleibt derselbe: Du musst aktiv werden und etwas dafür tun.* Du kannst visualisieren und meditieren bis ins Unendliche, aber wenn du nicht ins Handeln kommst, ist das höchstens die halbe Miete.

Im Folgenden möchte ich dir zwei Übungen vorstellen, die dir dabei helfen werden, deine Vorhaben künftig wirklich anzugehen:

Übung 1:

Denke nicht zu viel darüber nach!

Immer wieder meldet sich unser innerer Schweinhund und möchte uns davon abhalten, gewisse Dinge zu tun, die getan werden müssen. Ob es sich dabei um die nervige Steuererklärung, den aufgeschobenen Anruf oder was auch immer handelt, spielt keine Rolle. So was kann ganz schön Kraft kosten und wir alle kennen das. Auch ich bin nicht davor gefeit. Was mir in solchen Situationen allerdings hilft, ist, dass ich nicht mehr allzu lange darüber nachdenke, wie schön dieses oder jenes ist, sondern es einfach tue. Je mehr ich über unangenehme Aufgaben nachgrüble, desto mehr Gedanken suchen mich dazu heim. Aber genau das hält mich manchmal davon ab, ins Tun zu kommen. *Und genau aus diesem Grund schenke ich diesen Gedanken keine Aufmerksamkeit mehr, sondern gehe es einfach an.* Ich suggeriere mir dann das Gegenteil und sage: „Dejan, steh auf und mach jetzt einfach vorwärts. Los, Dejan, tue es jetzt, leg los, fang an, komm schon, leg los." Dies hilft mir enorm, denn die Autosuggestion ist dafür ein sehr gutes Werkzeug.

Wo soll deine Energie hinfließen?

Bedenke, je mehr du über Unangenehmes nachgrübelst, desto mehr fokussierst du dich darauf. Und dort, wo dein Fokus ist, fließt auch deine ganze Energie hin. Nein, nicht nur bei dir, das ist bei allen Menschen so. Deshalb überlege nicht zu lange, sondern tue es einfach, leg los. Finde für dich ein paar nette Worte, die dich auf positive Art und Weise motivieren können, ins Handeln zu kommen, und dann legst du direkt los und konzentrierst dich nur noch auf die Umsetzung.

Übung 2:

Das Iris-Muster

Dieses Format ist sehr wirkungsvoll und kann dir helfen, Aufgaben in Angriff zu nehmen, bei denen deine Motivation nicht gerade gigantisch ist. Es handelt sich um eine Methode, die sich auf ganz viele Bereiche anwenden lässt. Deshalb empfehle ich dir wärmstens, immer im Voraus den Ökologie-Check zu machen und dich gezielt zu fragen, ob etwas dagegenspricht – aus dem einfachen Grund heraus, dass du nur Verhaltensmuster annimmst, die mit deiner Persönlichkeit, deinen Werten und Zielen völlig im Einklang stehen.

Gehe bei dieser Übung wie folgt vor:

Vorbereitung

Such dir ein motivierendes Bild von einer Tätigkeit oder Aktivität, die du wirklich gern machst. Diese Tätigkeit muss auf dich besonders anziehend wirken und das Bild ichbezogen sein. Das heißt, du musst dich von innen, also durch die eigenen Augen sehen können, in der sogenannten Kameraperspektive.

Beispiel:

Mal angenommen, du trinkst gern Wasser, Tee, Kaffee oder du hast ein Leibgericht.

Stelle dir nun bitte vor, wie du deinen Lieblingstee in der Ich-Perspektive trinkst oder dein Leibgericht isst. Du selbst bist auf diesem Bild nicht zu sehen, deshalb heißt es auch Kamera- oder Ich-Perspektive.

Speichere dieses Bild dann im Geiste ab. (Bild 1)

Jetzt suchst du dir ein Bild von einer Aufgabe, die du unbedingt erledigen musst, für die du dich aber zu wenig motivieren kannst oder wofür dir die Kraft fehlt, um aktiv zu werden. Mache dir ein Bild von dieser Situation. Bleiben wir mal bei dem Beispiel Ausfüllen der Steuererklärung – die lieben Steuerkommissäre mögen mir das bitte verzeihen! Suche nun dafür ein für dich passendes Bild. Stell dir vor, wie du dabei bist, deine Steuererklärung auszufüllen. Hier ist es genau umgekehrt: Bei diesem Bild musst du dich selbst von außen sehen können. Speichere bitte auch dieses Bild im Geiste ab. (Bild 2)

Jetzt kommen beide Bilder ins Spiel:

Rufe vor deinem geistigen Auge das Bild mit der Aufgabe (Bild 2) auf und direkt dahinter versteckst du Bild 1, das im Moment noch nicht zu sehen ist. Nun bohre in die Mitte von Bild 2 ein kleines Loch, sodass du durchschauen und Bild 1 sehen kannst. Vergrößere dieses Loch so schnell und so weit, bis du genug von Bild 1 siehst. *Bei diesem Vorgang wollen wir eine starke emotionale Reaktion durch Bild 1 erreichen.* Lass das Loch jetzt wieder zusammenschrumpfen, behalte aber das gute Gefühl von Bild 1 unbedingt bei. Das Bild muss schrumpfen, nicht das Gefühl! Das positive Gefühl für Bild 1 muss bestehen bleiben, deshalb empfehle ich dir, das Schrumpfen anfangs langsam durchzuführen. Wiederhole diese Schritte mehrmals und in einer Geschwindigkeit, die für dich am angenehmsten ist. Sinn und Zweck dieser Übung ist es, das Gefühl des motivierenden Bildes mit dem Aufgabenbild zu verknüpfen. Deswegen ist es so wichtig, sich ein Bild mit einer Tätigkeit zu suchen, die für dich besonders anziehend ist.

Übung macht auch hier den Meister!

Teste das Ganze dann anschließend für dich. Wie fühlt es sich an? Spürst du eine signifikante Veränderung? Hast du jetzt die Kraft und Motivation, deine Aufgabe in Angriff zu nehmen? Wenn nicht, dann empfehle ich dir, die Übung nochmals durchzuführen oder dir sogar ein anderes Bild zu suchen, das dich noch mehr motiviert und anzieht. Gut möglich, dass sich am Anfang noch nichts tut, doch bei jeder Wiederholung verstärkt sich in den meisten Fällen die Wirkung dahinter. Spiele ruhig etwas damit herum.

Diese beiden Übungen sind äußerst wirkungsvoll und der Zeitaufwand dafür ist geradezu lächerlich. Genau genommen ist der Aufwand gleich null, dagegen ist es eine äußerst sinnvolle Investition deiner Zeit!

Wir haben nun sehr viel über Ziele und Gründe gesprochen, weshalb man sich überhaupt welche setzen sollte. Ich bin mir jedoch ganz sicher, dass du bereits mindestens ein Ziel in deinem bisherigen Leben erreichst hast. Bei genauer Betrachtung waren es ganz bestimmt bedeutend mehr. Bist du dir dessen überhaupt bewusst?

Wertschätzung gegenüber der eigenen Person

Wie bist du damit umgegangen, wenn du in der Vergangenheit deine Ziele erreicht hattest? Hast du dich dafür selbst gelobt, dir für die erreichten Ziele mal auf die Schulter geklopft? Anerkennung, Respekt, Achtung und Wertschätzung gegenüber der eigenen Person sind etwas, das sich die wenigsten von uns selbst entgegenbringen. Dabei wäre es doch so enorm wichtig! Ich gehe jetzt noch einen Schritt weiter und nenne es Selbstliebe. Wen in aller Welt kann ich denn ins Herz schließen, wenn ich mich selbst kaum leiden mag? Vorweg gesagt, geht es hier nicht um irgendeine Kuschellektion, sondern um etwas völlig anderes. Ich glaube, dass du während des Lesens selbst darauf kommen wirst. In vielen persönlichen Gesprächen mit den unterschiedlichsten Menschen konnte ich feststellen, dass die Liebe zu sich selbst in der heutigen Zeit echte Mangelware ist. Keine Ahnung, wie es früher war, doch wenn ich mich selbst nicht leiden mag oder mir ständig Vorwürfe mache, dass ich schlecht bin und alles meine Schuld ist, dann liebe Leserin, lieber Leser habe ich mittel- und vor allem langfristig ein echtes Problem!

Natürlich gibt es auch Menschen, die so selbstverliebt und egoistisch sind, dass sie, außer sich selbst, kaum jemanden mehr gern haben oder gar lieben können. Das ist purer Egoismus und soll hier keine Rolle spielen. Was ich meine, ist, sich selbst zu achten, zu loben, zu feiern, anzunehmen und zu lieben, so wie man ist. Mach dir bewusst: *Du bist ein Original und du bist einzigartig!*

Wenn Gott mich anders gewollt hätte, dann hätte er mich anders gemacht.

Johann Wolfgang von Goethe

Ich möchte dir an dieser Stelle gerne die Geschichte einer bekannten Persönlichkeit erzählen, die mit diesem Thema eine besondere Erfahrung gemacht und diese in Gedichtform verarbeitet hat:

Als ich mich selbst zu lieben begann

Als ich mich wirklich selbst zu lieben begann, konnte ich erkennen, dass emotionaler Schmerz und Leid nur Warnzeichen für mich sind, gegen meine eigene Wahrheit zu leben. Heute weiß ich, das nennt man **Authentizität.**

Als ich mich wirklich selbst zu lieben begann, habe ich verstanden, wie sehr es jemanden verletzen kann, ihm meine Wünsche aufzuzwingen, obwohl ich wusste, dass weder die Zeit reif noch der Mensch dazu bereit war, auch wenn ich selbst dieser Mensch war. Heute weiß ich, das nennt man **Selbstachtung.**

Als ich mich wirklich selbst zu lieben begann, habe ich aufgehört, mich nach einem anderen Leben zu sehnen und konnte sehen, dass alles um mich herum eine Aufforderung zum Wachsen war. Heute weiß ich, das nennt man **Reife.**

Als ich mich wirklich selbst zu lieben begann, habe ich verstanden, dass ich immer und bei jeder Gelegenheit zur richtigen Zeit am richtigen Ort bin und alles, was geschieht, richtig ist. Von da an konnte ich ruhig sein. Heute weiß ich, das nennt sich **Selbstvertrauen.**

Als ich mich wirklich selbst zu lieben begann, habe ich aufgehört, mich meiner freien Zeit zu bestehlen und habe aufgehört, weiter grandiose Projekte für die Zukunft zu entwerfen. Heute mache ich nur das, was mir Spaß und Freude bereitet, was ich liebe und mein Herz zum Lachen bringt, auf meine eigene Art und Weise und in meinem Tempo. Heute weiß ich, das nennt man **Ehrlichkeit.**

Als ich mich wirklich selbst zu lieben begann, habe ich mich von allem befreit, was nicht gesund für mich war, von Speisen, Menschen, Dingen, Situationen und von allem, das mich immer wieder hinunterzog, weg von mir selbst. Zu Beginn nannte ich das „gesunden Egoismus", aber heute weiß ich, das ist **Selbstliebe.**

Als ich mich wirklich selbst zu lieben begann, habe ich aufgehört, immer Recht haben zu wollen, so habe ich mich weniger geirrt. Heute habe ich erkannt, das nennt man **Einfach-Sein.**

Als ich mich wirklich selbst zu lieben begann, da erkannte ich, dass mich mein Denken armselig und krank machen kann. Als ich es jedoch mit meinem Herzen verband, bekam der Verstand einen wichtigen Verbündeten. Diese Verbindung nenne ich heute **Herzensweisheit.**

Wir brauchen uns nicht weiter vor Auseinandersetzungen, Konflikten und Problemen mit uns selbst und anderen zu fürchten, denn sogar Sterne knallen manchmal aufeinander und es entstehen neue Welten. Heute weiß ich, **das ist das Leben!**

Dieses Gedicht stammt von Charlie Chaplin und er hat es am 16. April 1959 zu seinem 70. Geburtstag geschrieben. Wie viele Jahre sind seitdem vergangen? Könnte die Botschaft in diesem Gedicht für uns Menschen noch aktuell sein? Wie ging es dir dabei, als du diese Zeilen gelesen hast?

Ich hoffe, dir ist nochmals klargeworden, weshalb ich manchmal das schreibe, was ich schreibe. Sei stolz auf dich und auf das, was du bisher erreicht hast, denn niemand außer dir weiß, was es dich an Mut, Mühe und Tränen gekostet hat. Das musst du dir selbst gegenüber unbedingt würdigen. Lerne auch, dich selbst anzunehmen und zu lieben. Sei dankbar für alles, denn Dankbarkeit ist ein wichtiger Schlüssel, der dir unendlich viele Glückstüren in deinem Leben öffnen wird. Und weil es so wichtig und wirkungsvoll ist, möchte ich dieses Thema jetzt mit dir angehen.

DANKBARKEIT

Nicht die Glücklichen sind dankbar. Es sind die Dankbaren, die glücklich sind.

Francis Bacon

In diesem Teil werden wir uns der Dankbarkeit und der sogenannten Dank-Technik widmen. Diese Technik ist, was viele nicht wissen oder glauben wollen, schon Jahrtausende alt. Sowohl in der Bibel als auch im Koran wurde sie bereits aufgegriffen. Aber auch der Buddha hat die Tugend Dankbarkeit gelehrt. Es handelt sich nicht nur um eine Technik, *vielmehr ist es ein Lebensgesetz, das immer wirkt.* Ich glaube, es ist kein Zufall, dass sie in so vielen Kulturen und heiligen Büchern vorkommt.

Wie die Menschen sie schlussendlich umsetzen, ist eine ganz andere Geschichte und letzten Endes muss jeder für sich selbst entscheiden, wie dankbar sie oder er im Leben ist und sein möchte. Doch nicht nur in den heiligen Büchern und vielen Kulturen wurde Dankbarkeit gelehrt, seit einigen Jahren ist Dankbarkeit auch in den Mittelpunkt der Wissenschaft gerückt. Mehrere Studien haben gezeigt, dass Dankbarkeit einen positiven Einfluss auf Depressionen hat und auch Stress reduzieren kann. Je mehr wir uns in Dankbarkeit üben, desto mehr bilden sich entsprechende Verknüpfungen im Gehirn und dankbarerweise können wir so auch unser Gehirn umformen. Ist das nicht fantastisch?

Zwar behaupten die Forscher und Wissenschaftler, dass sie sich hier noch immer in den Kinderschuhen befinden würden, ich hingegen finde, dass wir der Wissenschaft einen großen Dank und unsere Wertschätzung allein schon für diese Erkenntnisse aussprechen müssten. Dass dank eines Hirnscans Veränderungen in den verschiedenen Hirnregionen nachgewiesen werden können, nachdem die Probanden einige Wochen lang Gefühle der Dankbarkeit empfunden haben, erachte ich als einen riesigen Fortschritt und deshalb zolle ich diesen Menschen meinen größten Respekt.

Dankbarkeit kann dein Gehirn verändern und dich langfristig zu einem glücklichen Menschen machen.

Du siehst also selbst, welche Bedeutung der Dankbarkeit von vielen Seiten beigemessen wird. Es geht dabei um weit mehr als nur um Anstand und Höflichkeit. *Wenn du für das, was du in deinem Leben hast dankbar bist, und wenn es noch so wenig sein sollte, versichere ich dir, dass du noch mehr davon erhalten wirst.* Wenn du aber ständig jammerst, wie wenig du hast, wie unzufrieden du bist, kann ich dir ebenso versprechen, dass sich das, was du bereits hast, ebenso verringern wird. Und warum ist das so?

Ganz einfach, denn Gleiches zieht Gleiches an – das ist ein Lebensgesetz, an dem es nichts zu rütteln gibt. Nochmals, ich sehe es nicht als Zufall an, dass der Dankbarkeit in so vielen Büchern, Weisheiten und heiligen Schriften Bedeutung beigemessen wird. Viel erstaunlicher ist es aber noch, dass dies seit Tausenden von Jahren gelehrt wird, viele Menschen das aber irgendwie noch immer nicht so richtig wahrhaben wollen. Stelle dir diesbezüglich selbst einmal die Frage: „Wie dankbar bin ich in meinem Leben?"

Sei für alles, was du hast, von Herzen dankbar. Du wirst mit der Zeit selbst feststellen, dass diese Technik, so einfach sie auch ist, dich immer wieder zu beachtlichen Erfolgen führen wird. Verlass dich darauf, denn dieses Lebensgesetz kann unmöglich scheitern. Einem Menschen, dessen Seele mit aufrichtigem Dank erfüllt ist, stehen die schöpferischen Kräfte des Lebens in einer außergewöhnlich großen Vielfalt zur Verfügung. Denn erst durch ein universelles Gesetz wird Dankbarkeit wirksam: Es ist das Gesetz der Anziehung, welches für die gesamte Energie im Universum verantwortlich ist. Bei uns Menschen wird dieses Gesetz vor allem durch unsere Gedanken und Gefühle wirksam. Bei beiden handelt es sich um Energie. Was immer du denkst und fühlst, das wirst du auch anziehen – bewusst oder unbewusst.

Vor allem unbewusst läuft extrem viel ab.

Gern erinnere ich dich an diesen wichtigen psychologischen Grundsatz:

Alles, was beachtet wird, verstärkt sich.

Alles, was nicht beachtet wird, schwächt sich mit der Zeit mehr und mehr ab.

Oder auch:

Alles, worauf ich meinen Fokus lege, wird wachsen.

Wenn du Probleme hast und ständig darüber redest und nachdenkst, so wirst du zweifellos noch mehr davon anziehen, weil dein Fokus genau darauf gerichtet ist. Wenn du dich aber mit Dingen beschäftigst, die dir Freude bereiten und für die du dankbar bist, dann wird Gleiches mit Gleichem vergolten. Natürlich müssen wir hin und wieder auch über unsere Probleme sprechen, doch bedeutend wichtiger ist es, sie anzugehen, um sie zu lösen. Nutze die Dankbarkeit als probates Mittel, um sie gezielt anzugehen.

Dankbarkeit wird dir auch bei der Erreichung deiner Ziele helfen. Wie soll das jetzt gehen, fragst du dich vielleicht? Ich werde es dir sagen:

Für etwas zu danken, das man zwar noch nicht erhalten hat, aber dennoch freudig erwartet, ist ein sehr gutes Fundament für künftige Erfolge und eine geniale Technik für die Erreichung unserer Ziele. Oder aber, wenn du mal wieder vor einer wichtigen Aufgabe stehst und dir Gedanken machst, ob alles gut gehen wird, dann sei einfach im Voraus dafür dankbar, dass es genau so sein wird. Jahrelang habe ich mir immer wieder Sorgen über dieses und jenes gemacht. Als ich mich dagegen entschieden hatte, mich mehr und mehr in Dankbarkeit zu üben, haben sich viele meiner Sorgen einfach in Luft aufgelöst.

Ich habe mir mein ganzes Leben lang Sorgen gemacht. Die meisten von ihnen sind aber niemals eingetreten.

Mark Twain

Dieses Zitat von Mark Twain hat mir vor vielen Jahren sehr geholfen und ich bin sehr dankbar dafür, dass es mir zu-gefallen ist. Seit Langem führe ich täglich ein Dankbarkeitstagebuch und dort schreibe ich jeden Tag drei bis fünf Punkte auf, wofür ich dankbar bin. Und selbst wenn ich mal einen schlechten Tag erwischt habe, stelle ich mir bewusst diese Frage:

„Wofür kann ich heute dankbar sein?"

Wenn ich mir diese Frage so gezielt stelle, sucht und findet mein Gehirn selbst noch mindestens drei Sachen, für die ich dankbar sein kann. Plötzlich fällt mir auf, dass ich zwei gesunde Beine habe, die mich von A nach B bringen. Zwei gesunde Augen, die das Schöne in dieser Welt sehen können. Zwei Ohren, die mich wunderbare Musik hören lassen. Vielen Dank für diese Geschenke! Und falls jemand noch immer denkt, dass das alles selbstverständlich ist, dann sei hier die Frage erlaubt, ob dieser jemand die Sache mit der Wertschätzung auch wirklich verstanden hat. Die gilt nicht nur sich selbst, sondern auch dem Leben gegenüber. Wenn du Dankbarkeit in dir spürst, dann wirst du, dank des Gesetzes der Anziehung, noch mehr davon in dein Leben ziehen. Oder glaubst du allen Ernstes, dass das, was sich bisher in deinem Leben ereignet hat, rein zufällig passiert ist?

Dein Partner?

Deine Freunde?

Deine Arbeitsstelle?

Dein Auto?

Deine Wohnung bzw. Haus?

Deine Erfolge?

Alles nur Zufall?

Es ist dir zu-gefallen.

Das Gesetz der Anziehung wirkt, wie es das Gesetz der Schwerkraft auch tut. Ob wir es glauben wollen oder nicht, ist diesen Gesetzen so ziemlich egal. Du und ich, aber auch jeder andere Mensch wird genau das anziehen, was er denkt, fühlt und erwartet. Damit das Gesetz der Anziehung aber für und nicht gegen uns wirkt, ist Dankbarkeit ein sehr verlässliches Mittel. Aufrichtig dankbar zu sein, ist ein ausgesprochen schönes Gefühl. Wir alle sind der Ansicht, dass wir schon genügend dankbar sind, oder besser gesagt, dankbar wären. Doch wie kommen wir zu dieser Erkenntnis? Indem wir das

Wort *danke* als reine Höflichkeitsfloskel in den Mund nehmen? Indem wir es zwei bis drei Mal täglich verwenden? Das hat bei Weitem nichts, aber rein gar nichts mit Dankbarkeit zu tun. Erst wenn wir uns richtig bewusst werden, wofür wir im Leben alles dankbar sein können, werden wir *ein positives Bewusstsein für Dankbarkeit, mit diesem warmen Gefühl dahinter, entwickeln können.* Übe dich einmal einige Wochen lang in Dankbarkeit, indem du täglich mindestens drei bis fünf Dinge findest, wofür du dankbar bist bzw. sein kannst. Das können ganz einfache Sachen sein. Das Wasser, das du trinkst, die Luft, die du einatmest. Die Freunde, die du hast und die mit dir ihre Zeit verbringen. Der Partner, der dir seine Liebe schenkt. Dein Herz, das stets verlässlich in dir schlägt. Schreibe dir all diese Punkte auf und tu dies bitte über einen längeren Zeitraum. Du wirst selbst schon bald feststellen, welch positive Gefühle sich dabei entwickeln.

Gerade jetzt, während ich diese Zeilen schreibe, wird es auch für mich Zeit, meine Highlights des Tages aufzuschreiben und mich dafür zu bedanken.

Hast du Lust, gleich einmal mitzumachen?

So könnte das auch bei dir aussehen:

„Ich hatte heute ein wunderbares Mittagessen mit meinem Team. Wir haben viel gelacht und auch gute Gespräche geführt – dafür bin ich von Herzen dankbar."

„Für die liebevolle SMS von meiner Frau bin ich von Herzen dankbar. Ich habe mich sehr darüber gefreut und sie hat mir den Nachmittag verschönert."

„Ich habe heute 2 anspruchsvolle Gespräche führen dürfen und bin sehr glücklich und dankbar, dass mir das so gut gelungen ist. Für alle Beteiligten wurde eine Lösung gefunden und ich habe mich als Persönlichkeit dadurch weiterentwickelt."

Dies ist nur ein Auszug von meinem heutigen Tag, damit du dir ein Bild davon machen kannst, wie dein Dankbarkeitstagebuch aussehen könnte. Diese Methode ist sehr wirkungsvoll und noch dazu einfach in der Anwendung. Ich habe sie vor vielen Jahren kennengelernt und bin natürlich sehr dankbar dafür, denn genau dadurch konnte das Positive noch bedeutend leichter und üppiger in mein Leben fließen.

Je dankbarer du bist, desto mehr bekommst du, um weiterhin dankbar zu sein. Es ist so einfach.

Louise Hay

Glaube mir, du kannst gar nicht dankbar genug sein. Es geht hier auch nicht darum, jeden Tag 100 Gründe finden zu müssen, nur damit du 100 hast. *Es geht vor allem darum, dass du für all das, wofür du dankbar sein kannst, auch wirklich dankbar bist, und zwar von ganzem Herzen.* Finde lieber pro Tag „nur" drei Gründe, die aufrichtig und ehrlich sind, anstatt 20 halbherzige, nur um dein Gewissen zu beruhigen. Das führt zu rein gar nichts, denn es geht dabei um das positive Gefühl, das sich dahinter verbirgt. Führe dein Dankbarkeitstagebuch deshalb in den nächsten Wochen konsequent und du wirst sehen, wie du selbst und die Qualität deines Lebens davon beeinflusst wird.

Erstelle eine Liste von Dingen, für die du dankbar bist und begründe auch weshalb.

Das könnte zum Beispiel so aussehen:

Ich bin dankbar für ...

Und ganz wichtig: Warum bist du dankbar dafür?

Finde den Grund, der sich dahinter versteckt und du wirst dadurch deine inneren Ressourcen noch mehr aktivieren. Nimm dir bitte diese Zeit, es lohnt sich wirklich!

Viel Spaß mit dieser Übung!

Ich empfehle dir, diese Übung täglich zu machen. Es „kostet" dich nur ein paar Minuten, was du jedoch im Gegenzug dafür erhältst, ist unbezahlbar. Je mehr schöne und positive Gefühle du entwickelst, desto mehr wirst du davon bekommen.

Geben, um zu erhalten

Um etwas zu empfangen, müssen wir zuerst **geben**. Ja, das ist das Gesetz des Gebens, ein weiteres Lebensgesetz! Sei für alles, was du im Leben hast, dankbar. Denn wenn du das bist, dann **gibst** du auch etwas. Leider sind viele Menschen der Ansicht, dass sie erst dann etwas geben werden, wenn sie zuvor etwas bekommen haben. Doch – zum Glück – funktioniert dieses Lebensgesetz ganz anders. *Je mehr du nämlich gibst, desto mehr wirst du nach dem Gesetz des Gebens auch erhalten.*

Bisher habe ich das Geben mit Dankbarkeit in Verbindung gebracht, doch das funktioniert natürlich für alle anderen Bereiche des Lebens genauso gut. Viele Menschen wünschen sich mehr Anerkennung, mehr Wertschätzung, mehr Liebe und was weiß ich nicht alles. *Allerdings ist die Frage nicht, was du dir wünschst, sondern was du bereit bist, dafür zu tun.* Wünschst du dir mehr Liebe von deinem Partner? Dann gib du ihm zuerst mehr Liebe. Zeige ihm, dass er dir wichtig ist. Überrasche ihn mit etwas, das er nicht erwartet. Dafür brauchst du keinen Valentinstag als Anlass, viel wirkungsvoller ist es, das einfach mal so zu tun. Du wirst staunen, welchen Effekt eine solche Aktion auf deine Partnerschaft haben kann.

Solltest du keinen Partner haben, dann überlege dir etwas Ähnliches für deine Eltern, Geschwister oder Freunde. Zeige auch diesen Menschen, dass sie dir wichtig sind! Damit brauchst du wirklich nicht bis Weihnachten warten. *Mache aus jedem Tag etwas Besonderes und gib deinen Mitmenschen mehr, als sie von dir erwarten.* Wenn du dir mehr Wertschätzung und Anerkennung wünschst, dann gib deinen Mitmenschen zuerst mehr davon. Lobe sie, mach ehrlich gemeinte Komplimente und sag ihnen, was du besonders an ihnen schätzt. Du wirst überrascht sein, welch positive Wirkung das auch auf dich selbst haben kann. Wenn du dir mehr Erfolg wünschst, dann gib auch mehr als das, was man von dir erwartet wird oder was üblich ist. Gehe die Extrameile und engagiere dich noch mehr als bisher. Frage dich nicht, was dein Chef für dich tun könnte, sondern was du für deinen Arbeitgeber tun kannst. Wenn du selbstständig bist, dann sei Feuer und Flamme für dein Unternehmen und setze dich für deine Kunden mehr ein, als sie von dir erwarten.

Das Gesetz des Gebens ist unfehlbar und darum verspreche ich dir eines:

Gibst du konstant mehr als du nimmst, so wird dich dieses Lebensgesetz fürstlich belohnen. Das, was ich hier schreibe, ist einmal mehr nichts Neues. Schon in der Bibel wurde dieses Gesetz mit Saat und Ernte beschrieben. Es geht hier nicht um Religion oder Kirche und noch weniger spielt es eine Rolle, welcher Religion du angehörst. Vielmehr will ich dir damit sagen, dass auch dieses Thema schon vor Jahrtausenden aufgegriffen wurde, unter anderem durch diesen weisen Meister:

Wer Leid und Schmerz sät, kann nicht erwarten, Liebe und Freude zu ernten.

Pythagoras

Doch ob wir das so leben und umsetzen, steht auf einem ganz anderen Blatt geschrieben. Diese Frage kann nur jeder für sich selbst beantworten. Etwas Wichtiges möchte ich hier gern nochmals konkretisieren:

Wenn du voll und ganz vom Gesetz des Gebens profitieren willst, dann knüpfe das Geben nicht an irgendwelche Bedingungen, sondern gib immer, weil du es gern und von Herzen tust. Dahinter versteckt sich eine geballte Ladung Energie, die niemals verloren geht. Alles, was du gibst, kommt wie ein Boomerang auch wieder zu dir zurück. Vielleicht nicht immer sofort, nicht immer direkt und auch nicht durch die Person, der du zuvor etwas gegeben hast. *Sei dir jedoch im Klaren, dass das Leben nie vergisst und es ist gut möglich, dass du deine Ernte durch jemand ganz anderen erhalten wirst, von dem du es eventuell gar nicht erwartet hättest.*

Das kommt häufig vor und plötzlich treten Menschen in unser Leben, die uns einen Dienst erweisen oder einen Gefallen tun, ohne dass es dafür einen Grund gibt. Tritt eine solche Situation ein, so sind wir gegenüber diesen Personen meist eher skeptisch und fragen uns, wieso sie so nett zu uns sind.

Was ist hier faul, er schuldet mir doch gar nichts? Kommt dir das bekannt vor?

Das Samenkorn für diese Ernte wurde schon einige Zeit vorher gelegt und meistens erinnern wir uns gar nicht mehr daran, dass auch wir jemandem einmal einen Gefallen getan haben.

Doch im Gegensatz zu uns Menschen vergisst das Leben nie etwas und zahlt es uns aufgrund dessen, was wir vorher gegeben haben, mit Zinseszins zurück. Sei deshalb jeder positiven Retourkutsche sehr dankbar, schließlich signalisiert dir das Leben damit, dass es an dich denkt, auch wenn du deine gute Tat längst vergessen hast.

Wie heißt es doch so schön:

Geben ist seliger als Nehmen.

Hin und wieder erreichen mich Einwände wie: „Dejan, was soll ich tun, wenn ich in meinem Bekannten- und Freundeskreis die einzige Person bin, die gibt? Die oder der andere investiert so gut wie gar nichts in unsere Freundschaft und das raubt mir echt viel Energie."

Das ist in der Tat keine einfache Frage, doch eines weiß ich mit Gewissheit: Jemandem, der gern gibt, wird das Leben noch mehr vom Gleichen zurückgeben. Allerdings meine ich

– und das ist meine ganz persönliche Ansicht, die keinen Anspruch auf Vollständigkeit hat –, dass in einer Beziehung zwischen zwei Menschen ein gewisses Gleichgewicht bestehen muss. Ob es sich dabei um eine freundschaftliche, familiäre oder gar eine Liebesbeziehung handelt, ist sekundär. Obwohl ich ein großer Fan des Gebens bin, erachte ich es in zwischenmenschlichen Beziehungen als äußerst wichtig, dass von beiden Seiten ungefähr die gleiche Dosis des Gebens kommt. Ich vergleiche Beziehungen gerne mit einer Waage: Habe ich auf der einen Seite zu viel oder zu wenig von etwas, dann besteht eine Unausgeglichenheit, derzufolge ich keine Balance erwarten kann. Dauert dieses Ungleichgewicht länger an, so ist mit einer Disharmonie zu rechnen. Wie ich damit umgehe und was ich daraus mache, kann nur ich allein für mich entscheiden.

Ich empfehle dir allerdings, zwei wichtige Faktoren dabei zu berücksichtigen.

Faktor 1:

Gib immer dein Bestes. Nicht nur 100, sondern 110 Prozent! Geh diese Extrameile, denn ein Gewinner gibt immer mehr als das, was andere von ihm erwarten. Das gilt natürlich auch für zwischenmenschliche Beziehungen. Geben lohnt sich und ich verspreche dir, dass Gutes immer belohnt wird. Immer! Auch wenn du es vielleicht bei einigen anders erlebt hast, wissen die meisten Menschen das zu schätzen, denn hier macht sich der Reziprozitäts-Effekt bemerkbar. Das heißt, wenn du einem Menschen einen Gefallen tust, so wird er sich darüber freuen und sich auch auf eine andere Art und Weise bei dir erkenntlich zeigen. Oder umgekehrt, wenn uns jemand eine Gefälligkeit erweist, wollen wir uns bei ihm erkenntlich zeigen und uns dafür revanchieren. Durch gegenseitiges Geben und Nehmen entsteht Vertrauen und letzten Endes auch eine Beziehung zwischen zwei Menschen. Solltest du tatsächlich auf Menschen stoßen, die das nicht zu schätzen wissen oder dich nur ausnutzen wollen, so empfehle ich dir, unbedingt dein Umfeld zu analysieren.

Dies führt uns jetzt zu Faktor 2.

Dieser ist vom Inhalt her etwas länger und gleichzeitig auch unser nächstes Thema:

ANALYSIERE DEIN UMFELD UND UMGIB DICH MIT GLÜCKLICHEN UND POSITIVEN MENSCHEN

Es gibt Menschen, die immun gegen alles Positive sind und sogar behaupten, dass positives Denken krank macht. Nun, wenn solche Menschen der Meinung sind, dass sie mit negativem Denken besser unterwegs sind, dann lohnt es sich wirklich nicht, mit solchen Leuten zu diskutieren. Sie werden dich nur runterziehen und du wirst viel von deiner Energie einbüßen. *Sei dir im Klaren darüber, dass es ist viel einfacher ist, jemanden runter- als hochzuziehen.* Das Hochziehen braucht deutlich mehr Kraft, deshalb ist es auch so wichtig, „Energiefresser" zu identifizieren.

Du kannst negative Menschen nicht durch deine Positivität verändern. Sei höflich, tritt zur Seite und lass das Leben ihr Lehrer sein.

Verfasser unbekannt

Zugegeben, mit positivem Denken allein wirst auch du keine Quantensprünge machen können. Ich hatte bereits in einem vorherigen Abschnitt erwähnt, dass ich positiv denken kann, bis ich grün werde, doch wenn ich dabei nicht ins Handeln komme, wird es mir nicht sonderlich viel nützen. Dennoch ist eine gesunde geistige Einstellung vonnöten, damit es auch in positives Handeln münden kann. Ich kann kein Feuer löschen, indem ich lediglich positiv denke und darauf hoffe, dass es sich von allein ausgeht. Ich muss handeln. *Allerdings ist es spielentscheidend, ob ich das Handeln mit einer optimistischen Einstellung angehe oder voller Negativität versuche, das Feuer zu beseitigen.* Sehe ich in jedem Problem eine Lösung oder sehe ich in jeder Lösung ein Problem?

Scanne dein Umfeld

Unser Umfeld beeinflusst uns mehr, als wir im Allgemeinen glauben. Der Spruch „Zeig mir deine Freunde und ich sage dir, wer du bist" hat durchaus seine Daseinsberechtigung. Die Menschen, mit denen wir tagtäglich zu tun haben, üben einen großen Einfluss auf unsere Persönlichkeit sowie unsere Verhaltens- und Lebensweise aus. Aus diesem Grund empfehle ich jedem eine IST-Analyse seiner Freunde und Bekannten zu machen. Eventuell gibt es ein paar Personen, die dir viel Zeit und Energie rauben und dich auch hin und wieder nach unten ziehen. Dann lohnt es sich ganz besonders, die Sache auch einmal aus einer anderen Perspektive zu betrachten. Du darfst dabei ruhig etwas wählerisch sein, schließlich entscheidest du selbst, mit wem du deine kostbare Zeit in Zukunft verbringen möchtest.

Vorsicht, Ansteckungsgefahr! Gutes Umfeld – schlechtes Umfeld

Stell dir einmal vor, du wärst 30 Tage mit Menschen zusammen, die aggressiv sind und sich dazu noch über alles Mögliche beschweren. 30 Tage, 7 Tage die Woche, 24 Stunden am Tag. Wie würdest du dich nach 30 Tagen fühlen? Gut möglich, dass du das alles ohne Wenn und Aber wegstecken könntest. Aber bei den allermeisten würden Spuren zurückbleiben. Bewusst, *aber vor allem unbewusst.* Umgibst du dich hingegen mit positiv denkenden Menschen, die glücklich und fröhlich sind, so hat das einen enorm positiven Einfluss auf deine Seele.

Positive Energie zieht noch mehr Positives an.

Reden über Probleme lässt die Probleme wachsen. Reden über Lösungen lässt die Lösungen wachsen.

Steve de Shazer

Wie sieht dein persönliches Umfeld aus?

Gehe deinen Freunde- und Bekanntenkreis jetzt einmal durch. Ich empfehle dir auch hier einmal mehr, dir die nötige Zeit dafür zu nehmen:

Aufgabe 1:

> ➢ Welche Menschen in deinem Umfeld haben einen negativen Einfluss auf dich?
>
> ➢ Welche Menschen ziehen dich runter?
>
> ➢ Wer jammert dir die Ohren voll?
>
> ➢ Wer demotiviert dich?
>
> ➢ Wer raubt dir deine Energie?

Schreibe nun die Namen dieser Personen auf:

Wie oft willst du in Zukunft deine wertvolle Zeit mit diesen Menschen verbringen?

Denke darüber bitte in aller Ruhe nach!

Wenn ich Menschen bitte, diese Analyse durchzuführen, erreichen mich Fragen wie zum Beispiel diese:

„Herr Sekulic, (oder Dejan), meine Eltern sind so negativ drauf und rauben mir meine Hoffnungen und Träume. Sie sind es, die mich runterziehen."

Meine Antwort lautet dann folgendermaßen:

„Unsere Eltern sind unsere Eltern und ohne sie gäbe es uns nicht einmal. Vielleicht haben sie nicht immer alles richtig gemacht, aber wahrscheinlich wussten sie es gar nicht besser oder es wurde ihnen nicht anders beigebracht. Doch weißt du was, weder du noch ich machen immer alles richtig und es ist sehr einfach, mit dem Finger auf jemanden anderen zu zeigen und ihm dieses oder jenes vorzuwerfen. Wie würden wir uns wohl fühlen, wenn das jemand mit uns täte? Jeder sollte seinen Eltern dankbar sein für das, was sie für ihn getan haben. Du wirst immer einen Grund dafür finden und ich empfehle dir, deine Eltern nicht nur zu lieben, sondern vor allem zu respektieren. Schlüpfe einmal für ein paar Minuten in die Rolle deiner Mutter oder deines Vaters und versuche, verschiedene Situationen mit der Elternbrille zu sehen.

Was siehst du dann, was empfindest du dabei, welche Erkenntnisse ziehst du daraus? Versetze dich in die Lage deiner Eltern und versuche, das Ganze einmal aus deren Perspektive zu sehen. Ich versichere dir, dass sich deine Sichtweise ändern wird.

Falls sich deine Wertvorstellungen von denen deiner Eltern zu sehr unterscheiden, Betonung auf „zu sehr", dann ist auch das noch lange kein Grund, die Beziehung zu ihnen abzubrechen! In solchen Fällen kann es aber ratsam sein, den Kontakt auf ein für dich erträgliches Maß zu reduzieren. Dasselbe gilt auch für andere Familienmitglieder. Das hört sich jetzt vielleicht etwas hart an, doch sei dir klar darüber, dass sich Menschen in ihrem Leben weiterentwickeln, manche allerdings überhaupt nicht oder in eine ganze andere Richtung. Das ist weder gut noch schlecht, aber in gewisser Weise der Lauf des Lebens. Wir können niemanden zu etwas zwingen und das ist auch gut so. Hingegen stehen wir uns selbst am nächsten und müssen daher umso mehr darauf achten, mit welchen Menschen wir uns umgeben und welche Wertvorstellungen diese haben.

Die Antwort ist, wie du gesehen hast, etwas länger, denn ich finde es sehr heikel, pauschale Antworten zu geben, gerade, wenn es um die Eltern oder andere nahe Familienangehörige geht.

Aufgabe 2:

Welche Menschen in deinem Umfeld haben einen **positiven** Einfluss auf dich?

Wer gibt dir Mut und unterstützt dich bei deinen Träumen und Zielen?

Wer baut dich auf, wenn es dir nicht so gut geht?

Wer bereichert dein Leben?

Schreibe auch hier die Namen dieser Personen auf. Es wäre wünschenswert, wenn diese Liste etwas länger würde als die erste!

_____

_____

_____

_____

_____

_____

_____

_____

Ich empfehle dir deshalb, deine kostbare Zeit vorwiegend mit Menschen zu verbringen, die dir guttun und ebenfalls eine lebensbejahende Geistes- und Gefühlshaltung haben. *Du wirst mit der Zeit feststellen, dass diese Einstellung ansteckend ist und sich deine Lebensqualität stetig steigern wird.* Pessimisten und Schwarzmaler bringen dich nicht weiter, ganz im Gegenteil! Meide bitte deshalb diese Gruppe von Menschen, denn sie werden dich nur deiner positiven Energie berauben. Besonders schöne Dinge und Ereignisse warten auf uns, sobald wir uns von Negativität distanzieren. *Hin und wieder ähnelt unser Leben auch einem Fahrstuhl, denn auf dem Weg nach oben, müssen wir anhalten und den einen oder anderen aussteigen lassen.* Wir können heute davon ausgehen, dass unser Umfeld einen Einfluss von bis zu 70 Prozent auf uns hat.

Nun frage ich dich: Wie sollen sich diese 70 Prozent qualitativ zusammensetzen?

Wenn man wie eine Rose duften will, muss man sich mit Rosen umgeben.

Suffi Sheikh

Mir selbst hat es immer geholfen, mich mit Personen zu umgeben, die ähnliche Ziele verfolgten wie ich und daher natürlich auch ähnliche Werte hatten wie ich. Damit bin ich beileibe keine Ausnahme, denn die meisten wählen ihre Kontakte nach ähnlichen Kriterien aus. Weshalb das so ist? Ganz einfach, Menschen, die in den Tag leben, keine Ziele haben, nur jammern und nichts im Leben erreichen möchten, werden ihr Bestes geben, damit du deine Ziele nicht erreichst und du dein einzigartiges Leben als ein Original gar nicht leben kannst. Suche den Kontakt zu Persönlichkeiten, die weiter sind als du und von denen du lernen kannst. *Öffne deine Türen aber auch für Menschen, die etwas von dir lernen wollen und denen du helfen kannst.* Beide Gruppen werden dich weiterbringen und gleichzeitig leistest du auch einen wichtigen Beitrag für das Leben dieser Personen. Ein fruchtbarer Erfahrungsaustausch bringt dir nur Vorteile und ist Gold wert. Achte auf die Worte von weisen Menschen. Was sagen sie, wie sagen sie es? Analysiere ihren Wortschatz und ihr Sprachmuster!

Aber warum sind Worte so wichtig und weshalb solltest du das überhaupt tun? Genau das werden wir uns im nächsten Abschnitt zusammen anschauen.

DIE QUALITÄT DEINES WÖRTERBUCHS BESTIMMT DIE QUALITÄT DEINES LEBENS!

Das ist der Titel meines dritten Buches und ich bin unendlich dankbar für die zahllosen wunderbaren Rückmeldungen, die ich darauf erhalten habe. Da viele Menschen mir geschrieben haben, wie sehr dieser Leitfaden sie inspiriert und ihr Leben verbessert hat, habe ich mich entschlossen, einen kleinen Teil davon in dieses Buch mit einfließen zu lassen.

Ich habe es mir schon von klein auf zur Gewohnheit gemacht, auf die Worte zu achten, die von Menschen in den Mund genommen werden. Was mich dazu bewogen hat, kann ich bis heute weder begründen noch erklären, allerdings bin ich sehr froh, dass ich es getan habe, denn es hat mir sehr viele Vorteile beschert.

Weshalb sollte jeder auf die Qualität seiner Worte achten? Ganz einfach: *Aus deinen Gedanken werden Worte. Die Wahl deiner Worte bestimmt die Qualität deines Wörterbuchs und die Qualität deines Wörterbuchs bestimmt letzten Endes die Qualität deines Lebens!*

Dieses Wörterbuch ist also nichts anderes als das Drehbuch deines Lebens!

Ändere deine Worte, dann ändert sich deine Welt!

Ein blinder Mann sitzt auf der Straße und hat ein Schild aus Karton vor sich aufgestellt, auf dem Folgendes geschrieben steht: „Ich bin blind, bitte helfen Sie mir." Daneben steht eine kleine Büchse, in die jeder Geld hineinwerfen kann. Es laufen viele Passanten an ihm vorbei und ab und zu wirft auch der eine oder andere eine Geldmünze in seine Büchse. Schließlich hält eine junge Frau bei ihm an, greift sich das Kartonschild und beginnt auf der leeren Rückseite etwas zu schreiben. Während sie schreibt, berührt der Mann ihre Schuhe und Beine und macht somit erste Bekanntschaft mit dieser Dame. Als sie mit dem Schreiben fertig ist, stellt sie das Schild wieder auf, allerdings ist es nun ihr Text, den die Passanten beim Vorbeilaufen ab sofort zu lesen bekommen. Diese Veränderung macht sich recht schnell bemerkbar, denn der Mann erhält plötzlich so viele Münzen zugeworfen wie noch nie zuvor. Er hat richtig Mühe, sämtliche Münzen, die teilweise neben der Büchse landen, einzusammeln und zu sortieren. Einige Tage später kommt die Frau wieder vorbei und hält erneut bei ihm an. Der Mann tastet sich ein zweites Mal an ihre Schuhe und Beine heran und merkt sofort, dass es dieselbe Peron ist, die sein Schild vor Kurzem umgeschrieben hat. Ehrlich erstaunt fragt er sie: „Was haben Sie mit meinem Schild gemacht?" Die Frau bückt sich zu ihm hinunter und antwortet: „Ich habe dasselbe geschrieben wie Sie, nur mit anderen Worten." Und was stand nun auf dem Schild geschrieben?

„Heute ist ein wundervoller Tag und ich sehe ihn nicht."

Die Botschaft dahinter:

Ändere deine Worte, dann ändert sich deine Welt!

Die Frau hat nichts anderes getan, als den Text umzuschreiben. Der Sinn dahinter blieb derselbe, doch das Resultat war ein komplett anderes. An dieser Geschichte lässt sich gut erkennen, mit welch einfachen Mitteln eine ganz andere Wirkung und letztlich auch ein bedeutend besseres Ergebnis erzielt werden kann.

Meister der Kommunikation wählen ihre Worte mit Bedacht aus. Sie wissen genau, was sie mit welchen Worten bei ihrem Gegenüber erzeugen können. Bedauerlicherweise wird das nicht immer nur für Positives verwendet – auch hier wird leider viel Unfug getrieben. Schlussendlich aber sind wir als Sender dafür verantwortlich, was wir unseren Zuhörern vermitteln. *Und ja, ganz besonders, wenn diese Zuhörer wir selbst sind.* Ja, du hast richtig gelesen, vor allem, wenn DU Sender und Empfänger, Sprecher und Zuhörer in einer Person bist. Ob du es glaubst oder nicht, doch mit uns selbst führen wir die meisten Gespräche. Ich weiß, wenn du zu jemandem sagst, dass du mit dir selbst am häufigsten sprichst, so kannst du dafür schon etwas schräg angeschaut werden. Doch bei genauerer Betrachtungsweise ist das alles andere als abwegig, *denn der größte Teil dieser Gespräche mit uns selbst läuft vor allem unbewusst ab.*

Lass uns auch dazu eine kleine Übung machen.

Bitte lies die Wörter in diesen 3 Spalten der Reihe nach aufmerksam durch:

Angst	Horror	Schulden
Arbeitslosigkeit	Idiot	Tod
Armut	Impotenz	unfähig
Burn-out	Krebs	Unfall
Depression	Krieg	Verlierer
Dummkopf	nutzlos	wertlos
Hass	schlecht	Wut

Schreib bitte das, was du beim Lesen der Wörter empfunden hast, hier auf:

_____

_____

_____

_____

_____

_____

_____

_____

_____

Jetzt bitte ich dich, die folgenden Sätze zu lesen und erneut auf deine Gedanken und Gefühle zu achten:

Du hast Angst, denn du könntest deinen Job verlieren und für den Rest deines Lebens in Armut leben. Du wirst das nicht verkraften und in ein Burn-out fallen. Danach wartet eine schwere Depression auf dich, ein Horror, findest du nicht auch? Dein Zustand wird sich mehr und mehr verschlechtern und noch mehr Krankheiten werden dich heimsuchen. Schulden werden dich drücken und du wirst als Verlierer der Gesellschaft dastehen – wert- und nutzlos.

Schreib jetzt bitte hier auf, was du beim Lesen des Texts empfunden hast:

_____

_____

_____

_____

_____

_____

_____

_____

_____

Bei den meisten Personen kommen beim Lesen solcher Wörter und Sätze keine guten Gefühle hoch und ihr Zustand verschlechtert sich relativ schnell. Aber weißt du, viele Menschen nehmen solche Wörter und Sätze mehrmals täglich in den Mund und merken es nicht einmal. Doch es gibt immer jemanden, der mithört, mitfühlt und alles abspeichert – dein Unterbewusstsein!

Ich wiederhole es gern nochmals:

Die Qualität deines Wörterbuchs bestimmt die Qualität deines Lebens!

Lass uns dazu noch eine weitere Übung machen.

Ich habe drei weitere Spalten mit Wörtern für dich vorbereitet und bitte dich, auch diese sehr aufmerksam zu lesen:

atemberaubend	fantastisch	motiviert
außergewöhnlich	Freiheit	mutig
authentisch	Friede	perfekt
begeistert	Gelingen	phänomenal
blendend	genial	Ruhe
bravo	Genie	Selbstvertrauen
brillant	Geschenk	Sieger
dankbar	Glück	Spaß
energiegeladen	herrlich	Stolz
Erfolg	hervorragend	super
exzellent	herzergreifend	Weltklasse
fabelhaft	Liebe	wunderbar

Schreibe bitte hier deine Gedanken auf und was du beim Lesen dieser Wörter empfunden hast:

_____

_____

_____

_____

_____

_____

_____

_____

_____

_____

_____

Nun bitte ich dich, auch noch den folgenden Text zu lesen und erneut auf deine Gedanken und Gefühle zu achten:

Du bist einfach genial, so wie du bist, und du kannst stolz auf dich sein. Du hast in deinem Leben schon Großartiges vollbracht. Womöglich bist du es ja nicht gewohnt, dich selbst zu loben und dir für deine guten Taten auch mal auf die Schulter zu klopfen. Du kannst jetzt damit anfangen und deine Erfolge feiern. Ja, es waren einige dabei und deshalb solltest du dankbar für all die Erfahrungen, die du bisher gemacht hast, sein. Denn genau die sind es, die dich zu dem brillanten Menschen werden ließen, der du heute bist. Um es mit den Worten von Albert Einstein zu sagen: Jeder von uns ist ein Genie! Ja, auch DU bist eines! Habe deshalb Spaß am Leben und genieße jeden Augenblick, denn es ist ein Geschenk, welches du annehmen solltest.

Wie erging es dir beim Durchlesen dieses Textes? Schreibe bitte hier auf, was du dabei empfunden hast:

Ich wage mal zu behaupten, dass deine Gefühle besser waren als bei der ersten Übung. Führst du regelmäßig Gespräche dieser Art mit dir selbst und mit deinen Mitmenschen? Die meisten Menschen tun das nicht. Meistens sabotieren sie sich mit irgendwelchen Pseudoaussagen und wundern sich, weshalb sich das Leben nicht so entwickelt, wie sie es eigentlich gern möchten. Und es gibt es auch Menschen, die mit schönen Worten nicht umgehen können und damit komplett überfordert sind. Doch wenn man sich selbst keine Komplimente machen oder zu sich selbst wenig Positives sagen kann, wie soll einem das bei anderen gelingen?

WORTE, WASSER, NAHRUNG

Sagt dir der Name Dr. Masaru Emoto etwas? Er ist ein japanischer Wissenschaftler und Forscher und hat der Menschheit einen großen Dienst erwiesen, als er ihr die Kraft der positiven Worte auf eine besondere Art und Weise aufgezeigt hat. Eine seiner bekanntesten Demonstrationen ist das Reis-Experiment. Emoto nahm zwei Behälter und füllte beide mit gekochtem Reis. Auf den ersten Behälter schrieb er das Wort „Danke" und auf den zweiten „Du Idiot". Anschließend bat er Schulkinder, jeden Tag bei beiden Behältern kurz anzuhalten und die beiden Wörter laut und deutlich aufzusagen. 30 Tage später wollte er wissen, ob diese Maßnahmen die Qualität des Reises beeinflusst hatten. Dabei machte er eine äußerst interessante Entdeckung: Der Reis in Behälter 1 mit dem Wort „Danke" hatte sich kaum verändert, wogegen der Reis in Behälter 2 mit dem Wort „Du Idiot" vergammelt und verfault war. Ein interessantes Ergebnis – oder wie siehst du das?

Berühmt wurde Emoto vor allem durch seine Kristallexperimente, weil er auch hier zu einer vergleichbaren Erkenntnis gekommen war. Er konnte nachweisen, *dass Wörter die Kristalle formen.* Dafür beschriftete er vier Wasserflaschen, zwei mit den Worten „Du bist schön" und „Danke", die beiden anderen Flaschen mit „Du Idiot" und

„Du Schmutzfink". Hatte das nun auch einen Einfluss auf die Qualität der Kristalle? Und ob! In den beiden Flaschen mit positiver Aufschrift formten sich zwei wunderschöne Kristalle. Jetzt darfst du dreimal raten, wie die anderen beiden mit den negativen Wörtern aussahen. Genau, nämlich richtig unschön.

Welchen Nutzen können wir nun daraus ziehen? Der Mensch besteht bekanntermaßen aus ca. 70 Prozent Wasser – was meinst du, *ob wohl die Art und Weise, wie wir mit uns selbst und anderen kommunizieren, auch einen Einfluss auf unsere Lebensqualität und unser Wohlbefinden hat?*

Nun bin ich weder ein Wissenschaftler wie Dr. Masaru Emoto noch habe ich eine mehrjährige Studie zu irgendeinem Thema durchgeführt. Aber ich bin ein Mann aus der Praxis für die Praxis und kann mittlerweile auf mehr als 15 000 Beratungs- und Coaching-Gespräche zurückschauen. Mir selbst ist bei all diesen Gesprächen etwas Interessantes aufgefallen, das mich zu folgender Schlussfolgerung kommen lässt:

Menschen, die pessimistisch, besorgt, depressiv, verbittert und mutlos unterwegs sind, haben ein ganz anderes Sprachmuster als diejenigen, die optimistisch, glücklich, mutig und voller Zuversicht in die Zukunft schauen und sich den Herausforderungen ihres Lebens stellen. *Es ist ihre Art und*

Weise, ihre Gefühle und Denkweise mit diesen Wörtern zu beschreiben.

Als ich von Emotos Experimenten erfuhr, war ich zuerst etwas baff, doch bei genauerer Betrachtungsweise bestätigten sie auch meine Erfahrungen aus der Praxis. Wie oft sagen wir in unserem Leben Dinge zu uns selbst und anderen, die nicht gerade herzergreifend sind. Die Ursache, die sich dahinter verbirgt, ist in unserem ganz persönlichen Wörterbuch zu suchen. Möchten wir die Beziehung zu unseren Mitmenschen und uns selbst verbessern und wollen wir darüber hinaus mehr Erfolg im Leben erzielen, ist es essenziell, sich einen positiven Wortschatz anzueignen. Die Wörter, die wir aussprechen, beschreiben unser Denken und unsere Gefühle. Alles, was wir denken und fühlen, werden wir, ob es uns passt oder nicht, mittel- bis langfristig auch in unser Leben ziehen. *Einmal mehr: Dem Gesetz der Anziehung ist es völlig wurst, ob du daran glaubst oder nicht, denn es wirkt so oder so, wie es das Gesetz der Schwerkraft eben auch tut.*

Sei dir sicher, es hört dir sehr aufmerksam zu und es nimmt dich beim Wort. Mit der Zeit wird es dir genau das liefern, womit du es täglich fütterst. Genau aus diesem Grund empfehle ich dir, lebensbejahende und positive Wörter in deinen Wortschatz zu integrieren und dein Leben damit zu bereichern. Wenn du das regelmäßig tust, kann ich dir jetzt schon eines versprechen: Du wirst dein Denken, Verhalten und Handeln verändern und dadurch auch andere Ergebnisse in deinem Leben erzielen.

Streue nur gute Körner aus und sorge dich nicht, was aus ihnen wird.

Theodor Fontane

Um es auf den Punkt zu bringen: Die Qualität deines Lebens wird sich mehr und mehr verbessern! Alles, was wir einmal gelernt haben, können wir auch wieder verlernen und *dazu gehört definitiv die Verwendung eines negativen Wortschatzes.* Es spielt überhaupt keine Rolle, wie alt du bist, woher du kommst, in welche Schule du gegangen bist oder wie viel Schulbildung du generell hast. Fang einfach an, all die negativen Wörter durch positive zu ersetzen. Auch wenn es zu Beginn nur drei sein sollten, egal – das ist allemal besser als nichts. Schon in zehn Tagen werden es bereits 30 sein. Im Beispiel 2 habe ich drei Spalten mit 36 sehr aufbauenden Wörtern aufgelistet, mit denen du gleich starten kannst. Kreuze für dich die Wörter an, welche du künftig in deinen Wortschatz integrieren möchtest. Darüber hinaus empfehle ich dir, darauf zu achten, wie erfolgreiche Persönlichkeiten kommunizieren, denn das ist ansteckend und du kannst dir vieles davon abschauen. Studiere solche Menschen und lerne von ihnen. Deshalb ist es auch so immens wichtig, darauf zu achten, mit welchen Leuten du deine Zeit verbringst und wie diese Menschen sprechen, welche Wörter sie in den Mund nehmen. Machen sie dir Mut oder ziehen sie dich runter?

Fremdsuggestionen hinterlassen bei uns nicht nur ihre Spuren, relativ schnell werden sie auch zu unseren eigenen – zu sogenannten Autosuggestionen!

AUTOSUGGESTION

Es geht mir von Tag zu Tag in jeder Hinsicht immer besser und besser.

Dieser berühmte Satz stammte von Emile Coué (1857–1926), dem französischen Apotheker und Psychotherapeuten. Er war der Begründer der Autosuggestion. Demzufolge war er der Erste, der diese Methode beschrieb, nachdem er festgestellt hatte, dass sie bedeutend besser funktionierte als all die Pillen, die er seinen Klienten verkaufte.

Autosuggestion und Medizin dürfen einander nicht entgegenstehen, sondern müssen wie zwei gute Freunde Hand in Hand gehen.

Emile Coué

Die Suggestion, oder besser gesagt die Autosuggestion, gibt es schon seit eh und je. Diese Methode hat eine ungeheure Macht, die je nach Anwendung, positive oder aber negative

Ereignisse hervorrufen kann. Wenn wir das erst mal verstanden haben und uns dieser Methode bedienen, werden wir beachtliche Ergebnisse erzielen können. Und genau das war das Geheimnis dieses Prinzips von Emile Coué, das im Grunde genommen ziemlich einfach ist. Seine Methode hat unzähligen Menschen geholfen, Blockaden zu lösen, Ängste zu vertreiben und Schmerzen zu lindern. Doch was genau ist der „Trick" dieser Methode? *Über dein Bewusstsein soll dein Unterbewusstsein positiv beeinflusst werden.* Der Erfolg von Suggestionen ist darauf zurückzuführen, dass sie in deinem Unterbewusstsein Vorstellungen und Empfindungen (Bilder, Worte, Gefühle) erzeugen. Diese Art der Beeinflussung, die auch Selbstbeeinflussung genannt wird, hängt letztendlich auch von der Intensität ab. Das heißt: Je **stärker deine Vorstellung ist, die du bei deiner Ausführung als wahr akzeptierst,** desto intensiver wird sie sich in deinem Unterbewusstsein verankern. Ein Mensch kann sich vieles selbst suggerieren, unter anderem wie er sein möchte, Teile seines Charakters, ob er gesund und glücklich leben möchte, aber eben auch alles Negative wie Misserfolg, Krankheit und Pech. Einfach alles!

Es gibt es zwei Arten der Suggestion:

1) Die Autosuggestion

Ein Gedanke bzw. ein Gefühl soll bei uns **durch uns selbst** hervorgerufen werden. Wir erzeugen also bei uns selbst durch Eigenbeeinflussung eine bestimmte Wirkung.

2) Die Fremdsuggestion

Es wird eine bestimmte Vorstellung bei einer anderen Person hervorgerufen. Hierbei beeinflussen wir nicht uns selbst, sondern in erster Linie einen anderen Menschen. Wollen wir jemanden moralisch unterstützen oder ihm bei der Erreichung seiner Ziele behilflich sein, handelt es sich dabei um ein äußerst positives Werkzeug. Doch leider wird dieses hin und wieder für andere, sprich negative Zwecke missbraucht.

Wie bereits mehrfach erwähnt, werden wir alle tagtäglich von Suggestionen beeinflusst. Meistens leider durch negative. Allerdings gibt es auch eine gute Nachricht. *Wie so vieles im Leben, hat auch die Suggestion zwei Seiten. Das heißt, was in eine Richtung funktioniert, funktioniert auch wunderbar in eine andere.* Wir können die Suggestion ebenso für positive Zwecke nutzen. Das Ganze managen wir dadurch, dass wir uns der richtigen Worte bedienen und aus ihnen noch bessere und gewinnbringendere Sätze formen.

Hier ein kleines Beispiel, um dir das Ganze etwas näher zu veranschaulichen:

Es gibt Menschen, die in bestimmten Situationen häufig sagen: „Das *Problem* ist dies ... Das *Problem* ist das ..." Nun, wenn jemand oft das Wort Problem in den Mund nimmt und damit obendrein etwas Negatives verknüpft, was glaubst du wohl, was dieser Mensch mit der Zeit bekommen und sogar im Überfluss haben wird? Genau, Probleme = Schwierigkeiten! Ich will dir damit ausdrücklich zu verstehen geben, dass die Suggestion kein sinnloses Geschwafel ist. Es prägt uns mehr, als uns lieb ist. Wenn du das Wort Problem mehrmals am Tag hörst, dann wirst du es vermutlich früher oder später in deinen Wortschatz aufnehmen und es auch verwenden. Und je öfter du das tust, desto größer ist die Wahrscheinlichkeit, dass du von Problemen = Schwierigkeiten heimgesucht wirst. Es sei denn, du assoziierst mit dem Wort PRObleme etwas Positives, das du jedes Mal als Chance begreifst. Dann selbstverständlich hat es für dich eine andere Bedeutung, doch wird das erst der Fall sein, wenn du felsenfest davon überzeugt bist, dass Probleme dir auch Chancen bieten. Vorher nicht! Wie ich schon gesagt habe, wurden sehr vielen Menschen seit der Kindheit Suggestionen (Fremdsuggestion) eingepflanzt, die sie ihr ganzes Leben lang begleiten und beeinflussen.

Zum Beispiel Sätze wie:

„Aus dir wird doch nie was."

„Dafür bist du schon zu alt."

„Bei dir ist ja Hopfen und Malz verloren."

„Du bist zu blöd und unfähig noch dazu."

„Schau, wie es jeder schon kann, nur du nicht."

Und, und, und ...

Solch ein Sprachmuster hat mit all diesen negativen Worten einen gewaltigen Einfluss auf Selbstwertgefühl und Selbstvertrauen eines jeden Menschen. Und wenn eine Person mit verankerten Fremdsuggestionen dann doch etwas wagt, von dem sie schon oft hören musste, wie schwierig es ist, dass es nicht geht und sie das sowie nicht kann, was meinst du wohl, wie erfolgreich dieses Unterfangen sein wird? Und genau deshalb ist es umso bedeutungsvoller, negative Worte und Sätze durch positive zu ersetzen. Die Suggestion ist ein äußerst wirkungsvolles Werkzeug, das wirklich sehr gut funktioniert und das du hervorragend alleine und ohne Zutun einer weiteren Person nutzen kannst.

Achte auf deine Worte, sie werden zu Handlungen.
Achte auf deine Handlungen, sie werden zu Gewohnheiten.
Achte auf deine Gewohnheiten, sie werden zu Charaktereigenschaften
Achte auf deinen Charakter, er wird dein Schicksal.

Aus dem Talmud

Nochmals zur Erinnerung:

Die Harvard University hat dazu eine Studie durchgeführt und herausgefunden, dass ein Mensch bis zu seinem 18 Lebensjahr bis zu 150 000 negative Suggestionen zu hören bekommt. In dieser Zahl sind auch die unbedachten Suggestionen enthalten, die Eltern ihren Kindern unbewusst eintrichtern. Es sind genau die tollen Sätze, die ich oben bereits erwähnt habe. Sie summieren sich mit der Zeit zu einem richtigen Destruktivprogramm. Doch mit 18 hört das ja nicht auf, sondern es geht noch fleißig weiter. Pro Tag kommen dann weitere 20 bis 30 negative Suggestionen hinzu. So, nun rechne einmal in aller Ruhe nach, wie viele das sind, bis wir 30, 40 oder 70 sind. Selbstverständlich treffen diese Zahlen nicht auf alle Menschen so zu. Gott sei Dank! Sie sind jedoch sehr eindrucksvoll und müssten uns auf jeden Fall zu denken geben. Und mindestens genauso schlimm ist es, dass wir diese Wörter dann selber noch unbewusst übernehmen und benutzen. So kommen wir definitiv nicht vom Fleck. Ganz im Gegenteil, wir verschlechtern das Ganze damit noch zusätzlich. Es sei denn, wir machen einen Cut, beenden diese Serie und beginnen eine neue, mit anderen Wörtern und Sätzen. Ja, auch das ist jederzeit möglich!

Wenn wir also an unserer Persönlichkeit arbeiten und gleichzeitig mehr im Leben erreichen wollen, werden wir nicht darum herumkommen, unser Wörterbuch neu zu schreiben. Tu das und werde zu dem, der du sein möchtest!

Beispiele von positiven Suggestionen:

„In jeder Situation gebe ich mein Bestes."

„Ich verdiene es, ein glückliches Leben zu führen."

„Meine Kreativität wird immer besser und besser."

„Ich krieg das hin."

„Ich habe ein selbstbewusstes Auftreten."

„Ich erfreue mich bester Gesundheit."

„Das Leben ist wunderschön, dafür bin ich sehr dankbar."

„Ich konzentriere mich nur auf gute Gedanken."

„In jeder Situation sehe ich stets das Positive."

„In jedem PROblem sehe ich eine Chance."

„Ich schaffe es."

„Ich habe meine Ziele klar vor Augen."

„Ich fühle mich absolut fantastisch und bin so dankbar dafür."

Dies waren nur einige Beispiele von Suggestionen, die bei **täglicher** Anwendung einen sehr gewinnbringenden Einfluss auf uns haben. Beachte bei der Formulierung deiner Sätze, dass diese positiv sind. Vermeide bitte jegliche Verneinungen. Selbstverständlich wird sich dein innerer Kritiker, oder Teufelchen, wie ihn manche nennen, bei dir melden und dir genau das Gegenteil einreden wollen: Nein, das schaffst du nicht. Das kriegst du nicht auf die Reihe. Wer bist du denn schon, dass du so etwas behauptest. Und so weiter und so fort…

Sobald er sich meldet, dann sage ihm unmissverständlich, dass er sich verziehen soll. Lies ihm die Leviten und zeig ihm die Türe! Wenn dir das zu hart erscheinen sollte, dann kannst du ihn auch liebevoll bitten, einfach die Klappe zu halten. Stell dir vor, wie du im Geiste die Stopptaste drückst und seine „Melodie" aufhört zu plätschern. Experimentiere ruhig ein wenig damit herum, welche Variante dir besser liegt. Du wirst aber nicht darum herumkommen, diesen „Wettkampf" zu bestreiten. Der Sieg ist auch nur so nahe, wie es die Lautstärke deines inneren Schweinehunds ist. Am Sieg des „Engelchens" führt also kein Weg vorbei. *Diesen wirst du aber erst einfahren können, wenn du deinem Zweifler so wenig wie möglich Beachtung schenkst.* Natürlich geschieht auch das nicht von heute auf morgen, doch bei konsequenter Anwendung ist und bleibt die Autosuggestion ist ein sehr probates Mittel für dauerhafte und nachhaltige Erfolge.

Wenn wir uns also der Wirkung der Autosuggestion bewusst werden, können wir viel Positives in unserem Leben erreichen. Was uns früher noch als schwierig erschien, werden wir mit der Zeit als einfach empfinden. Das wird aber nur funktionieren, wenn wir es zu unserem täglichen Ritual machen. *Das Ganze ein paar Mal runterzuleiern, wird weder unsere Persönlichkeit weiterentwickeln noch werden wir dadurch irgendwelche Fortschritte erzielen oder Hindernisse überwinden können.*

Training und Wiederholung = Excellence

Sage diese Definition am besten mehrmals täglich auf, aber mindestens morgens und abends, jeweils beim Aufwachen und kurz vor dem Einschlafen. **Je öfter und intensiver** du das tust, desto stärker werden sie sich in deinem Unterbewusstsein verankern und für die entsprechende Wirkung sorgen. Das magische Wort heißt **täglich**. Am besten **mehrmals täglich**.

Jede Wiederholung sorgt dafür, dass sich in deinem Gehirn neue neuronale Verbindungen bilden. Wenn du also beharrlich dranbleibst, wirst du mit der Zeit sehr viele neue Autobahnen in deinem Gehirn „gebaut" haben. So einfach, wie es sich anhört, so wirkungsvoll ist dieses Vorgehen auch.

Schreibe dir deine persönlichen Suggestionen auf ein Blatt Papier und bringe sie an einem Ort an, an dem du sie häufig siehst. Ich würde zu Beginn mit höchstens zehn Suggestionen starten, später kannst du sie beliebig erweitern. Formuliere deine Sätze so, dass du sie wirklich glauben kannst und sei aufrichtig dankbar dafür. Die Wichtigkeit der Dankbarkeit habe ich bereits mehrfach erwähnt. Ich kann gar nicht genug betonen, wie bedeutungsvoll sie ist und welche Energien sie in jedem Menschen zu mobilisieren vermag. Kombiniert mit Suggestionen wird das immense Kräfte in dir freisetzen. Allerdings wird auch das nicht von heute auf morgen geschehen. *Das Gras wächst nicht schneller, wenn man daran zieht.* Erst die vielen Wiederholungen werden eine signifikante Veränderung in deinem Leben bewirken.

Fühle das, was du sagst, und bring dabei richtig viel Energie mit ein, sodass du die Dynamik in deinem ganzen Körper spüren kannst. Einmal mehr, ein gefühlloses Runterleiern wird kaum etwas bewirken, deshalb ist es auch so essenziell, deine Suggestion mit der entsprechenden Emotion zu unterlegen und natürlich, dass du sie in dieser Form auch selbst glauben kannst.

Somit wird es bedeutend einfacher sein, deinen Verstand und nicht zuletzt auch dein Unterbewusstsein von deiner Suggestion zu überzeugen. *Alle Destruktivprogramme können so durch Neues überschrieben werden und wir konditionieren uns damit komplett neu.* Ich habe bei mir selbst und bei vielen anderen Menschen feststellen dürfen, dass sich unser Leben häufig danach richtet, was wir uns täglich selbst suggerieren bzw. was uns von anderen suggeriert wird. All dies steuert uns unbewusst mehr, als wir wahrhaben wollen. Eine einzelne Suggestion, ohne die nötige Intensität, ist als solche so gut wie machtlos. Doch durch ständiges Wiederholen gewinnt sie an Kraft und nistet sich in unserem Gehirn und im Unterbewusstsein ein. So kommt es zu unseren Überzeugungen, Handlungen und letztlich Ergebnissen. Dein Unterbewusstsein bringt dabei keine Einwände vor und überprüft auch nicht, ob sämtliche Suggestionen richtig oder falsch, positiv oder negativ sind. Dafür ist dein Verstand da, der das sehr bewusst überprüfen sollte. Betonung auf *sollte*. Dein Unterbewusstsein tut das nicht und es kann dir auch nicht widersprechen. Egal, was ihm suggeriert wird, es speichert alles.

Eine kurze Zusammenfassung:

Bei der Suggestion handelt es sich weder um Aberglaube noch um irgendwelchen Hokuspokus. Emile Coué, der Begründer der Autosuggestion, hat mit dieser Methode unzählige Menschen darin unterstützt, ihre Blockaden zu lösen und ihre Schmerzen zu lindern – und er konnte damit beachtliche Erfolge erzielen. Genau genommen hat er all diesen Menschen aber dadurch geholfen, *dass sie sich schlussendlich selbst helfen konnten*. Seinen Patienten sagte er ganz klar: „Ich habe keine Heilkraft, nur Sie selbst." Wir alle haben innere Kräfte in uns, die uns dabei helfen, über uns hinauszuwachsen.

Da wir nun schon mal von unseren Kräften sprechen, wie weit bist du denn mit der Liste deiner Stärken gekommen? Bist du drangeblieben und hast in der Zwischenzeit daran weitergearbeitet? Es wird mal wieder Zeit für eine kleine „Pause", und zwar vom Lesen. Ich bitte dich, hier einen kurzen Boxenstopp einzulegen und dich wieder deinen Stärken zu widmen. Bitte lies erst weiter, wenn du zehn weitere, dann also 40, Stärken von dir gefunden hast. Beim letzten Break waren es 30, jetzt werden es zehn mehr und insgesamt 20 fehlen uns bis zum Ziel. Ich möchte dir an dieser Stelle ein Kompliment machen, weil du bereits mehr erreichst hast, als sehr viele andere. Statista.com veröffentlich jedes Jahr eine Statistik über die Häufigkeit des Lesens von Büchern in Deutschland. Das Ergebnis aus dem Jahr 2017 sieht wie folgt aus:

9,25 Millionen Menschen lesen täglich,

13,32 Millionen mehrmals wöchentlich,

7,09 Millionen einmal in der Woche,

5,16 Millionen alle zwei Wochen,

7,32 Millionen einmal im Monat

und fast 28 Millionen lesen noch seltener und nicht mal ein Buch im Monat.

Dabei sind die Buchhandlungen voll mit Büchern und dazu gibt es zig E-Books zum Downloaden. All das haben andere Menschen für uns geschrieben, um ihr Wissen mit uns zu teilen. Sie zeigen uns, wie vieles im Leben funktioniert und wir können jede Menge von ihnen lernen – wenn wir es wollen.

Ein Mensch lernt nur auf zwei Arten: einmal durch Lesen und einmal durch Kontakt zu klügeren Menschen.

Will Rogers

Ich unterstelle dir mal, dass du nicht zur letzten Gruppe, zu den quasi Nicht-Lesern gehörst. Du hat es bis hierher geschafft! Dafür möchte ich dich nicht nur loben, sondern dir auch etwas unter die Arme greifen und dir beim Finden weiterer Stärken behilflich sein. Ein Leser, der es mit dem Durcharbeiten eines Buches so weit gebracht hat wie du, hat auch eine hohe Eigenmotivation. Das ist eine Stärke, die selten geworden ist. Wissbegierigkeit, Disziplin, Beharrlichkeit, Zielstrebigkeit, Ausdauer, Offenheit sind weitere Stärken, über die du wahrscheinlich verfügst, sonst hättest du mit dem Lesen längst Schluss gemacht. *Falls du diese Stärken noch nicht aufgeschrieben hast, dann notiere sie bitte jetzt in deinem Stärkeinventar. Bloß keine falsche Bescheidenheit, denn das sind Stärken, auf die du wirklich stolz sein kannst, wenn du sie hast!* Suche nicht den Perfektionismus, denn weder ich noch sonst irgendjemand ist perfekt und das müssen wir auch nicht sein – auch du nicht! Bevor ich fortfahre und näher darauf eingehe, bitte ich dich also herzlich, eine kleine Pause einzulegen und dir ein Time-out speziell für deine Stärken zu nehmen.

Hier sind noch einmal die Fragen dazu:

- Welche Erfolge konnte ich in meinem Leben bisher verbuchen und welche Eigenschaften waren dafür erforderlich?

- Was kann ich wirklich gut?

- Wofür kann ich mich begeistern?

- Wovon habe ich als Kind geträumt?

- Welche Fähigkeiten verbergen sich hinter diesen Träumen?

- Was wollte ich werden, wenn ich mal groß bin?

- Wofür wurde ich schon mehr als einmal aus meinem Umfeld (Arbeitskollegen, Freunde, Bekannte, Vorgesetze, Lehrer, Eltern) gelobt?

- Zu welchen Themen fragen mich andere Menschen häufig um Rat?

- Wo (Bereich) gehe ich Herausforderungen und Hindernisse mit Freude an?

> Was lerne ich besonders schnell?

> Welche Probleme habe ich in der Vergangenheit für mich selbst und/oder für andere mit Bravour gelöst? Welche Aufgaben und Tätigkeiten vermitteln mir das Gefühl, etwas Tolles und Sinnvolles zu tun?

Bitte mach erst weiter, wenn du insgesamt auf 40 Stärken kommst. Ich gehe jetzt ganz stark davon aus, dass du nicht schummelst und du dich damit nicht selbst hinters Licht führen möchtest. Streng dich an und ich bin mir sicher, dass du ohne größere Probleme 40 finden wirst.

Du kriegst das hin!

Nobody is perfect – my name is Nobody

Ein Schüler fragte seinen Lehrer, weshalb er nie geheiratet habe. Der Lehrer antwortete: „Weißt du, ich habe viele Frauen getroffen und mich mit ihnen auch verabredet, doch keine dieser Frauen war perfekt. Jede von ihnen hatte ein paar Fehler. Zugegeben, da waren auch ein paar attraktive und nette darunter und die eine oder andere war auch sehr gebildet, aber wie gesagt, keine davon war perfekt. Eines Tages jedoch traf ich sie, meine perfekte Frau! Sie war genau so, wie ich sie mir immer erträumt habe, einfach perfekt." Der Schüler war nun etwas irritiert und fragte seinen Meister: *„Das verstehe ich jetzt nicht, wenn du deine perfekte Frau gefunden hattest, wieso hast du sie dann nicht geheiratet?"* Der Lehrer war einen Moment still, dann aber antwortete er mit trauriger Stimme: *„Das Problem war, dass sie den perfekten Mann gesucht hat."*

Kennst auch du dieses Märchen vom perfekten Leben? So viele Menschen glauben daran und richten ihr Leben danach aus: der perfekte Partner, die perfekte Wohnung, der perfekte Urlaub, der perfekte Arbeitsplatz, der perfekte Lebenslauf. Aber weißt du was, es ist nicht nur ein Märchen, sondern völliger Blödsinn. Uns Menschen wird relativ früh eingetrichtert, dass wir keine Fehler machen dürfen und immer alles perfekt sein muss. Aber irgendwann stelle ich als Individuum fest: Mist, bei mir ist das nicht so – was habe ich bloß falsch gemacht? Was habe ich nicht verstanden, dass ich völlig aus der Reihe tanze? Ich habe schon häufig Menschen getroffen, die sich genau solche Fragen stellten und von ganz vielen Selbstzweifeln heimgesucht wurden. Wen wundert es, da sie doch von klein auf immer wieder mit solchen Theorien konfrontiert wurden. Und genau das ist das Stichwort: Es sind Theorien! Irgendwann stellt jeder fest, dass das Leben keine Theorie ist und es nie sein wird.

Es gibt keinen perfekten Arbeitgeber, genauso wenig, wie es den perfekten Arbeitnehmer gibt und infolge dessen gibt es auch nicht den perfekten Lebenslauf. Auch das Leben selbst wird niemals perfekt sein, *denn es verläuft niemals geradlinig.* Oft dürfen und müssen wir sogar gewisse Umwege nehmen, wodurch wir sehr viele Möglichkeiten bekommen, uns zu entwickeln und zu wachsen. Auch das ist keine Erfindung von mir, sondern ein uraltes Lebensgesetz! Falls du unter solchen gesellschaftlichen Zwängen lebst, dann tu dir selbst einen Gefallen und befreie dich davon. Ich persönlich bin glücklich darüber, dass es mir gelungen ist, mich davon zu lösen, denn ich kam mir hin und wieder fast wie im Gefängnis vor. Allerdings habe ich festgestellt, dass es den meisten genauso geht. Durch meine Berater- und Coach-Tätigkeit, bei der ich sehr viel lernen durfte und für die ich unendlich dankbar bin, konnte ich mir so viel Praxiswissen aneignen und so viel über die Menschen erfahren, dass ich gleich mehrere Bücher darüber schreiben könnte.

Auch in dieses Buch habe ich einiges bereits mit einfließen lassen, doch ist das noch lange nicht abschließend. Das Märchen vom perfekten Leben steht auf meiner Liste noch immer sehr weit oben. Und weil es mir und auch vielen anderen eine Menge gebracht hat, ist es mir wichtig, dass auch du daraus einen Nutzen ziehst. Nochmals, *das Leben und seine Spielregeln funktionieren ganz anders! Ich finde es echt verwerflich und wundere mich, wie wir Menschen auf diese absurde Idee kommen, dem Leben unsere eigenen Regeln aufzuzwingen. Je öfter und intensiver wir das tun, desto schmerzvoller und härter wird uns das Leben das letztlich spüren lassen.*

Wir werden uns mit den Gesetzen des Lebens zu einem späteren Zeitpunkt noch eine Spur intensiver beschäftigen, im Zusammenhang mit Perfektionismus wollte ich dieses Thema jedoch schon einmal kurz anschneiden. Damit wir uns aber richtig verstehen: Ich meine keineswegs, dass wir uns nicht anstrengen und bemühen müssen. Selbstverständlich müssen wir das, denn unser persönlicher Einsatz ist das A und O. Allerdings gehören Fehler, wie ich es schon mehrfach erwähnt habe, mit zu unserer Entwicklung. Vielleicht fragst du dich ja jetzt, weshalb ich das schon wieder thematisiere, obwohl ich es schon mehrmals erwähnt habe. Genau aus dem Grund, dass uns Menschen Scheuklappen mit der Aufschrift „Du musst perfekt sein und darfst keine Fehler machen!" schon sehr frühzeitig aufgesetzt wurden. Das Tragische daran ist, dass viele Menschen es niemals schaffen, diese Scheuklappen abzulegen und über Bord zu werfen – *häufig aus Angst, dass sie einen Fehler machen könnten.*

Aber weißt du, ab dem Zeitpunkt, wo du für dich die Entscheidung triffst, nicht perfekt sein zu müssen, dass Fehler dich weiterbringen und dir helfen werden, hast du deine Scheuklappen an den sprichwörtlichen Nagel gehängt. Es ist nicht das Ereignis als solches, das uns beeinflusst, nein, es ist nur die Bedeutung, die wir ihm beimessen.

Genau dieser Moment der Entscheidung sorgt letzten Endes für die entsprechende Wirkung.

Nochmals zur Erinnerung:

Du bist ein Original und keine billige Kopie und du wirst und musst niemals perfekt sein. Vielleicht kennst du die Werbebotschaft eines bekannten Online-Shops. Ich finde sie absolut genial, denn sie beschreibt in wenigen Worten exakt das, was ich jedem Klienten auch vermittle. Es ist nicht nur ein Werbeslogan, vielmehr verbirgt sich eine Geschichte dahinter, die dir etwas Besonderes darlegen möchte. Hier ist sie:

„Hier geht's um dich, die lieber Erfahrungen sammelt als Likes. Um dich, der nicht nur Wünsche hat wie die meisten, sondern einen Willen. Deine Noten sind nur mittelmäßig? So what! Einstein war Schulabbrecher und Steve Jobs hat die Uni geschmissen. Hier geht's um dich, der nach jeder Niederlage wieder aufsteht. Für uns bist du ein Held, weil du es immer wieder versuchst. Um dich, wenn vorwärts nichts mehr geht, du rückwärts denkst. Und du? Du möchtest eine Queen sein oder ein neuer Picasso? Gut so, denn du bist nicht zu schlaksig, zu klein

oder zu anders, du bist genau richtig. Wir lieben deine Ecken und Kanten, denn nur eine Null hat keine."

Genau, es geht um dich, weil du wichtig bist und gerade deshalb solltest du für dich am meisten Sorge tragen! Was hältst du davon, es auch dir künftig mehr recht machen zu wollen?

Stress, Ängste, und Depressionen entstehen dann, wenn wir ständig nur versuchen, es anderen recht zu machen.

Paulo Coelho

Das größte Geschenk, das wir jemals erhalten haben

Vor vielen, vielen Jahren trafen sich drei Götter, um zu beraten, wo sie sich am besten verstecken sollten, damit sie der Mensch nie finden kann. Ein Gott schlug vor, sich im Himmel zu verstecken, aber die anderen beiden intervenierten. Sie sagten, dass der Mensch eines Tages etwas erfinden wird, womit er fliegen kann, und somit wäre es nur eine Frage der Zeit, bis er sie im Himmel findet. Einer von ihnen meinte, dass sie sich auf dem Grund des Meeres verstecken sollten. Doch auch dieser Vorschlag wurde nicht gutgeheißen, mit der Begründung, dass der Mensch so clever sei und eines Tages diese Region erforschen und sie auch dort finden würde. Aufgrund dessen schlug der dritte Gott Folgendes vor: „Es gibt nur einen Ort, wo wir uns verstecken können und wo der Mensch wahrscheinlich nie, und wenn doch, dann ganz zuletzt, suchen wird. Ich schlage vor, dass wir uns im Menschen selbst verstecken. Wenn er anfängt, dort zu suchen, wo er suchen muss, wird er uns auch finden – dann nämlich hat er die höchste Stufe der Weisheit erreicht und dafür soll er belohnt werden."

Suche das Glück nicht im Außen, suche es im Innen!

Sei du selbst die Veränderung, welche du dir für diese Welt wünschst.

Mahatma Gandhi

Wie viele Menschen suchen ihr Glück stets in den äußeren Umständen und nur selten bis gar nicht bei sich selbst? Es wird nun definitiv Zeit, uns dem größten Geschenk zu widmen, das uns das Leben, oder der liebe Gott, geschenkt hat: unser Unterbewusstsein. Es liegt schon lange zurück, als ich das erste Mal überhaupt mit diesem Thema in Berührung gekommen bin. Ich habe ein Weilchen gebraucht, um das eine oder andere zu begreifen. Es würde den Rahmen völlig sprengen, das alles hier niederschreiben zu wollen, deshalb habe ich mich in diesem Teil nur auf das Wesentliche beschränkt.

Meine ersten Unterrichtsstunden mit dem Unterbewusstsein

Ein weiser Mann erklärte mir, oder besser gesagt, er versuchte mir damals zu erklären, wie unser Unterbewusstsein funktioniert und wie wir uns seiner Kraft bedienen können. Noch heute erinnere ich mich sehr gut an seine folgenden Sätze:

„Unser Unterbewusstsein ist wie ein Bruder zu uns, mit einem kleinen Unterschied: Er widerspricht uns nicht und macht alles, was wir ihm sagen. Wenn das schöne Dinge sind, dann wird er uns diese auch liefern bzw. dafür sorgen, dass wir sie erhalten. Leider ist es mit den weniger schönen Sachen genauso. Fangen Sie also bitte sofort an, sich nur noch Positives zu suggerieren."

Damals dachte ich für mich: Was erzählt dieser Mensch denn für einen Blödsinn?!

Der Weise ging sogar noch einen Schritt weiter und behauptete, dass jeder Mensch selbst der Gestalter seines Lebens und seines Schicksals ist. Wie bitte? Ich war baff, war mir doch bis zu diesem Zeitpunkt immer wieder gepredigt worden, dass im Leben sowieso alles vorbestimmt sei und man die Dinge so hinnehmen müsse, wie sie nun mal sind ... Und nun hörte ich etwas völlig Gegensätzliches!

Im ersten Moment war ich völlig verwirrt, wusste nicht, was ich darauf antworten sollte. Also hakte ich nach und wollte wissen, wie das denn bitteschön funktionieren solle. Er fuhr fort und erklärte, dass unser Unterbewusstsein wie ein Aufnahmegerät sei. Alles, was wir ihm sagen und mittteilen, speichert es ab und holt es in Form von Ereignissen in unser Leben. Auch das klang für mich paradox und war für mich alles andere als nachvollziehbar. Ja, ich gebe offen zu, dass ich damit tatsächlich etwas überfordert war. Doch ich wollte dieser „Theorie" eine Chance geben und fing an, mich intensiv mit dem Unterbewusstsein zu beschäftigen. Was ist daran tatsächlich wahr und kann es wirklich möglich sein, das eigene Leben so stark zu beeinflussen?

Eine der wichtigsten Entscheidungen meines Lebens!

Ich recherchierte, verschlang unglaublich viele Bücher zu diesem Thema und erweiterte somit mehr und mehr meinen Horizont. Je intensiver ich mich mit dieser Materie beschäftigte, desto mehr erinnerte ich mich an die Worte dieses Mannes. Plötzlich ergab alles einen Sinn und vor allem zog sich ein roter Faden durch all die Texte, die ich gelesen hatte. Auf einmal wurde mir vieles klarer, verständlicher und nachvollziehbarer. Gern möchte ich das für dich auf eine verständliche Art und Weise zusammenfassen:

Dein Geist besteht aus zwei Teilen, einem bewussten und einem unbewussten Teil. Wenn du zum Beispiel eine Tätigkeit mit größter Sorgfalt ausführst, etwas bewusst sagst oder tust, dann laufen diese Prozesse auch bewusst ab. Soll heißen, dein Bewusstsein bzw. dein Verstand wickelt das für dich ab. Du bist dir dieser Aktion also absolut bewusst. Beim Unterbewusstsein sieht das etwas anders aus, *denn der größte Teil unseres Lebens wird von unserem zweiten Geist, dem Unterbewusstsein, gesteuert.* Es regelt z. B. alle Körperfunktionen für uns, damit wäre unser Verstand völlig überfordert.

Stelle dir bitte mal folgende Situation bildlich vor:

Mal angenommen, du bist Küchenchef eines großen Restaurants. Ein solcher Job kann ziemlich anstrengend sein. Du stehst nun also am Herd und bereitetest ein Menü zu, musst aber gleichzeitig deiner Crew noch wichtige Anweisungen geben. Und weil das noch nicht genug ist, kommt jetzt auch noch ein wichtiger Anruf hinzu, den du ebenfalls beantworten musst. Stelle dir nun vor, du müsstest **gleichzeitig** und so ganz nebenbei auch noch für eine tadellose Herz- und Nierenfunktion sorgen …

Auch wenn du noch so ein Multitasking-Genie bist, wärst du mit der Gesamtsituation, die durchaus noch zu steigern wäre, ziemlich überfordert. Oder besser gesagt, dein Verstand wäre es und du hättest ziemlichen Stress. Du kannst dich aber entspannen, denn dein Unterbewusstsein übernimmt die Regulierung all dieser Körperfunktionen für dich. Und glaub mir, ich rede hier nur von einem kleinen Teil des umfangreichen Pakets, welches das Unterbewusstsein uns zur Verfügung stellt.

Ein anderes Beispiel:

Du kannst du dich sicher noch daran erinnern, wie du das Fahrradfahren erlernt hast. Anfangs hast du dich wahrscheinlich noch darauf fokussiert, die Balance zu halten, nicht hinzufallen und im Idealfall das Ding irgendwie zum „Fahren zu bringen" ... Und was geschah, als du all diese Abläufe verinnerlicht hattest? Du konntest auf einmal ganz unbeschwert fahren. Du hast dein Fahrrad gelenkt, mal links, mal rechts geguckt – es fuhr einfach und kam, im wahrsten Sinne des Wortes, ins Rollen. Das alles war nur möglich, weil dein Unterbewusstsein die Kontrolle übernommen hatte. Wie kam es dazu? *Das Bewusstsein hat dem Unterbewusstsein mitgeteilt, was es von ihm möchte. Du hattest dir bewusst suggeriert, dass du Fahrrad fahren möchtest. Und mit jeder Wiederholung verstand das Unterbewusstsein mehr und mehr diese Message. Es wusste, was es zu tun hatte.*

Dein Unterbewusstsein ist obendrein ein riesiger Speicher, genauer gesagt, es ist eine Festplatte, auf der all deine Erinnerungen, Erfahrungen, Glaubenssätze und Überzeugungen festgehalten werden. *Alles, was du bisher in deinem Leben erlebt hast, ob gut oder schlecht, wurde auf ihr abgespeichert.* Das Beispiel mit dem Aufnahmegerät ist als solches also richtig und somit auch nachvollziehbar. Es geht allerdings noch sehr viel weiter, denn unser Unterbewusstsein funktioniert ähnlich wie ein Computer, nur, dass es viel, viel mächtiger ist als jeder PC, der bisher gebaut wurde. Das Unterbewusstsein ist nicht nur durch Worte beeinflussbar, sondern vor allem durch Bilder und Emotionen. Was denkst du wohl, was mit jeglichem Ereignis passiert, das uns im Leben widerfährt?

Speichern unter … Speicherort wählen … dein Unterbewusstsein….

Alles, was du bisher in deinem Leben erlebt hast, alle Ereignisse und Erfahrungen, sind mit einem Programm zu vergleichen. Das hat sich verselbstständigt und treibt auf der Festplatte sein „Unwesen". Bedenke, dass es im Unterbewusstsein keine Firewall, kein Antivirusprogramm oder ähnliches gibt, das die Suggestionen, Bilder, Eindrücke und Erfahrungen auf gut, schlecht oder gar auf bedrohlich prüfen würde. Nein, das tut es nicht! Alles wird ungeprüft und ohne Vorwarnung aufgenommen und abgespeichert. Immer, wenn du dich ärgerst, sorgst oder streitest, wird das in deinem Unterbewusstsein abgespeichert. Wir haben schon gelernt, dass wenn wir denken, so gut wie alle Sinneskanäle mitarbeiten. Somit heißt es auch bei Sätzen wie

„Ich mache mir große Sorgen!"

„Ob ich das wohl schaffe?"

„Ich kriege das nicht hin!"

jedes Mal: *Speichern unter ... Speicherort wählen ... mein Unterbewusstsein.*

Die Dateien wurden erfolgreich abgespeichert.

Ich habe mal gelesen, dass die Speicherkapazität des Unterbewusstseins so groß ist, dass es für gut 100 000 Jahre reichen würde. Selbst wenn nur zehn Prozent Wahrheit in dieser Aussage steckt, wie groß ist wohl diese Festplatte?

Das Unterbewusstsein ist die Automatik der Seele.

Sigmund Freud

Apropos Unterbewusstsein, trainierst du schon täglich mit meinem 4-Minuten-Mental Video? Sehr gut, weiter so, dein Unterbewusstsein wird es dir danken!

Wenn nicht, so hole es schnell nach. Du bist nur einen Klick davon entfernt. Gehe auf www.4minuten-inspiration.com und beginne sofort mit deinem Training.

Sage JA zu mehr Glück und Lebensfreude.

Gerne möchte ich mit dir an dieser Stelle eine kleine Übung machen:

Denk bitte für ein paar Sekunden an einen Apfel und fertige hier eine Zeichnung davon an, wenn du magst.

Hast du den Apfel visualisiert oder sogar gezeichnet? Super, nun möchte ich dich bitten, an eine Kamtschatka-Heckenkirsche zu denken und wenn du möchtest, auch diese hier zu zeichnen.

So, wie sieht es nun mit deiner Kamtschatka-Heckenkirsche aus?

Es gibt zwei Optionen: 1. Du kennst diese Kirsche und konntest sie locker und leicht zeichnen. bzw. visualisieren. 2. Du hast verzweifelt nach dem Ordner, in dem diese Frucht in deinem Unterbewusstsein abgespeichert sein könnte, gesucht, ihn aber nicht finden können und dabei folgende Rückmeldung erhalten: *Kamtschatka-Heckenkirsche, keine Ahnung was das sein soll, Ordner leer, denn diese Datei konnte nicht gefunden werden.*

Wenn du in deinem Leben bisher noch nie etwas von der Kamtschatka-Heckenkirsche gehört oder gelesen hast, gehe ich stark davon aus, dass du sie auch nicht kennst und somit nie in deinem Unterbewusstsein abspeichert wurde. Bei der ersten Übung mit dem Apfel hast du vermutlich nicht lange suchen müssen, um ihn dir vorstellen oder zeichnen zu können. Was glaubst du wohl, wo du diese Bilder hergeholt hast? Genau, sie waren auf der Festplatte deines Unterbewusstseins abgespeichert. Ich hoffe, du verstehst jetzt, weshalb die *Vorstellungskraft und das Visualisieren deines Zieles so enorm wichtig sind und weshalb ich auch immer wieder darauf poche, dem Gehirn und seinem Unterbewusstsein die richtige mentale Nahrung zu geben.* Je intensiver die Gefühle bei der Abspeicherung waren, je mehr Wiederholungen du gemacht hast, desto mehr Dateien befinden sich in diesen Ordnern und desto größer ist auch das Speichervolumen auf deiner Festplatte. Wenn du dir also ständig Sorgen machst oder in großer Angst lebst, dass dieses und jenes passieren könnte, dann sind diese Dateien auf deiner Festplatte umso größer.

Wir haben die Wahl!

Doch du kannst dir auch genauso die schönen Dinge des Lebens suggerieren, was du anstrebst, und dich auf das konzentrieren, was du bisher erreicht hast. Erinnere dich bitte an die Indianer-Metapher mit den beiden Wölfen aus dem ersten Teil des Buches. *Es wird der Wolf überleben, dem ich mehr Nahrung gebe* und somit entscheide ich über das Menü meines Lebens.

Hier noch ein kleiner Zusatz, was die Informationsmenge und -verarbeitung anbelangt:

Zahlreiche Gehirnforscher gehen heute davon aus, dass unser Verstand in einer Sekunde bis zu 2000 Bits verarbeiten kann.

Unser Unterbewusstsein hingegen verarbeitet in einer Sekunde sage und schreibe **400 Milliarden Bits!**

Warst du dir dessen bewusst?

Damit wir uns vorweg richtig verstehen: Für mich ist ein Mensch weder eine Maschine noch ein Roboter! Doch um dir die Funktionsweise etwas besser zu erklären, vergleiche ich das Unterbewusstsein sehr gern mit einem Computer, der mit einer enormen Festplatte ausgestattet ist. Es ist der beste Computer, den es jemals gab und je geben wird! *Sämtliche Maschinen und Computer, welche bisher erfunden wurden, können etwas sehr Entscheidendes nicht: Gefühle zeigen. Im Gegensatz zu ihnen können wir Menschen das.* Was auch immer wir denken, fühlen und erleben, sämtliche Ereignisse, Gegebenheiten, Umstände, die uns wiederfahren, sind lediglich Reaktionen unseres Unterbewusstseins auf unsere Gedanken, Gefühle und Handlungen.

Wie bereits erwähnt, widerspricht uns unser Unterbewusstsein nicht! Es prüft auch das, was es hört, sieht und empfindet nicht auf gut oder schlecht, richtig oder falsch. *Es nimmt es zur Kenntnis und speichert es einfach ab. Punkt! Darum ist es von größter Wichtigkeit, bewusst zu prüfen und genau hinzuschauen, womit wir unser Unterbewusstsein beliefern bzw. mit welcher Nahrung wir es füttern.* Vielleicht musstest du als Kind öfter hören, was du alles falsch machst und dass du für nichts zu gebrauchen bist. Die Macht der Suggestionen und die negativen Beispiele haben wir ja bereits thematisiert und ich will einmal mehr damit aufzeigen, dass sämtliche Aussagen ebenfalls abgespeichert wurden. Je häufiger ein Mensch solche Sprüche hören durfte, desto mehr Dateien befinden sich in all seinen Ordnern. Solche Sätze, also die sogenannten negativen Fremdsuggestionen, sind Gift für jeden Menschen. Insbesondere für sein Selbstwertgefühl und für die Entwicklung seiner Persönlichkeit ist es alles andere als förderlich. Mit jeder Wiederholung nisten sich derartige Sätze mehr und mehr ins Unterbewusstsein ein und sorgen so für die entsprechende Wirkung. Doch nicht nur bei solchen Fremdsuggestionen tut es das, sondern auch bei Aussagen, die wir selbst formulieren. Das heißt, wenn wir uns über andere ärgern oder sie gar beschimpfen, werden unsere Wörter genauso abgespeichert. Wir konditionieren uns damit unbewusst auf etwas, das wir gar nicht möchten. Und das „nur", weil wir uns über jemanden geärgert haben. Siehst du die Gefahren dahinter?

Es ist mir ein großes Anliegen, dass du die Funktionsweise von Bewusstsein UND Unterbewusstsein gut verstanden hast. Deshalb möchte ich zur Verdeutlichung hier noch ein weiteres Beispiel nennen.

Dein Bewusstsein ist der Chef, Direktor, CEO, Patron oder was es sonst noch für Bezeichnungen für den Hauptverantwortlichen eines Unternehmens gibt. Er gibt die Ziele vor, sagt, was er erreichen möchte und wohin es gehen soll. Kann er diese Ziele alleine erreichen? Wohl kaum. Er braucht Mitarbeiter, die ihn dabei tatkräftig unterstützen und die müssen GENAU wissen, was ihr Chef von ihnen will. Ändert der Boss seine Strategien und Ziele ständig, was glaubst du, wird in kürzester Zeit geschehen? Es gibt Chaos, denn die Mitarbeiter wissen nicht mehr, worum es ihrem Chef geht und was sie genau tun sollen.

Dein Bewusstsein ist der Chef des Unternehmens und dein Unterbewusstsein sind deine Mitarbeiter. Damit dein Unterbewusstsein auch dich optimal unterstützen kann, wie du es gern hättest, ist es äußerst wichtig, genau zu wissen, was du wirklich willst und wohin die Reise hingehen soll. Jeder von uns ist mit einem Unterbewusstsein ausgestattet, doch die wenigsten sind sich dessen wirklich bewusst. Und wenn doch, machen sie sich seine Kraft kaum zu Nutze. Dabei wäre es so einfach, es für unser Leben gewinnbringend einzusetzen und arbeiten zu lassen. In diesem Buch spielt das Unterbewusstsein eine wichtige Rolle, denn wie wir gelernt haben, läuft sehr vieles, was wir in unserem Leben tun, vor allem unbewusst ab. Warum ist es also so wichtig, seine Ziele aufzuschreiben, sie zu visualisieren, Bilder davon zu sammeln und an seinem persönlichen Wörterbuch so zu arbeiten, dass es für einen Oscar nominiert werden könnte?

Genau aus dem Grund, weil alles im Unterbewusstsein abgespeichert wird und mit jeder Wiederholung verstärkt sich dieses Programm. Auch im Gehirn bilden sich mit der Zeit mehr und mehr solche Synapsen, deshalb ist es so essenziell, sein eigenes Denken zu schulen bzw. zu trainieren. Erst wenn du dir ein neues Denkmuster angeeignet hast, kann dich dein Unterbewusstsein auch optimal unterstützen. Einen sprichwörtlich klaren Kopf zu haben, ist deshalb elementar wichtig. Dein Gehirn ist der CEO, dein Unterbewusstsein ist das Team. Wer außer dir ist der CEO, der Chef, oder der Kopf deines Unternehmens?

Die Erkenntnis, dass das Unterbewusstsein durch Gedanken gelenkt werden kann, ist vermutlich die größte Entdeckung aller Zeiten.

William James

Alles Negative kann auch ins Positive umgewandelt werden. Ich bin mir durchaus bewusst, dass ich das gerade zum x-ten Mal wiederhole und ich mache das nicht, um dich zu nerven. Ganz im Gegenteil. Ich habe schon so oft erleben dürfen, dass Veränderungen auf Dauer nur eintreten können, wenn ich es mir auch bewusst mache und ständig daran arbeite. Nur ab und zu reicht definitiv nicht aus, damit sich dieses Erfolgsprogramm mit jeder Wiederholung verstärken kann. Und hier kommen noch ein paar Suggestionen für dich, weil sie sehr wirkungsvoll und nützlich sind:

„Ich bin einfach genial."

„Jeden Tag mache ich Fortschritte und werde immer besser."

„Alles, was ich in die Hand nehme, bringe ich auch erfolgreich zu Ende."

„Ich bin ein toller Mensch."

„Es ist möglich."

„Ich liebe die Menschen und die Menschen lieben mich."

„Ich erreiche meine Ziele."

„Ich verdiene es, ein glückliches Leben zu führen."

„Meine Kreativität wird immer besser und besser."

„Ich kriege das hin."

„Ich habe ein selbstsicheres Auftreten."

„Ich erfreue mich bester Gesundheit."

„Das Leben ist wunderschön und dafür bin ich sehr dankbar."

„Ich konzentriere mich nur auf gute Gedanken."

„In jeder Situation sehe ich stets das Positive."

„In jedem PROblem sehe ich eine Chance."

„Ich schaffe es."

„Ich fühle mich absolut fantastisch und ich bin dankbar dafür."

Um bei unserem PC-Beispiel zu bleiben, arbeite mit diesen Suggestionen und programmiere dich neu. Egal für welche Variante du dich entscheidest, ob du dich als CEO siehst, der seinen Mitarbeitenden Anweisungen gibt, oder als PC-Nutzer, völlig egal, das sind lediglich Beispiele. Dein Unterbewusstsein wird sowohl das eine wie auch das andere ohne Wenn und Aber akzeptieren UND abspeichern. Einmal mehr: Wer außer dir leitet dieses Unternehmen? Wer außer dir bedient diesen Computer? Du tust es oder besser gesagt, dein Verstand tut es.

Es ist deshalb von enormer Wichtigkeit, sich der eigenen Worte, Gedanken und Gefühle wirklich bewusst zu werden, denn das ist letztlich der alles entscheidende Schlüssel für eine dauerhafte Veränderung. Reagiere nicht auf die Umwelt, sondern agiere!

Durch dein heutiges Denken, Fühlen und Handeln gestaltest du selbst deine Zukunft.

Das Unterbewusstsein ist ein entscheidender Schlüssel zum Erfolg und ich empfehle allen Neulingen, aber auch den Erfahrenen, sich intensiv mit ihm zu beschäftigen. Auch wenn ich ein großer Fan des Tuns bin, so bin ich doch für ein gutes „Mise en place". Vielleicht fragst du dich jetzt, was „Mise en place" bedeuten mag? Dieser Begriff wird sehr häufig in der Gastronomie verwendet und bedeutet so viel wie Vorbereitung eines Arbeitsplatzes. Als ehemaliger Gastronom kann ich dir sagen, dass dies das Wichtigste überhaupt ist, denn ob es sich dabei um ein Bankett, ein Festessen oder einen À-la-carte-Service handelt, ist völlig sekundär, weil ohne eine gute Vorbereitung jeder Anlass leicht in einem Chaos enden kann. Alles Wesentliche muss im Vorfeld bereits ready to go sein und somit ist eine gute Vorbereitung ganz besonders wichtig

Wer in der Vorbereitung scheitert, bereitet das Scheitern vor.

Leonardo da Vinci

Fragst du dich jetzt vielleicht, warum ich dieses Beispiel denn überhaupt bringe? Aus einem ganz simplen Grund. Bevor du ins Tun kommst, ist es von entscheidender Wichtigkeit, *dass du geistig bereits ein gutes Mise en place hast.* Im Umkehrschluss heißt das nichts anderes, als dass du dein Gehirn und Unterbewusstsein zuerst mal auf deinen Anlass, also auf dein künftiges Tun, gut vorbereitetest. Oder, wie ich schon des Öfteren erwähnt habe, den beiden gute und vor allem die richtige Nahrung gibst und erst dann ins Handeln kommst. *Denn wenn du das sofort tust, also ohne diese geistige Vorbereitung, kann und wird aus deinem Tun nur das resultieren können, was Stand heute in dir ist.*

Oder um bei unserem Gastronomiebeispiel zu bleiben: Wenn du eine Tomatensuppe kochen möchtest, dann kannst du statt Tomaten keine Kartoffeln dafür verwenden und hoffen, dass am Ende trotzdem eine Tomatensuppe dabei rauskommt – das wird es definitiv nicht. Es wird nur das dabei rauskommen können, was du auch reingeworfen hast. Leider verhalten sich ganz viele Menschen in ihrem Alltag genauso. Sie wollen eine ganz bestimmte Suppe kochen, doch sie verwenden die falschen Zutaten dafür und wundern sich, warum am Ende eine andere Suppe als Endergebnis rauskommt. Bei deinem Gehirn und Unterbewusstsein ist das nicht anders. Wenn du ihnen bis heute die falsche Nahrung gegeben hast, darfst du nicht erwarten, dass bereits nach zwei Tagen alles anders sein wird und du jetzt schon mit der Umsetzung deines Planes beginnen kannst. Du musst dich zuerst zu der Person konditionieren, die du sein möchtest. Du musst deinen Geist formen und ihnen die Suggestionen und Bilder zukommen lassen, die mit dem, was du anstrebst, im Einklang stehen.

Je öfter und intensiver du das machst, desto eher werden beide merken, dass du es ernst meinst und deshalb werden beide ihr Bestes tun, um dich dabei optimal zu unterstützen. Unser Kopf ist übrigens äußerst aktiv und sehnt sich geradezu danach, etwas Neues zu lernen, ganz egal, wie alt du bist.

Nochmals zur Erinnerung:

Mit jedem neuen Gedanken entstehen im Gehirn neue Verknüpfungen. Je mehr wir davon im Verlaufe der Zeit bilden können, desto eher wird es uns gelingen, unsere Gedanken zu ändern, um somit auch unserem Unterbewusstsein die richtigen Impulse zu geben. Je klarer die Gedanken des „Chefs" sind, desto besser und effektiver können ihn seine Mitarbeiter bei allem unterstützen.

Dein Unterbewusstsein hört immer mit, deshalb solltest du sehr behutsam sein, was und wie du von dir selbst und anderen sprichst. In der Bibel steht zum Beispiel: „Am Anfang war das Wort ..."

Ich glaube, dass dies nicht grundlos schon vor über 2000 Jahren niedergeschrieben wurde und dass wir die Macht des Wortes nicht verkennen können.

Dein Unterbewusstsein ist und bleibt dein größter Verbündeter und ist stets bestrebt, dich zu beschützen. Sabotiere es deshalb bitte nicht!

In vielen Büchern, die ich gelesen habe, wurde das Unterbewusstsein als die Kraft Gottes im Menschen bezeichnet. Wie du das für dich definierst, bleibt natürlich komplett dir überlassen. Allerdings kann keiner von uns leugnen, dass die größte Kraft, die uns je verliehen wurde, in uns selbst liegt.

Praxistipps – Runde 2:

Tipp Nummer 1:

Du bist unique – ein Original!

Genau, du bist ein Original, unique and BORN on a LUCKY DAY! Verschwende deine Zeit nicht damit, ein Leben zu leben, das nicht deins ist. Es spielt überhaupt keine Rolle, wie alt du bist, denn du kannst jetzt damit anfangen, dein eigenes Leben zu leben, genau in diesem Moment!

Ein indisches Sprichwort sagt: *„Wer etwas Wichtiges vorhat, sollte nicht lange Reden halten, sondern nach ein paar Worten zur Sache kommen."*

Was könnte wichtiger sein als der Mensch, den du jeden Tag im Spiegel siehst. Nein, das ist überhaupt nicht egoistisch, weil es dieser Person gut gehen muss, damit sie anderen helfen kann, dass es auch ihnen gut geht. Erfüllt sie diese Kriterien nicht, so kann und wird sie niemandem helfen können. Sie wird höchstens den einen oder anderen durch ihre Niedergeschlagenheit runterziehen und das hilft niemandem wirklich weiter. Wer also ist die wichtigste Person in deinem Leben?

Teil 1 dieses Buches war dem Weg zur Einzigartigkeit gewidmet. Ein wichtiger Bestandteil dieses Weges sind deine Stärken. Du musst wissen, worin du gut bist, damit du dich deiner Einzigartigkeit näherst. Um ein Original zu sein, musst du deine Werte kennen und wissen, was dich antreibt. Anschließend geht es darum, anhand dieser Werte Ziele zu formen. Solltest du dich damit immer noch schwertun, dann versuche es bitte mit der folgenden Frage:

Was müsste alles passieren, damit du eines Tages sagen kannst: *„Es hat sich gelohnt, dieses Leben gelebt zu haben"*?

So viele Menschen leben das Leben des Hühneradlers aus der Metapher, die ich dir als Einleitung zu Teil 2 dieses Buches erzählt habe. Weißt du noch, wie diese Geschichte ausging und was seine letzten Worte waren, bevor er das Zeitliche segnete?

Hier sind sie nochmals für dich:

„Warum nur habe ich nicht das Leben dieses großen Adlers, den ich vor vielen Jahren fliegen sah, gelebt, obwohl ich einige Zeit später genauso fliegen konnte wie er?"

Gerade deshalb ist es auch so wichtig, seine eigenen Werte zu kennen, denn genau dann wissen wir, was uns antreibt, was uns wichtig ist und was uns motiviert. Fange zunächst mit kleinen Zielen an. Wenn du sie erreicht hast, wirst du an Sicherheit und Vertrauen gewinnen und dadurch den nötigen Mut aufbringen, dir noch größere Ziele zu setzen. Was mir immer geholfen hat, war, mich auf meine Fortschritte zu konzentrieren und zu schauen, wie viel ich auf dem Weg zum Ziel schon hinter mir gelassen habe. Wenn du deinen Fokus auf das bereits Erreichte legst, wird dich das beflügeln und dir noch mehr Kraft geben. Die meisten Menschen sehen häufig nur, wie viel ihnen bis zum Ziel fehlt und genau deshalb bleiben sie unterwegs auch stehen, weil sie sich genau auf das konzentrieren, was ihnen fehlt und nicht auf das, was sie bereits erreicht haben. Es ist auch hier eine Sache der Betrachtungsweise und genau aus dem Grund solltest du dich über jeden Progress freuen. Du musst deine Träume und Ziele sehr weit oben auf deine Prioritätsliste setzen und dir im Klaren sein, dass du nur dieses eine Leben hast – verschwende es bitte nicht!

Unterstreichen möchte ich das Ganze mit der folgenden Geschichte:

Ein Ehemann öffnet die Schublade einer Kommode seines Schlafzimmers, die seiner Frau gehört, und nimmt ein in Seidenpapier gewickeltes Päckchen heraus. Es handelt sich dabei um ein sehr spezielles Päckchen, in dem sich ein Pyjama seiner

Frau befindet, den sie vor etlichen Jahren auf einer Urlaubsreise im Süden gekauft hatten. Der Schlafanzug war nicht günstig, er ist ausgesprochen edel und wurde von seiner Frau bisher noch nie getragen. Sie wollte ihn immer für eine spezielle Gelegenheit aufheben, die jedoch nie kam. Mal war zu wenig Zeit, mal dies, mal das und irgendwann war er komplett vergessen. Schließlich wollten sie doch warten – auf einen noch besseren und spezielleren Moment. Dieser Moment ist jetzt da. Der Ehemann riecht an der Wäsche, streicht sehr liebevoll darüber und legt sie aufs Bett zu den anderen Sachen, die der Bestattungsunternehmer gleich abholen wird. Seine Frau ist gestorben und die so lang erhoffte besondere Gelegenheit wird nun nie mehr eintreten können.

Diese Geschichte nimmt mich bei jedem Lesen erneut emotional mit. Bei genauerer Betrachtung kann sie aber auch dazu verhelfen, sich bewusst zu machen, dass Zeit, die verstrichen ist, nie zurückkommt. Genau darum sollten wir im HEUTE leben, unsere Träume zu konkreten Zielen machen und diese auch angehen. Denn wer weiß schon, was morgen sein wird?!

Es gibt nur zwei Tage im Jahr, an denen man so gar nichts tun kann. Der erste heißt gestern, der andere heißt morgen, also ist heute der richtige Tag, um zu lieben, zu glauben, zu handeln und vor allem zu leben.

Dalai Lama

Jedes Mal, wenn du ein Ziel erreicht hast, mag es noch so klein sein, belohne dich dafür. Klopfe dir auf die Schulter, sprich dir selbst ein Lob aus und zeige dir deine Wertschätzung. Wenn du das regelmäßig tust, verstärkst du damit dein Denk- und Verhaltensmuster und konditionierst dich somit neu. Sowohl dein Gehirn als auch dein Unterbewusstsein werden diese Art der Bestätigung bei jeder Wiederholung positiv wahrnehmen und fest verankern. Beachte bei deinen Belohnungen auf Abwechslung. Dir selbst auf die Schulter zu klopfen, ist natürlich ein probates Mittel, wenn du es aber immer wieder tust, wird es mit der Zeit zur Routine und könnte so seine Wirkung verlieren. Sei deshalb kreativ in der Art, dich selbst zu belohnen und sorge immer mal wieder für Abwechslung.

„No one is selfmade – not even the Terminator."

Dieser Ausspruch stammt von Arnold Schwarzenegger. Ende 2018 hatte ich das große Glück, ihn persönlich zu treffen. Dieser Mann hat eine unglaubliche Aura und ist so was von authentisch und originell! Was will Arnie uns mit diesem Satz vermitteln? Die Antwort ist einfach, dass keiner von uns irgendetwas allein schafft. Es gibt immer jemanden, der uns hilft und uns unterstützt. Und sollte da kein Mensch sein, so ist es das Leben. Was ich dir damit sagen will, ist, dass du stets dankbar für alles sein solltest, ganz besonders, wenn du dein Ziel erreicht hast. *Nichts, aber auch gar nichts ist selbstverständlich, deshalb ist es ja so wichtig, sich selbst, seine Mitmenschen und das Leben wertzuschätzen und für alles Dankbarkeit zu zeigen.* Vergiss also niemals, intensiv DANKE zu sagen, wenn du dein Ziel erreicht hast, und vor allem aus tiefstem Herzen wirkliche Dankbarkeit zu empfinden!

Sei dir darüber im Klaren, dass du nicht immer jedes Ziel erreichen wirst und wenn einer behauptet, dass dies doch möglich ist, dann glaube ihm nicht. *Es geht bei der Verfolgung von Zielen vor allem um unsere persönliche Entwicklung.* Das Leben möchte, dass wir lernen und immer weiterwachsen. Ja, sehr vieles ist möglich, deshalb rate ich dir auch, bei der Verfolgung deiner Ziele konsequent zu bleiben und die nötige

Ausdauer zu zeigen. Nichts, rein gar nichts kommt von selbst und wir können uns nicht darum herummogeln, einen persönlichen Einsatz zu erbringen. Wirklich gratis ist nichts. Wenn du dich also für dein Ziel zu 100 Prozent entschieden hast, dann setze dich unbedingt zu 110 Prozent dafür ein. Es sind diese berühmten Extrameilen, die über Erfolg oder Misserfolg entscheiden. Verpflichte dich darum selbst dazu, deine Ziele zu erreichen und nicht zu früh aufzugeben, denn das Aufgeben ist eine große menschliche Schwäche. Weil dieses Thema so wichtig ist, werde ich später in einem separaten Teil nochmals darauf zu sprechen kommen.

Versprich dir selbst, immer dein Allerbestes zu geben und unter keinen Umständen zu früh aufzugeben. Und wenn du wirklich alles, Betonung auf alles, versucht hast und du dein Ziel noch immer nicht erreicht hast, dann ist es wahrscheinlich so, *dass das gar nicht dein Ziel war und eben nicht deiner Bestimmung entsprach.*

Wie du daran einmal mehr siehst, ist es von enormer Wichtigkeit, seine Stärken und Werte zu kennen. Wenn wir die einmal haben, laufen wir viel seltener Gefahr, dem Falschen hinterherzuspringen. Häufig ist es so, dass uns das Leben solche Fehlrichtungen spüren lässt. Das ist meistens schmerzvoll und genau deshalb müssen wir bei solchen

Rückmeldungen achtsam sein und uns fragen: „Was möchte mir das Leben jetzt damit mitteilen?" Lausche in dich hinein und erkenne die Antwort.

Manchmal ist es sogar so, dass uns das Leben testen will. Auch das kann sehr weh tun und unsere Ausdauer wird dann voll auf die Probe gestellt. Du siehst also, es gibt kein Patentrezept, du musst es jedes Mal von Neuem herausfinden. That's life!

Tipp Nummer 2:

Gib nicht nur dein Bestes. Gib immer dein Allerbestes!

Geben ist seliger als nehmen und je mehr du gibst, desto mehr wird dich das Leben dafür belohnen. Viele von uns sind der Ansicht, dass uns die anderen zuerst etwas geben müssten, bevor wir ihnen oder wem auch immer etwas geben könnten. *Doch so funktioniert dieses Lebensprinzip nicht, denn wenn ich etwas ernten will, muss ich vorher etwas säen.* Es gibt keine Zufälle, allerdings gibt es das Gesetz von Ursache und Wirkung, auf das ich später noch eingehen werde. Auch dieses Gesetz ist unfehlbar und gehorcht uns sozusagen aufs Wort.

Gib deshalb nicht nur dein Bestes, sondern gib mehr, als deine Mitmenschen von dir erwarten. Versuche, die Erwartungen nicht nur zu erfüllen, sondern zu übertreffen.

Wem könntest du mal wieder eine Freude machen, ihm etwas Schönes sagen oder gar etwas schenken? Wem könntest du einfach mal danken und zwar dafür, dass es ihn gibt, und ihm sagen, was du an seiner Person besonders schätzt? Wem könntest du ohne besonderen Anlass einen fantastischen Tag wünschen? Gibt es jemanden, dem du ein aufrichtiges Kompliment für seine Arbeit machen könntest? *Das sind alles Kleinigkeiten, doch sie bewirken nicht selten etwas*

Großes bei unserem Gegenüber. Das Ausmaß dessen unterschätzen wir in den allermeisten Fällen. Und ja, das alles hat ausschließlich mit Geben zu tun. Geben lohnt sich immer, denn Gutes wird stets belohnt, schließlich vergisst das Leben nie und erstattet uns alles mit Zins und Zinseszins zurück. Ja, ich weiß, es gibt Menschen, die nie zufrieden sind mit dem, was sie haben und erhalten. Anstatt auch mal was zurückzugeben, fordern sie stattdessen nur noch mehr. Solltest du Personen in deinem Umfeld haben, die ständig nur „konsumieren" möchten und nur auf ihren eigenen Profit aus sind, lohnt es sich wirklich, die Intensität dieser Bekanntschaft kritisch zu hinterfragen. Eine Beziehung zwischen zwei Menschen wird auf Dauer nur funktionieren können, wenn sie sich in einer gesunden und ausgeglichenen Balance befindet.

Wenn nur der eine gibt und der andere fast nur nimmt, entsteht für den, der gibt, mit der Zeit ein großes Vakuum. Spätestens dann wird es Zeit, seinen Freundes- und Bekanntenkreis genauer unter die Lupe zu nehmen. Du entscheidest letzten Endes, mit welchen Menschen du deine kostbare Zeit verbringen willst und was du ihnen auf Dauer geben möchtest.

Suche und umgib dich mit Leuten, die ähnliche und im Idealfall die gleichen Werte haben wie du. Verbünde dich mit Menschen, die deinen Zielen wohlgesonnen sind. Gegenseitig könnt ihr euch Kraft, Ausdauer, Begeisterung und Selbstvertrauen zukommen lassen und dies wird euch nur zu eurem Besten sein. Gerade dann, wenn es mal nicht so läuft. Denn genau dann kommen die Besserwisser, die Kritiker, die Nörgler, die, die eh schon wussten, dass dieses und jenes nicht funktionieren kann und die ganze Welt in Schwierigkeiten badet. Dann wollen sie dir noch verklickern, dass dies die Realität ist. Ich empfehle dir wärmstens, dir solche Personen, diese sogenannten Energievampire, vom Hals zu halten!

Konstruktive Kritik ist zwar ein sehr gutes Mittel, das ich auch voll und ganz begrüße, doch das ist ein großer Unterschied zu dem, was ich im Hinblick auf die zu meidende Gruppe meine. *Sei dir klar darüber, dass es bedeutend einfacher ist, jemanden runter- als hochzuziehen.* Wir benötigen im Leben nicht unbedingt jemanden, der uns ständig auf Händen trägt, sondern jemanden, der uns in entscheidenden Momenten nicht runtermacht und uns fallen lässt.

So viele Menschen begraben ihre Träume und Ziele auch deshalb, weil sie auf die falschen Menschen hören, die sich wiederum von der Masse zu sehr leiten lassen. *Mach dir bewusst, dass je mehr eine Person sich davon beeinflussen lässt, desto mehr wird sie zur Masse, zum Status quo und entfernt sich mit der Zeit komplett von ihrer Einzigartigkeit und Authentizität.* Was bleibt am Ende von dieser Person übrig? Eine billige Kopie der Masse, weshalb sie niemals ein Original sein kann.

Das Schlimmste, was mir passieren kann, ist so zu sein wie alle anderen.

Arnold Schwarzenegger

Wer ein Original sein und bleiben möchte, sucht sich Gleichgesinnte, die das auch möchten, wodurch sie sich gegenseitig puschen. Umgib dich mit gewinnbringenden Persönlichkeiten, die dich nicht runter-, sondern vor allem hochziehen.

Tipp Nummer 3:

Die Qualität deines Wörterbuchs bestimmt die Qualität deines Lebens!

Die Konversation, die du täglich mit dir selbst führst, bestimmt, wer du sein wirst. Wie redest du mit dir und welche Worte nimmst du dabei in den Mund? Auch wenn das sehr verpönt ist, können wir nicht leugnen, dass wir mit uns selbst die meisten Gespräche führen. Das Ganze passiert natürlich vor allem unbewusst, deswegen nehmen wir das meiste davon kaum bewusst wahr. Aber unser Unterbewusstsein tut es und speichert alles ab. Wenn ich mich also mehrmals am Tag als Idioten, Esel, Schwachkopf oder Blödmann bezeichne, wird das für meine persönliche Entwicklung kontraproduktiv sein. Im Gegenteil, ich entwickle mich damit ungewollt in eine völlig andere Richtung als die, welche ich eigentlich anstrebe. Sei deshalb sehr achtsam, wie du selbst zu und mit dir sprichst.

Je öfter du schlecht über dich redest, desto mehr schlägt sich das auf dein Selbstwertgefühl und Selbstvertrauen nieder. Formuliere deshalb so oft wie irgend möglich positive und aufbauende Wörter und Sätze, und das nicht nur, wenn du mit dir selbst, sondern auch, wenn du mit anderen sprichst. *Denn auch die Worte, die du zu anderen Menschen sagst, bleiben in deinem Unterbewusstsein gespeichert und schlussendlich bestrafst oder belohnst du dich damit selbst.* Soll heißen, wenn du jemanden als Idioten oder Schwachkopf beschimpfst, dann speichert dein Unterbewusstsein das automatisch auch so ab. Genauso tut es das, wenn du eine Person lobst und als großartig bezeichnest. Auch hier gilt das Boomerang-Prinzip.

Alles, was du sagst und gibst, kehrt auch wieder zu dir zurück. Es ist ein großer Trugschluss zu glauben, dass wir durch wüste Beschimpfungen Luft rauslassen können, wenn wir uns über jemanden geärgert haben. Kurzfristig kann das vielleicht helfen, aber sei dir gewiss, dass nicht nur Worte, sondern auch sämtliche Emotionen abgespeichert werden.

Merke dir bitte folgende Faustregel: So, wie du über andere sprichst, so sprichst du auch über dich, denn deine Worte bleiben bei dir.

Wörter haben einen enormen Einfluss auf unsere Denkweise, unseren Zustand und auf die Ergebnisse in unserem Leben. Das Einzige, was dich davon abhält, der zu werden, der du sein möchtest, ist die Qualität deines Wörterbuchs. Jeden Tag erhalten wir die Gelegenheit, ein neues Kapitel zu schreiben, doch es liegt in unserer Hand, ob wir dieses auch beginnen. Bediene dich regelmäßig der Kraft der Suggestion und du wirst erstaunt sein, welche Ergebnisse damit möglich sind.

Tipp Nummer 4:

Nutze die größte Kraft, die in dir ist!

Wir haben gelernt, dass unser Unterbewusstsein alles abspeichert, somit kann jeder auch ich allein entscheiden, wen oder was er da reinlässt. Ich habe dir geraten, Bilder zu sammeln, die mit deinen Zielen und Absichten im Einklang sind, oder dich auf sonst irgendeine Art und Weise positiv anzusprechen.

Es ist äußerst wichtig, sämtliche Katastrophenbilder auf ein Minimum zu reduzieren, denn diese sind häufig Gift für deine Seele. Willst du an der Situation anderer Menschen etwas verändern oder verbessern, dann sei proaktiv und tue etwas dafür. Gründe eine Stiftung oder spende Geld, leiste einen Beitrag, um denen zu helfen, die es brauchen. Nur mit „Zuschauen" und sich in eine Negativtrance zu versetzen, bringst du niemanden wirklich weiter und dich am wenigsten. Willst du etwas verändern, dann werde aktiv und leiste deinen Beitrag! Damit dabei auch das richtige Ergebnis herauskommt, ist es einmal mehr unerlässlich, seinem Geist vorher die richtige Nahrung zu geben. Erinnere dich an das Beispiel mit der Tomatensuppe.

Nutze die Kraft des Schreibens

Dass du deine Erfolge, Träume, Ziele, Pläne und Dankbarkeit aufschreiben solltest, habe ich dir bereits ausführlich nahegebracht. Das Schreiben ist in der Tat eine äußerst wirkungsvolle Methode, seinem Unterbewusstsein seine Absichten sowie Erfolgserlebnisse mitzuteilen. Auch wenn viele Menschen diese Praktik belächeln und sie teilweise sogar als albern bezeichnen mögen, können mit ihr beachtliche Erfolge erzielt werden. Es gibt viele bekannte Persönlichkeiten in der Geschichte der Menschheit, die das in dieser Form praktiziert haben. *Deshalb sollten wir uns einmal mehr an Menschen orientieren, von denen wir etwas lernen können.* Keine Bange, der Aufwand hält sich absolut in Grenzen – ein paar Minuten täglich reichen bereits völlig aus, wobei ich das Wort Aufwand lieber durch „Investition" ersetzen möchte. Eine Investition, die dir eine sehr gute Rendite einbringen wird.

Schreiben ist leicht. Man muss nur die falschen Wörter weglassen.

Mark Twain

Jetzt weißt du, was zu tun ist. Das mit den paar Minuten ist lediglich ein Vorschlag meinerseits. Natürlich darfst du dafür auch eine ganze A4-Seite verwenden. Hier könnte jetzt ein Einwand kommen wie: „Dejan, dafür habe ich keine Zeit, ich bin so schon den ganzen Tag im Stress." Nun, wenn du gerade diese Überlegung hattest, dann heißt das nichts anderes, als dass du **keine Zeit für dich hast!** Erwartest du allen Ernstes, dass außer dir sonst jemand Zeit für dich hat? *Kein Mensch auf dieser Welt hat Zeit, doch ein paar Menschen nehmen sich einfach – Zeit für sich selbst, weil sie es sich wer sind.* Das Schöne an der Zeit ist, dass sie an Fairness kaum zu übertreffen ist: Jeder von uns hat gleich viel davon, nämlich pro Tag 24 Stunden.

Seneca hat vor vielen Jahren folgenden erkenntnisreichen Satz gesagt:

„Es ist nicht zu wenig Zeit, die wir nicht haben, sondern es ist zu viel Zeit, die wir nicht nutzen."

Wofür nutzt du deine Zeit? Nutzt du sie für dich und investierst du in die wichtigste Person deines Lebens, in den Menschen, der dir am nächsten steht? Je mehr du deine Träume, Ideen, Ziele, Pläne und Dankempfindungen aufschreibst, desto intensiver prägst du damit dein Unterbewusstsein. So wird es dir mehr und mehr glauben, dass es dir mit deinen Vorhaben ernst ist! Wenn sich zwischendurch dein innerer Schweinehund, Zweifler oder das Teufelchen melden sollte und dir alles ausreden will, sag ihm einfach, dass er die Klappe halten und sich verziehen soll! Du bist der Chef im Ring, nicht er! Und nur du hast das Sagen. Verwechsle den Zweifler bitte nicht mit dem konstruktiven Kritiker. Dieser ist sehr wertvoll und hilft uns dabei, gewisse Dinge von einer anderen Seite zu beleuchten.

Dieser Kritiker ist konstruktiv, der Zweifler ist das überhaupt nicht! Er ist und bleibt dein härtester Gegner, den nur du besiegen kannst. Wie du das machst, habe ich dir an mehreren Stellen dieses Buches bereits gezeigt und weitere wertvolle Strategien werden noch folgen. *Etwas, das auch sehr gut hilft, den inneren Zweifler zu besiegen, ist, sich über das Glück anderer zu erfreuen.* Dadurch bleiben sämtliche Glücksgefühle bei dir abgespeichert und so bekommt der Zweifler wenig Nahrung. Darüber hinaus wird dies einen enormen Einfluss auf die Qualität deines Lebens haben, weil du jedes Mal auch starke Gefühle aussendest. Und das, was du aussendest, ziehst du auch an. Übe dich darin und ich verspreche dir, dass dies nicht spurlos an dir vorbeiziehen wird. Nutze die Kraft deines Unterbewusstseins und erinnere dich an einen der wichtigsten Sätze überhaupt: Das Leben ist immer für und niemals gegen uns!

Im Leben gibt es keine Lösungen, nur Kräfte, die in Bewegung sind. Man muss sie erzeugen und die Lösungen werden folgen.

Antoine de Saint-Exupéry

TEIL 3 – UND SO SCHAFFST DU ES, EIN ORIGINAL ZU BLEIBEN

KONZENTRIERE DICH AUF DAS, WAS DU HAST – UND MACH DAS BESTE DARAUS!

Ein Original zu werden ist das eine, eines zu bleiben, ist noch mal was ganz anderes. Wie soll es einem Menschen gelingen, aufgrund verschiedener Umstände und in der heutigen Zeit, ein Original zu bleiben? Genau das möchte ich im Folgenden mit dir anschauen. Einen wertvollen Tipp möchte ich dir schon hier mit auf dem Weg geben:

Wende das bisher Gelernte auch unbedingt an! Ja, du hast richtig gelesen, wende alles Gelernte an und implementiere es in dein Leben. Falls dir das alles bisher zu viel an Informationen war, dann möchte ich dir empfehlen, dieses Buch mehrmals zu lesen. *Bei jedem neuen Durchlauf gewinnst du neue Erkenntnisse dazu,* erweiterst so *deinen Horizont.* In diesem Buch stecken nicht nur mein Wissen und meine Erfahrung, sondern auch das Wissen derer, von denen ich in all diesen Jahren lernen durfte. Ich hatte das große Glück, von Menschen zu lernen, die absolute Kapazitäten, ja Koryphäen auf ihrem Gebiet sind und auch dafür bin ich einmal mehr unendlich dankbar!

Kein Coach, Trainer oder der Mensch als solches ist allwissend auf diesem Planeten zur Welt gekommen, sondern hat sich das Wissen aus Büchern und von seinen Lehrern angeeignet, um es wiederum an seine Mitmenschen weiterzugeben. Leider gibt es mittlerweile zu viele selbst ernannte „Experten", die so tun, als hätten sie die Weisheit erfunden und verkaufen es an diejenigen weiter, die ihnen dafür Beachtung schenken und ihr Vertrauen. Selbstverständlich darfst du auch bei mir kritisch sein und musst mir nicht alles gleich glauben. Gesunde Skepsis hat noch niemandem geschadet, ganz im Gegenteil. Auch ich bin von Allwissenheit weit entfernt und mit meinem Lernprozess noch lange, lange nicht am Ende. Doch etwas darf ich nach so vielen Jahren des Lernens sagen:

Alles, was ich vermittle, habe ich selbst vorher gelebt. Deshalb vermittle ich nur Themen, von denen ich eine Ahnung habe und mir mein Wissen aus der Praxis angeeignet habe. Genau aus diesem Grund habe ich nur auf Leute gehört, die das, was sie lehren, auch selbst angewandt und vorgelebt haben. Ich empfehle deshalb jedem, der ein Original sein und für immer bleiben möchte, dasselbe zu tun. Gern möchte ich dir das anhand dieser Metapher veranschaulichen:

Eine Frau kam mit ihrem kleinen Sohn zum weisen Meister Ali. „Meister, mein Sohn ist von einem ganz schlimmen Übel befallen, er isst Datteln von morgens bis abends. Wenn ich ihm keine Datteln gebe, wird er ganz wild und schreit, dass ihn alle hören können. Ich weiß einfach nicht mehr weiter, bitte Meister, sag mir, was ich noch tun soll?" Ali schaute die Mutter und das Kind an, lächelte freundlich und sagte dann Folgendes: „Gute Frau, geh nach Hause und komm morgen mit deinem Sohn wieder." Die Frau war jetzt ziemlich irritiert, allerdings blieb ihr nichts anderes übrig, als der Weisung des Meisters Folge zu leisten. Am nächsten Tag stand die Mutter mit ihrem Sohn wieder vor Ali. Der Meister setzte den Jungen diesmal auf seinen Schoß, nahm ihm die Dattel aus der Hand und sprach: „Junge, erinnere dich der Mäßigkeit, es gibt auch andere Dinge, die gut schmecken." Mit diesen Worten entließ er die beiden. Die Mutter war jetzt noch verwirrter als am Tag zuvor und stellte den Meister zur Rede: „Meister Ali, was soll das bedeuteten? Warum hast du das nicht schon gestern gesagt und warum mussten wir den langen Weg zu dir noch einmal machen?" „Liebe Frau", antwortete Ali, „gestern wäre ich für deinen Sohn ein schlechtes Beispiel gewesen, denn ich hätte ihn nicht überzeugend sagen können, was ich ihm heute gesagt habe, denn gestern habe ich selber den Geschmack von Datteln genossen."

Welches Fazit ziehst du persönlich aus dieser Geschichte? Frage dich einmal selbst: „Stelle ich den richtigen Menschen die richtigen Fragen?"

Willst du das Tennis spielen lernen, wen würdest du fragen, ob er dir das zeigt und dich trainieren kann? Würdest du einen ehemaligen Golfspieler darum bitten, dein Trainer zu werden? Wohl kaum!

Aber genau das tun wir Menschen häufig und wundern uns dann, weshalb es nicht funktioniert.

Gehe zu dem, der das kann, was du gerne können möchtest, und lerne von ihm.

Je mehr du von dieser Person lernst, desto mehr wirst du dich entwickeln und zu einem Master deiner Persönlichkeit werden – ein Original!

Aber warum gelingt es uns auf Dauer nicht, ein Original zu bleiben? Weshalb scheitern wir oftmals an uns selbst? Weswegen erreichen wir gewisse Dinge im Leben nicht, obwohl wir es uns trotzdem vorgenommen hatten?

Einer der Gründe dafür ist, dass wir uns verzetteln und gegen wichtige Lebensgesetze verstoßen. Eines davon ist das Gesetz der Konzentration.

DIE UNIVERSELLEN LEBENSGESETZE

Diese Gesetze sind uralt und ich nenne sie auch die Spielregeln des Lebens. Wenn wir diese einmal verstanden haben oder zumindest lernen, sie zu verstehen, haben wir nicht nur einen enormen Vorsprung im Leben, sondern erhalten auch eine Bedienungsanleitung – die Bedienungsanleitung für unser Leben. In meinem Selbststudium habe ich feststellen dürfen, dass viele bedeutende Persönlichkeiten diese Lebensgesetze nicht nur kannten, sondern sie auch erfolgreich angewendet haben. Nikola Tesla, Albert Einstein, Ralph Waldo Emerson, Johann Wolfgang von Goethe, Thomas Edison, Abraham Lincoln und die großen Philosophen der Antike sind nur einige von vielen. Das Schöne daran ist, dass diese Gesetze für uns alle zugänglich sind. Das weniger Tolle ist, dass sie uns kaum gelehrt werden, dabei wäre es mit das Wichtigste überhaupt.

Es würde den Rahmen hier sprengen, wenn ich auf alle Lebensgesetze von A bis Z eingehen wollte, deshalb habe ich die wichtigsten in diesem Buch zusammengefasst. Ich bin der festen Ansicht, dass auch du effektiv damit arbeiten kannst.

Genau genommen habe ich sie bis hierher schon mehrfach thematisiert und das, obwohl ich sie nicht bei jeder Passage beim Namen genannt habe. Allerdings ist das wirklich sekundär, viel wichtiger ist es, dass du die Prinzipien dieser Lebensgesetze kennst und vor allem ANWENDEST!

DAS GESETZ DER KONZENTRATION

Lass uns nun mit dem Gesetz der Konzentration beginnen. Genau genommen ist es ein Untergesetz eines größeren bzw. höheren universellen Gesetzes. Doch um dieses besser zu verstehen oder um es besser für uns nutzen zu können, kommen wir um das Gesetz der Konzentration nicht herum. Die Amerikaner beschreiben das in einem Satz, der es echt auf den Punkt bringt:

„*The energy flows where the attention goes.*

Die Energie fließt dort, wohin die Aufmerksamkeit geht."

„Dejan, so etwas hatten wir doch schon, oder?" Gut aufgepasst, ja, hatten wir. Aber dieses Thema ist so elementar wichtig, dass ich jetzt noch etwas intensiver darauf eingehen möchte.

Weiter vorn hatte ich die Frage gestellt, weshalb es so schwierig ist, unser eigenes Leben zu leben und ein Original zu sein und zu bleiben?

Die traurige Wahrheit ist, dass wir uns zu sehr und zu oft ablenken lassen. Ständig werden wir durch dieses oder jenes in unserem Alltag abgelenkt und wundern uns dann auch noch, weshalb es uns schwerfällt, konzentriert zu bleiben. Und dann gibt es ja noch solche, die uns das Hohelied vom Multitasking singen wollen. Und ja, Multitasking gibt es tatsächlich.

Du kannst in der Tat fünf Dinge gleichzeitig erledigen, bedenke aber, wer fünf Dinge zur selben Zeit erledigen möchte, hat von 100 Prozent pro Aufgabe jeweils nur 20. Nun frage ich dich: Was ist deiner Meinung nach besser, 5 x 20 Prozent oder einmal 100 und damit **volle Konzentration auf nur eine Sache?**

Die Zeitschrift *Business Insider* berichtete im November 2017 über Jeff Bezos, Chef von Amazon, und enthüllte seine größte Schwäche, die gleichzeitig aber auch seine größte Stärke ist. Beim Los Angeles Summit 2017 räumte er ein, dass er die Finger völlig vom Multitasking lässt. Er **konzentriere** sich lieber auf das, was er gerade tut.

Hier ein kurzer Auszug aus dem Bericht über den Amazon-Chef:

„*Ich mag Multitasking nicht. Es stört mich. Wenn ich eine E-Mail lese, will ich sie wirklich lesen.*"

Es gibt inzwischen viele Experten, die sich Bezos' Meinung anschließen und auch der Überzeugung sind, dass die Produktivität beim Multitasking leidet. Ich selbst bin kein Arbeitsexperte, habe aber auch bei mir selbst festgestellt, dass meine Arbeits-und Lebensqualität sich stark verbessert hat, seit ich nicht mehr auf drei Hochzeiten gleichzeitig tanzen will. Komischerweise haben mir das inzwischen auch zahlreiche Kollegen und Freunde bestätigt.

Das Sprichwort „Wer mehrere Hasen jagt, wird am Ende gar keinen fangen" kommt nicht von ungefähr. Ich bin ein großer Fan des „Power of One". Lieber mache ich nur eine Sache und richte meinen Fokus zu 100 Prozent darauf, als dass ich zu viele Dinge *gleichzeitig anpacke, damit Gefahr laufe, mich völlig zu verzetteln und in eine Überforderung reinzulaufen*, was so ganz nebenbei nicht gerade förderlich für meine Gesundheit wäre. Deshalb rate ich auch dir, immer eine Sache nach der anderen anzugehen. Nutze dann die 100 Prozent, welche dir zu Verfügung stehen, um dich voll und ganz dafür einzusetzen. *Wenn du das tust, wird dieses Lebensgesetz nicht gegen, sondern für dich arbeiten!*

So wie der Gärtner durch strenges Beschneiden den Saft des Baumes in einen oder zwei starke Zweige zwingt, so solltest du deine vielfältigen Aktivitäten einstellen und deine Kraft auf einen oder wenige Punkte konzentrieren.

Ralph Waldo Emerson

Wenn wir uns zu 100 Prozent auf eine Sache bzw. ein Ziel konzentrieren, fließt unsere Energie zu 100 Prozent auch in dieses Ziel. Jemandem, der meint mit seiner Multitasking-Fähigkeit fünf Ziele gleichzeitig verfolgen zu können, stehen auch nur 5 x 20 Prozent zur Verfügung. Ganz einfache Rechnung, oder?

Es ist nun mal sehr schwierig, fünf Dinge gleichzeitig in derselben **Qualität zu tun.**

Oder um es mit den Worten des berühmten Pythagoras zu sagen:

„Es ist schwer, viele Wege des Lebens zugleich zu gehen."

Wie du hier siehst, kannte auch der große Pythagoras dieses Lebensgesetz!

Lerne von denen, die es vorgemacht haben

Was haben Roger Federer, Rafael Nadal und Novak Djokovic gemeinsam? Sie haben alle etliche Titel gewonnen und waren des Öfteren die Nummern eins im Tennis. Natürlich wurde ihnen das nötige Talent mitgegeben, doch entscheidend war, dass sie sich seit ihrer Kindheit aufs Tennisspielen *konzentriert* haben.

Oliver Kahn begann mit sechs Jahren, beim Karlsruher SC Fußball zu spielen. Er hatte einen Traum, er wollte der beste Torhüter der Welt werden. Wer seine Biografie auch nur ein bisschen kennt, weiß, dass er mit Talent leider nicht gerade großzügig beschenkt wurde. Er hatte sein Ziel jedoch stets vor

Augen und *konzentrierte* sich voll und ganz darauf, es auch zu erreichen.

Die Brüder Klitschko sind zwei äußerst begabte und dazu gebildete Persönlichkeiten. Sie hätten beide auch in einem anderen Bereich eine großartige Karriere machen können. Doch ihr gemeinsamer Traum war es, zur gleichen Zeit Weltmeister im Schwergewicht zu sein. Solch eine Konstellation hatte es in der Vergangenheit in der Welt des Boxsports noch nie gegeben. Es war ein langer und steiniger Weg, den beide ausdauernd und *konzentriert* gingen, um schlussendlich ihr Ziel zu erreichen.

Es ist reine Zeit- und vor allem Energieverschwendung, vieles zu versuchen, aber nichts bis zum Ende konsequent zu verfolgen. Leider machen das sehr viele Menschen und wundern sich, weshalb sie sich im Leben so oft verlaufen. Natürlich passiert uns das allen zwischendurch mal und das ist auch völlig normal. Die Kunst allerdings ist es, kurz innezuhalten, sich das Ganze bewusst zu machen und sich immer wieder zu fragen: „Bin ich auf Kurs? Befinde ich mich auf dem richtigen Weg?"

Es ist schlichtweg ein Trugschluss zu glauben, dass wir unserem Leben ausgeliefert sind. Otto Normalverbraucher ist davon überzeugt, dass er keinen Einfluss auf sein Schicksal (und sein Denken) nehmen kann. Was für ein Irrtum! Gedankenkontrolle ist nichts anderes als eine reine Übungs- bzw. Konzentrationssache.

Hier stelle ich dir einige Übungen vor, wie du deine Konzentrationsfähigkeit steigern und mit jeder Wiederholung verbessern kannst. Ich persönlich wende sie immer wieder an, da sie sich in der Praxis und im Mentaltraining sehr gut bewährt haben.

1. Das langsame Lesen

Diese Übung ist gleichermaßen einfach wie wirkungsvoll.

Nimm irgendeinen Text, am besten ein Thema, das dich interessiert, und fang an zu lesen. Lies langsam, damit du jede Silbe einzeln wahrnehmen kannst. Eile mit deinen Gedanken oder mit deinen Augen nicht voraus, sondern nimm jedes einzelne Wort wahr. Lies laut und deutlich. Falls das nicht gehen sollte, dann lies halblaut. Vielleicht fragst du dich nun, oder besser gesagt dein Verstand, was denn dieser Unsinn soll, denn du bist doch nicht mehr in der ersten Klasse! Lass dich bitte nicht davon beirren und mach einfach weiter. Deine Konzentrationsfähigkeit wird sich dadurch merklich verbessern.

2. Das langsame Zählen

Auch diese Übung mag dir im ersten Moment vielleicht etwas albern vorkommen, doch deiner Konzentrationsfähigkeit zuliebe bitte ich dich, ihr eine Chance zu geben. Zähle langsam von 1 bis 20. Konzentriere dich jeweils für ca. 2 Sekunden auf die Zahl, bei der du dich gerade befindest. Anschließend gehe zur nächsten Zahl über. Falls du bei dieser Übung an etwas anderes als die jeweilige Zahl denken musst, dann beginne einfach wieder bei 1. Sei bitte nicht enttäuscht, wenn du nur auf 3 oder 5 kommst. Je weiter du mit dem Zählen kommst, desto besser wird deine Konzentrationsfähigkeit. Auch hier gilt, dass sich durch jede Wiederholung dein Erfolgsprogramm verstärkt.

3. Die Augen schließen

Sehr viele Menschen können sich bei geschlossenen Augen besser konzentrieren, was im Allgemeinen damit zu tun hat, dass die Aufmerksamkeit nicht durch äußere Einflüsse gestört wird. Wir lassen uns dann nicht so leicht ablenken, was für unsere Konzentrationsfähigkeit äußerst wichtig ist.

4. Das Erinnerungstraining

Was ist dir heute, seitdem du dein Bett verlassen hast, alles passiert?

Versuche das Geschehene nochmals Revue passieren zu lassen. Woran kannst du dich alles erinnern?

Wiederhole diese Übung in Zukunft bitte so oft du kannst. Je öfter du vergangene Situationen einige Zeit später in sämtlichen Details vor deinem geistigen Auge visualisieren kannst, desto mehr werden sich auch deine Konzentrationsfähigkeit und Vorstellungskraft sowie das Erinnerungsvermögen verbessern.

5. Memory und Sudoku

Diese beiden „Spiele" können auf dem Tablet sowie auf dem Smartphone sehr leicht installiert werden. Falls du jedoch keines dieser beiden Geräte besitzen solltest oder du einfach nicht gewohnt bist, damit zu arbeiten, dann kannst du auch in ein Fachgeschäft gehen und die Spiele dort kaufen. Das ist eine Investition, die sich mit Sicherheit lohnen wird, denn du trainierst beim Memory-Spielen ganz nebenbei dein Erinnerungsvermögen. Dein Gehirn wird das sehr zu schätzen wissen. Außerdem lässt sich damit sogar eine Alzheimer-Erkrankung verhindern oder hinauszögern.

Ich hoffe sehr, dass dich eine dieser Übungen anspricht.

Doch was genau steht nun hinter dem Gesetz der Konzentration? Ich hatte dir ja zu Beginn gesagt, dass es ein Untergesetz eines höheren universellen Lebensgesetzes ist, und dabei handelt es sich um kein geringeres als das Gesetz der Anziehung, das auch unter der Bezeichnung Gesetz der Resonanz bekannt ist.

Was aber heißt denn eigentlich Resonanz?

Der Duden führt dazu Folgendes aus:

(Physik, Musik) das Mitschwingen, -tönen eines Körpers in der Schwingung eines anderen Körpers (bildungssprachlich); Gesamtheit der Diskussionen, Äußerungen, Reaktionen, die durch etwas hervorgerufen worden sind und sich darauf beziehen; Widerhall, Zustimmung.

Einfach ausgedrückt heißt das: Gleiches zieht Gleiches an. Jeder Mensch kann nur das in sein Leben ziehen, woran er bewusst und *vor allem unbewusst denkt oder was er fühlt.* Jede Person zieht nur das an, was ihrer momentanen Schwingung entspricht. Wenn ich mir ständig Sorgen mache, mich ärgere und über andere schimpfe, was glaubst du, wie mein Resonanzfeld wohl aussieht?

Jeder Gedanke, jedes Gefühl, ob negativ oder positiv, erzeugt ein Resonanzfeld und alles, ja, alles, was mit diesem Resonanzfeld mitschwingt, wird – ob wir es wollen oder nicht – in unser Leben gezogen.

Ich habe dieses Gesetz in mehreren Teilen dieses Buches bereits ausführlich thematisiert. Aus Erfahrung weiß ich jedoch, dass die allerwenigsten Menschen es auf Anhieb verstehen und vor allem, es auch zu nutzen wissen. *Es geht letztendlich darum, sich zu konzentrieren und unsere Gedanken und Gefühle zu kontrollieren. Beides ist Energie und diese Energie erschafft schlussendlich unsere Realität.*

Negative Gedanken sind der schlimmste Feind eines Menschen. Doch wenn wir lernen, unsere Gedanken zu kontrollieren und zu steuern, werden sie unsere besten Freunde. Die Konzentrationsfähigkeit spielt dabei eine wichtige Rolle, weil wir dank ihr auch vieles in unser Leben ziehen werden, was wir bewusst und **unbewusst** anstreben. Vor allem der Wichtigkeit der unbewussten Denkprozesse möchte ich höchste Aufmerksamkeit schenken, da die meisten bei uns Menschen vor allem unbewusst ablaufen. Die Mehrzahl der Menschen möchte natürlich nicht bewusst krank werden oder sich über dieses und jenes Sorgen machen. *Doch sobald wir uns in diesem negativen Resonanzfeld befinden, tun wir das. Meistens allerdings unbewusst.* Aber dem Gesetz der Anziehung ist das völlig egal, weil es in Kooperation mit unserm Unterbewusstsein wirklich nur das tut, was wir ihm sagen. Es sollte keine Überraschung sein, dass wir auch nur die Menschen in unser Leben ziehen, die eine ähnliche Einstellung haben, wie wir, deren Denken und Fühlen dem unserem entspricht und die ein Modell der Welt fast gleicher Art haben wie wir. Deshalb möchte ich dich nochmals daran erinnern, dass du (Verstand) der Chef bist!

Konzentriere dich nicht auf Zweifel oder auf das, was du nicht möchtest. Konzentriere dich auf deine Vorhaben und sieh und fühle dich bereits am Ziel angekommen. Lebe es jetzt schon in deinem Geist und freue dich auf deine Zukunft und dass du es geschafft hast! Lerne deine Gedanken zu steuern und dich nur noch auf das zu konzentrieren, was du wirklich möchtest, dann wird das Gesetz der Anziehung dir dabei helfen.

Je intensiver du das tust, desto mehr Energie setzt du frei. Mit jeder Wiederholung wirst du besser werden. Spitzensportler sind häufig deshalb so erfolgreich, weil sie vor allem ihre Konzentrationsfähigkeit permanent trainieren. Glaubst du, es ist bloß Zufall, dass sie ihre Topleistungen im entscheidenden Moment so auf den Punkt abrufen können? Doch nicht nur Sportler sind dazu in der Lage. Viele andere Menschen haben, dank ihrer Achtsamkeit und Gedankenkontrolle bedeutende Ziele erreicht. Sie alle waren weder Übermenschen noch Supertalente. Auch du hast diese Fähigkeit und kannst dieses Gesetz für dich nutzen. Es spielt auch hier keine Rolle, wer du früher warst, woher du kommst, wie viel Schulbildung du hast und wer du heute bist. *Das alles Entscheidende ist, wer du morgen sein möchtest und was du zu erreichen gedenkst.* Erwarte jedoch keine schnellen Wunder und dass sich in zwei Tagen alles ändern wird. Auch hierfür brauchst du Geduld und Ausdauer.

Geduld ist nicht passiv zu bewerten, im Gegenteil. Sie ist konzentrierte Stärke.

Bruce Lee

Es ist trotzdem anzunehmen, dass dir von Zeit zu Zeit quälende und negative Gedanken kommen werden. Dies ist vollkommen normal und wir alle kennen das. Kämpfe jedoch bitte nicht dagegen an, denn dadurch schenkst du ihnen nur unnötig Aufmerksamkeit und konzentrierst dich genau auf das, was du eben gar nicht willst! Stattdessen möchte ich dir einige Methoden und Techniken zeigen, wie du ihnen auf eine gute Art und Weise entgegenwirken kannst.

Stelle dir die richtigen Fragen

Jedes Mal, wenn dich negative Gedanken und Gefühle heimsuchen, können qualitativ gute Fragen eine enorme Hilfe sein. Auch ich bin nicht davor gefeit und mittlerweile behaupte ich, dass es niemand auf diesen Planten wirklich ist. Ich habe dir hier ein paar Fragen zusammengestellt, die mir in solchen Situationen enorm helfen und meinen Zustand positiv verändern und relativ schnell in eine andere Richtung lenken können. Probiere es ruhig einmal aus:

Meine Fragen für einen besseren Zustand:

- Bringt mich das (Ärger, Sorge, Kummer, Neid oder was auch immer) meinem Ziel näher?
- Mit welchen Nachteilen muss ich rechnen, wenn ich mich weiterhin aufrege oder mir Sorgen mache?
- Wie viel Schmerz wird es letztlich bei mir auslösen, wenn ich in diesem Zustand bleibe?
- Mit welchen Konsequenzen muss ich langfristig rechnen, wenn ich so weitermache wie bisher?
- Was kann ich aus dieser Situation lernen?
- Was kann ich tun, damit es mir besser geht?
- Worüber bin ich zurzeit in meinem Leben glücklich?
- Wofür könnte ich sonst noch dankbar sein?

Arbeite mit diesen Fragen, sobald du merkst, dass sich dein Zustand negativ verändert. Fragen dieser Art werden dir helfen, deinen Fokus zu ändern und ermöglichen dir dadurch eine bedeutend positivere Handlung! Ich empfehle dir, diese

Fragen aufzuschreiben und sie zu verinnerlichen. Sie nur hier zu lesen, ist zwar gut und schön, doch noch besser ist es, wenn du sie anfangs immer in Griffnähe hast.

Der Scheibenwischer

Stell dir vor, du sitzt im Auto und es regnet in Strömen. Was machst du normalerweise, wenn so eine Situation eintritt? Wahrscheinlich stellst du jetzt den Scheibenwischer an, damit du eine klare Sicht auf die Straße hast, denn dadurch fährt es sich selbstverständlich bedeutend besser und sicherer. Mit unserem Denken ist es nicht anders. Wir brauchen einen klaren Kopf, ein klares Denken, um das zu erreichen, was wir anstreben. Wären da nur nicht diese schlechten Gedanken, die uns hin und wieder einen Strich durch die Rechnung machen wollen. Abhilfe schafft hier der Scheibenwischer. *Jedes Mal, wenn Gedanken dieser Art bei dir aufsteigen, stellst du dir vor, dass diese Gedanken Regen wäre. Da sie dich nur stören und deine Sicht beeinträchtigen, betätigst du im Geiste jetzt deinen Scheibenwischer und wischst sie wie den Regen einfach weg.* Mach das mehrere Male. Nimm, wenn du möchtest auch deine Hand zu Hilfe und stell dir vor, wie du sie als Scheibenwischer benutzt und du sämtliche quälenden Gedanken damit wegwischst.

Mit jeder Wiederholung reinigst du dadurch dein Gehirn von all deinen negativen Gedanken. Wenn du magst, kannst du auch ruhig die Augen schließen und die Übung in deiner Vorstellung, d. h. vor deinem inneren Auge ausführen. Finde heraus, was für dich am besten passt.

Der lästige Spiegel

Hierbei handelt es sich um eine sehr hilfreiche Technik, die beim Loswerden von lästigen Bildern äußerst hilfreich sein kann. Im NLP arbeiten wir intensiv mit Submodalitäten, einem der Hauptfaktoren für dauerhaften Erfolg. In einfachen Worten ausgedrückt sind Submodalitäten Feinunterscheidungen innerhalb der Sinne oder auch Untereinheiten der Sinne (Sehen, Hören, Fühlen, Riechen, Schmecken). Sie wiederum beeinflussen die Intensität unserer Gefühle und sorgen somit für positive oder auch negative Energie. Solltest du dich mal schlecht fühlen, dann ging diesem Gefühl garantiert etwas Negatives voraus (Bild, Ton, Berührung, Geruch, Geschmack). Bei dieser Übung wollen wir mit den störenden Bildern arbeiten und auch ihnen ihre Kraft nehmen. Haben sich Bilder in deinem Kopf verankert, welche die Qualität deines Lebens stark beeinträchtigen? Fällt es dir schwer, nicht an etwas anderes zu denken? Finde mindestens ein lästiges Bild für diese Übung. Etwas Wichtiges noch vorweg: Es handelt sich hier um eine **rein mentale Übung, die nur in deinem Kopf** stattfindet.

Du bist bei der Suche nach einem Bild fündig geworden? Fein! Dann mach nun bitte Folgendes:

Stell dir dieses Bild als einen großen Spiegel vor, der direkt vor dir steht. Nimm jetzt einen großen Hammer, hole gewaltig aus und zerschlage das Bild. Stelle dir nun weiter vor, wie dieser Spiegel in Tausende Stücke zerspringt. Yes, geschafft, du hast das Bild zerstört! Womöglich hat es dir sogar großen Spaß gemacht, das lästige Bild so gründlich zu zerschlagen? Möchtest du diesen Schritt dann vielleicht noch einmal wiederholen? Höre auf dein Gefühl und tu es, wenn du Lust darauf hast.

Die Scherben liegen nun auf dem Boden herum, darum stell dir vor, wie eine große Walze darüberfährt und die Scherben immer kleiner werden. Genieße dieses Gefühl. Im letzten Schritt wird das, was noch an Spiegelscherben übriggeblieben ist, von der Müllabfuhr eingesammelt und abtransportiert. Voller Freunde und tiefer Dankbarkeit sagst du innerlich jetzt good bye dazu.

Es ist wirklich wichtig, dass du diese Übung Schritt für Schritt und bis **zum Ende durchführst.**

Höre bitte nicht schon nach dem Zerschlagen des Spiegels auf, sondern sieh zu, dass von den Scherben, auch wenn es nur mental ist, nichts mehr übrigbleibt. Bedanke dich bei den Müllmännern, die die Reste aufgesammelt haben und stell sicher, dass die Scherben am Ende komplett aus deinem Bild verschwunden sind.

Auch wenn sich diese Technik relativ einfach anhört, so ist sie doch äußerst wirksam. Du kannst diese mentale Übung beliebig oft wiederholen, du weißt ja inzwischen, dass sich mit jeder Wiederholung dein Erfolgsprogramm verstärkt.

Fang am besten mit den Übungen an, mit denen du dich am ehesten anfreunden kannst. Du hast jetzt einige weitere gute Methoden kennengelernt, dank denen du lästige Gedanken los wirst. Nutze sie, wende diese Techniken an und mit jedem Schritt wirst du dich verbessern. Vertraue auf deine Fähigkeiten, denn sie schlummern schon in dir und warten nur darauf, aktiviert zu werden. Je klarer deine Gedanken sind, je konzentrierter du bist, desto besser wird dich das Gesetz der Anziehung bei deinen Vorhaben unterstützen. Damit wir uns aber richtig verstehen: Ich sage nicht, dass du nur fühlen und visualisieren brauchst und alles geschieht von selbst. Nein, das wäre zu einfach und obwohl das häufig von manchen Trainern und Coaches behauptet wird, ist das ein Irrglaube. *Vergiss das Handeln nicht!* Du kannst visualisieren, bis du grün wirst, wenn du dabei nicht aktiv wirst und nichts dafür tust, ist das nur ein Teil des Weges. Einmal mehr zur Erinnerung, du musst aktiv werden und vor allem daran glauben. Und das bringt uns jetzt zu einem weiteren Gesetz.

DAS GESETZ DES GLAUBENS

Vor vielen Jahren lebte in Amerika ein äußerst tüchtiger Geschäftsmann, der sich seinen Lebensunterhalt mit dem Verkauf von Hotdogs verdiente. Sein Gehör war nicht mehr das beste, deshalb hörte er nie Radio. Sein Sehvermögen war ebenfalls nicht mehr so gut, darum las er auch nie die Zeitung. Dafür waren die Hotdogs, die er verkaufte, richtig klasse und diese Tätigkeit führte er mit großer Begeisterung aus. Jeden Tag stellte er Schilder auf die Straße und rief voller Enthusiasmus: „Hätten Sie gern einen Hotdog?"

Sein Business lief richtig gut und schließlich konnte er all die Bestellungen mit seinem kleinen Ofen nicht mehr ausführen, deshalb dachte er darüber nach, zu expandieren und sich einen neuen Ofen zuzulegen. Doch zuvor wollte er sich mit seinem Sohn, der am College studierte, beraten.

Der Sohn reagierte dabei wie folgt: „Dad, hast du es nicht im Radio gehört? Hast du es denn nicht in der Zeitung gelesen? Wir befinden uns in einer großen Rezession! In Europa ist die Lage katastrophal und bei uns in Amerika ist sie noch viel schlimmer. Hier geht alles den Bach runter und du willst in solch einer Zeit noch expandieren und in einen neuen Ofen investieren? Bereite dich lieber auf die Krise vor, denn die ist bereits da." Der Vater war jetzt total verunsichert, sagte zu sich selbst aber, dass er den Rat seines Sohnes beherzigen wolle, schließlich studierte er auf dem College, las Zeitungen, hörte Radio, ja, er würde es ja bestimmt wissen.

Aufgrund dessen kaufte er sich keinen größeren Ofen. Er stellte nun auch keine Reklameschilder mehr auf und bestellte bedeutend weniger Würstchen und Brötchen als vorher, da er sich frühzeitig auf die Krise vorbereiten wollte. Seine Stimmung war im Keller und im Gegensatz zu früher rief er nicht mehr laut und voller Enthusiasmus: „Hätten Sie gerne einen Hotdog?"

In kurzer Zeit verschlechterte sich sein Geschäft. Der Umsatz ging mehr und mehr zurück. Schließlich ging er wieder zu seinem Sohn und teilte ihm Folgendes mit: „Du hast Recht, mein Sohn, wir befinden uns wirklich in einer schrecklichen Rezession, denn ich bin pleite."

Es ist unsere Einstellung, die über unser Leben entscheidet, und welche Bedeutung wir den Ereignissen beimessen. Nein, für alle Umstände sind wir definitiv nicht verantwortlich, wie wir aber darauf reagieren und vor allem agieren, sehr wohl! An diesem Beispiel sehen wir relativ deutlich, wie schnell es gehen kann, dass wir fast wie aus dem Nichts einen neuen Glaubenssatz verankert haben und das Leben sich plötzlich in eine ganz andere Richtung entwickelt.

Bedenken Sie, was das Wort Glaube wirklich bedeutet: ein Ihrem Geist gegenwärtiger Gedanke. Und jeder Gedanke besitzt die schöpferische Kraft, sich zu verwirklichen.

Dr. Joseph Murphy

Keine Angst, es soll jetzt hier nicht um Religion, Rituale, Bräuche, Dogmen oder ähnliches gehen. Es geht um den Glauben an uns selbst! Doch was ist Glaube überhaupt? Sucht man im Internet nach einer Definition, findet man sehr viele mit unterschiedlichen Ansätzen. Doch im Grunde ist es etwas sehr Einfaches. *Das, was wir für wahr halten, was wir in unserem Geist akzeptieren können, ist wahrer Glaube.*

Glaubst du, dass eine schwarze Katze dir Unglück bringt? Glaubst du, dass Freitag, der 13. ein furchtbarer Tag ist und dann auch etwas Schlimmes passieren muss? Glaubst du, dass der Tag bereits zum Scheitern verurteilt ist, wenn du mit dem linken Fuß aufstehst? Vielleicht sagst du jetzt: „Natürlich, das alles hat mir schon des Öfteren Pech gebracht!" Dann frage ich dich, ob das wirklich so ist oder ob es bei dir vielleicht viel mehr eine selbsterfüllende Prophezeiung war. Hat nicht sie womöglich dein Pech verursacht bzw. angezogen?

Welche Bilder und Gefühle löst eine schwarze Katze bei dir aus? Freust du dich, sie zu sehen, oder gerätst du in Panik, wenn sie dir von links nach rechts über den Weg läuft? Es ist nicht die Katze, es ist nicht Freitag, der 13., es ist nicht der linke Fuß – es ist DEIN Glaube, DEINE ÜBERZEUGUNG! Du empfindest das als wahr. Nichts anderes sind die Bilder und die damit zusammenhängenden Gefühle! Doch woher kommen diese Überzeugungen? Erinnerst du dich, dass unser Unterbewusstsein alles abspeichert? Ich kann es immer nur wiederholen: wirklich alles! Jedes Wort, jedes Bild, jedes Erlebnis, jedes Gefühl wird dort archiviert. Und je intensiver das Gefühl war, desto mehr Speicherplatz wird von dieser „Datei" belegt. Das alles führt dann zur Programmierung und schlussendlich zu unseren Überzeugungen, die wir, ob richtig oder falsch, akzeptieren und für wahr halten. Wir halten sie für wahr und somit glauben wir auch daran.

Nun, diese Programme können wir nicht so einfach wieder löschen, aber wir können sie durch Neues überschreiben. Und die Autosuggestion wird uns dabei sehr tatkräftig unterstützen. Ich wundere mich immer wieder, warum diese Methode nach wie vor belächelt wird, dabei ist sie, wie wir gelernt haben, ein sehr wirkungsvolles Werkzeug! Positive Suggestionen beeinflussen dein Unterbewusstsein durchweg positiv. Und mit jeder Wiederholung stärken sie deinen Glauben an dich selbst, sodass deine alten Überzeugungen Schritt für Schritt durch neue, lebensbejahende ersetzt werden. Ich weiß, auch das hatten wir schon, aber weil es so enorm wichtig ist, wiederhole ich es noch einmal – ganz bewusst!

Doch warum ist der Glaube so wichtig? Aus einem ganz einfachen Grund. Nicht das, was wir wollen oder anstreben, tritt in unser Leben, *sondern das, woran wir glauben. Wahrer Glaube ist schlussendlich nichts anderes als unsere Gewissheit, dass wir das, was wir anstreben, wirklich in unser Leben ziehen werden.*

Zwar wünschen sich viele ein gesundes Leben, einen guten Job, mehr Geld und einen Partner an ihrer Seite, doch bezweifeln sie innerlich, dass sie dies wirklich anziehen werden. *Das ist letzten Endes nichts anderes als der Glaube an das Zweifeln.* Vor ein paar Jahre sagte eine Bekannte zu mir: „Dejan, ich wünsche mir echt einen Partner. Ich habe nur leider gar keine Zeit für ihn und eine Beziehung."

Welcher Glaube war hier der vorherrschende? Meine Bekannte hatte sich sehr lange einen Partner an ihrer Seite gewünscht und ihn sich auch bildlich vorgestellt. Die Sache war nur, dass sie sich ständig immer wieder suggeriert hatte, dass ihr doch eigentlich die Zeit dafür fehlte. Kann das Gesetz der Anziehung dennoch wirken? Wohl kaum, weil ihre einschränkenden Glaubenssätze es diesem Gesetz ja schwer machten, ihr das zu liefern, was sie sich wünschte. Bis zu diesem Zeitpunkt hatte sie zwar einerseits immer wieder ein Samenkorn dafür gelegt, dieses aber auf der anderen Seite immer wieder ausgegraben. Erst als sie ihre Glaubenssätze geändert hatte, konnte das eintreten, was so lange ihr inniger Wunsch gewesen war.

Eine andere Freundin sagte mal zu mir: „Ich würde so gern mein Honorar für meine Dienstleistung erhöhen, habe aber ein echt schlechtes Gewissen, wenn ich mehr verdiene als all meine Verwandtschaft. Ich komme doch aus einer Arbeiterfamilie."

An beiden Beispielen siehst du, dass Wünschen allein zu wenig und der Glaube an das Gelingen äußerst wichtig ist. Genau aus dem Grund hatte ich dich im Teil 2 des Buches bei den elf Schritten zum Ziel nach der Begründung gefragt und weshalb du dein Ziel auch erreichen wirst. Du und nur du musst wissen, weshalb du es schaffen möchtest und **auch wirst**. Deswegen ist es einmal mehr essenziell, sich nur Ziele zu setzen, die in einer bestimmten Zeitperiode wirklich zu erreichen sind und von denen du in deinem Innersten glauben kannst, dass du sie erreichen wirst.

Die größte Entdeckung meiner Generation ist, dass die Menschen ihr Leben ändern können, indem sie ihre Geisteshaltung verändern.

William James

Was macht ein Landwirt im Frühling? Er bestellt sein Feld und beginnt mit der Aussaat. Zuerst kommt der Hafer, danach die Gerste und zuletzt die Kartoffeln. Natürlich bedarf es auch einiger Nacharbeit, aber grundsätzlich vertraut der Bauer der Natur und somit den Gesetzen des Lebens, dass er aus dem, was er gesät hat, in wenigen Monaten reiche Ernte einfahren wird. Mal angenommen, er würde nach jeder Aussaat alles wieder ausgraben, wie würde seine Ernte wohl aussehen? Eine Antwort darauf erübrigt sich. Doch genau das tun wir Menschen häufig und wundern uns dann, dass wir unsere Ziele verfehlen. Ein guter Grund für uns, es genauso wie die Landwirte zu machen:

1) Wissen, was wir genau wollen.

2) Die Saat dafür ausbringen.

3) Auf die Ernte vertrauen bzw. glauben, dass uns das Leben das liefern wird, was   wir zuvor gesät haben.

Ich bin der Chef meines Geistes und **nur ich** habe das Sagen. Punkt! Unser Verstand wehrt sich zu Beginn auch nur deshalb, weil ihm in der Vergangenheit etwas völlig anderes eingeredet wurde.

Gerade diese Überzeugungen haben uns zu dem gemacht, was wir heute noch sind. Und all das erschwert es uns anfänglich auch, an das Gegenteil zu glauben. Genau deshalb muss man erst recht damit anfangen! Mit jeder Wiederholung werden deine alten Programme und Überzeugungen durch neue ersetzt und du wirst mit der Zeit feststellen, dass es dir immer leichter fällt, an dich und an dein Gelingen zu glauben.

Was immer der menschliche Geist sich vorstellen und woran er glauben kann, das kann er auch verwirklichen.

Napoleon Hill

Sehr viele Dinge sind möglich, dem, der glaubt. Der Glaube kann Berge versetzen. Ich bin mir sicher, dass du das schon mindestens einmal gehört oder gelesen hast. Sei dir bewusst, dass der Glaube unser bester Verbündeter ist! Er verstärkt unsere Gefühle dermaßen, dass wir es in Worte kaum beschreiben können. Unsere Glaubenssätze beherrschen uns und erschaffen dadurch unsere Realität. Was du für wahr hältst, was du glaubst, bestimmt, wer du sein wirst. Überlege dir also sehr genau, woran du glauben willst. Es ist einzig allein deine Entscheidung!

Glaubt ein Mensch daran, dass er kein besseres Leben verdient hat, er aufgrund fehlender Zeit keine Beziehung führen kann, ihm kein höheres Gehalt zusteht oder was auch immer, dann wird sich das im Leben dieses Menschen verwirklichen, denn – wie heißt es doch so schön? – *nach deinem Glauben wird dir geschehen.*

Wenn du dir im Geiste vorstellen kannst, ein Leben in Liebe, Harmonie und bester Gesundheit zu führen, dann wird dir auch hier nach deinem Glauben geschehen. Kannst du solche Bilder im Geiste einfach akzeptieren? Willst du diesen Bildern erlauben, sich in deinem Unterbewusstsein einzunisten und für neue Überzeugungen zu sorgen? Bist du ins Gelingen verliebt oder ins Scheitern?

Aus deinem Glauben heraus werden sich ständig entsprechende Handlungen vollziehen. Denn unser Glaube steuert und beeinflusst unser Handeln und somit auch unsere Resultate. Um zu realen Ergebnissen führen zu können, sollte dein Glaube darum praktisch orientiert sein. Genau deshalb ist es ja auch so wichtig, deinen Geist mit Bildern eines Lebens zu beliefern, das DU wirklich leben möchtest. Auf den nächsten beiden Seiten findest du als Zusammenfassung des bisher Gesagten ein anschauliches Diagramm.

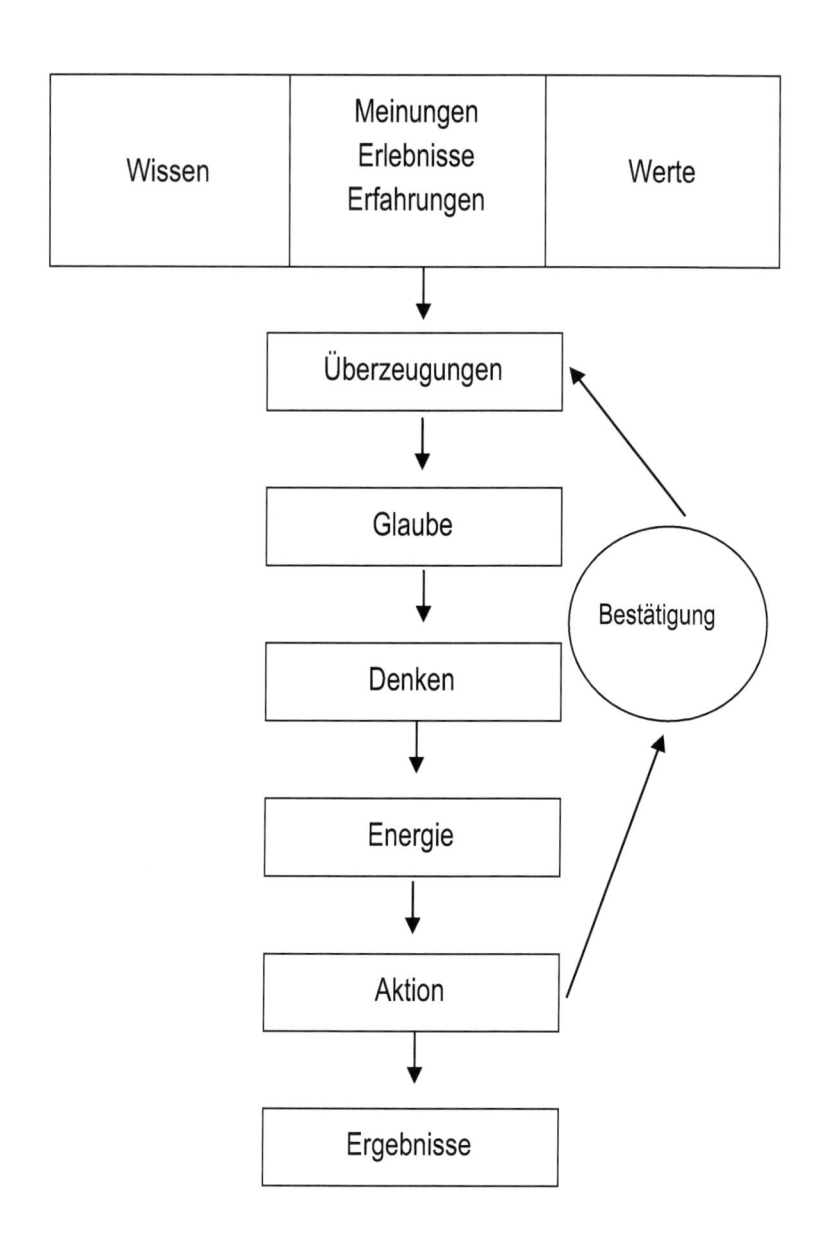

```
┌──────────┬──────────────┬──────────┐
│          │  Meinungen   │          │
│  Wissen  │  Erlebnisse  │  Werte   │
│          │  Erfahrungen │          │
└──────────┴──────┬───────┴──────────┘
                  ▼
          ┌───────────────┐
          │ Überzeugungen │◄─────┐
          └───────┬───────┘      │
                  ▼              │
          ┌───────────────┐      │
          │    Glaube     │      │
          └───────┬───────┘    ╭─┴──────╮
                  ▼            │Bestäti-│
          ┌───────────────┐    │ gung   │
          │    Denken     │    ╰─┬──────╯
          └───────┬───────┘      ▲
                  ▼              │
          ┌───────────────┐      │
          │    Energie    │      │
          └───────┬───────┘      │
                  ▼              │
          ┌───────────────┐      │
          │    Aktion     │──────┘
          └───────┬───────┘
                  ▼
          ┌───────────────┐
          │  Ergebnisse   │
          └───────────────┘
```

Glaubenssätze

Vorhin hatte ich den Begriff Glaubenssätze erwähnt und gesagt, dass uns diese beherrschen und dadurch auch unsere Realität erschaffen. Nun möchte ich das Ganze noch ein wenig konkretisieren. Unsere Realität oder das, was wir für wahr halten, entsteht nicht einfach so. Erst wenn wir verstanden haben, welchen Einfluss gewisse Aussagen in unserem Leben haben, sind wir tatsächlich in der Lage, sie zu identifizieren und wo nötig zu verändern. *Blockaden liegen sehr häufig in uns und halten uns nur allzu oft vom erfolgreichen Handeln ab.* Da auch diese Prozesse zum größten Teil auf unbewusster Ebene stattfinden, ist die Herausforderung, sie zu identifizieren und zu verändern umso größer. Keine Bange, denn auch hierfür gibt es eine Lösung. Mehr dazu weiter unten.

Was sind Glaubenssätze überhaupt? Es gibt sehr viele Erklärungen und Begriffe dafür, so werde ich auch hier mein Bestes geben, um mich auf das Wesentliche zu beschränken. Glaubenssätze sind Generalisierungen bzw. Verallgemeinerungen über unsere gemachten Erfahrungen. Das, was wir in Form von Sprache (Sätze und Formulierungen) hören, sagen und ausdrücken, weil wir es so gelernt haben und somit für wahr und richtig halten. Glaubenssätze sind schlichtweg emotionale Referenzerfahrungen oder auch Referenzerlebnisse. Dafür bist zu alt, du bist zu klein, die anderen sind besser als du, du bist halt ein Mädchen, das tut man nicht, lass es sein, du bist zu blöd dazu … und, und, und – wie du in diesem Buch bereits erfahren hast, hören wir solche oder ähnliche Aussagen sehr oft, vor allem als Kind. *Vor allem dann hinterlassen sie in unserem Unterbewusstsein tiefe Spuren – das sind Referenzerlebnisse. Und irgendeinmal machen wir die Erfahrung, dass eine dieser Aussagen auf uns zutrifft. Somit haben wir allen Grund, solchen Aussagen bzw. Sätzen auch zu glauben.* Und je stärker die gemachte Erfahrung damit war (Ich habe dir ja gleich gesagt, dass du das nicht schaffst!), desto eher werden wir solche Erlebnisse als Referenz für künftige Herausforderungen berücksichtigen *und natürlich auch glauben.*

Je öfter ich diese emotionale Referenzerfahrung gemacht habe, desto stärker der Glaubenssatz und schlussendlich auch der Glaube.

Und je mehr Erfahrungen wir damit gemacht haben, desto größer ist die Auswahl an Glaubenssätzen. Diese sind immer richtig, denn sonst würden wir sie ja gar nicht glauben, oder? Doch genau hier liegt der Hund begraben. Das ist das Fiese an den Glaubenssätzen, oder auch das Gute, weil diese genauso gut falsch sein können!

Im NLP pflegen wir zu sagen, dass Glaubenssätze unsere Software sind. In den vorherigen Kapiteln hatte ich bereits immer wieder gesagt, dass wir mithilfe der Autosuggestion die alten Programme durch neue überschreiben können. In diesem Teil möchte ich die alten Muster zumindest abschwächen und im Idealfall ganz verschwinden lassen. Es ist mir enorm wichtig, dass wir deine einschränkenden Glaubenssätze, die dich daran hindern, wirklich erfolgreich zu sein, identifizieren und so gut es geht entkräften.

Das „ic" in meinem Namen

Ich möchte dir gern etwas Persönliches aus meinem Leben erzählen und wie ich selbst einmal ein „Opfer" eines äußerst starken, obwohl nicht ganz gewollten Glaubenssatzes war.

Wir schreiben das Jahr 2004. Ich war gerade mit der Hotelfachschule fertig und sehr glücklich, dass ich den Abschluss gepackt hatte. Das Besondere daran war, dass er mir als erstem Studenten mit Realabschluss gelungen war und ich gebe offen zu, dass mich das schon ein bisschen stolz gemacht hat: Dipl.-Hôtelier-Restaurateur / HF. Ich kann mich noch gut daran erinnern, wie der damalige Schuldirektor während eines Wochenendseminars im letzten Semester sagte, dass es bisher noch niemand mit Realabschluss geschafft habe, diese Schule abzuschließen. Umso mehr kniete ich mich für dieses große Ziel rein. Zu diesem Zeitpunkt kam allerdings auch unsere erste Tochter Elena zur Welt und natürlich genau dann, als wir die meisten Prüfungen hatten und zudem noch die Diplomstudie in den Startlöchern war. Ich kann dir sagen, meine Belastbarkeit wurde damals echt auf den Prüfstein gelegt und ohne meine bezaubernde Frau und meine wunderbaren Eltern hätte ich das damals sicher kaum geschafft. Für die Unterstützung all dieser Menschen bin ich auch noch heute unendlich dankbar und werde es wohl immer sein.

Doch jetzt war es Zeit, sich neuen Aufgaben zu stellen. Jetzt war die Jobsuche dran. Du kannst dir sicher vorstellen, wie sehr ich zu neuen Taten motiviert war. Jetzt, mit dem Diplom in der Hand, würde ich die Welt einreißen. Also legte ich voller Elan mit der Jobsuche los und schrieb die ersten Bewerbungen. Doch der Start verlief nicht gerade so, wie ich es mir vorgestellt hatte. Zwar hatte ich schon das eine oder andere Vorstellungsgespräch, doch so richtig klappen wollte es trotzdem nicht. Also beschloss ich, zu einem Stellenvermittler zu gehen, um mich von ihm bei der Suche nach einer passenden Stelle unterstützen zu lassen. Als ich ihm sagte, dass es mir ein kleines Rätsel sei, warum ich noch keinen Job hätte, antwortete er wie folgt:

„Wissen Sie, Herr Sekulic, der Grund ist ganz einfach, es liegt am ic in Ihrem Namen! Aber keine Sorge, wir helfen ihnen dabei."

Wie bitte, am ic?! Ich wusste gar nicht, was ich dazu sagen sollte und ich fühlte mich, als hätte mir jemand einen K.o.-Schlag verpasst. Für den Moment war ich echt am Boden zerstört. Ein Stellenvermittler hatte gerade behauptet, dass der Grund meines Misserfolges in meinem Nachnamen liegt, am ic!

Ich konnte es wirklich kaum glauben, doch mit der Zeit nahm ich es unbewusst dann doch an. Ich hörte diesen Satz immer und immer wieder, ja ich wiederholte ihn in Gedanken ständig. Plötzlich hatte ich die Antwort auf meine Frage gefunden. Es liegt an meinem Nachnamen, am ic darin, weshalb ich bisher noch keinen Job gefunden habe. Und zack, schon hatte ich einen neuen Glaubenssatz, der sich fest in mir verankert hatte. Was denkst du, wie hilfreich dieser Glaubenssatz jetzt für meine Arbeitssuche wohl war?

Natürlich gar nicht, denn die selbsterfüllende Prophezeiung hatte sich mehr und mehr bewahrheitet. Plötzlich wurde ich nicht mal mehr zu Vorstellungsgesprächen eingeladen. Die Mission Jobsuche stellte sich immer mehr als äußerst schwieriges Unterfangen heraus. Was konnte ich jetzt noch dagegen tun, vielleicht den Namen wechseln? Ausgeschlossen, zumal das ohnehin nicht gerade das Einfachste ist. Ja, solche bescheuerten Überlegungen gingen mir damals tatsächlich durch den Kopf. Ich grübelte fast pausenlos Tag und Nacht darüber nach, wie ich die Sache mit meinen Nachnamen lösen könnte. Es vergingen Tage und Wochen, dieser Glaubenssatz hatte mich fest im Griff und infolge dessen zeichnete sich auch keine Wende ab, wie denn auch? Ich überlegte und überlegte und überlegte, doch lange kam nichts, bis zu dem Moment, in dem ich plötzlich eine große Erleuchtung hatte. Da sagte ich zu mir selbst: „Dejan, was bist du doch für ein Idiot! Die Jobsuche lief ja gar nicht so schlecht, bis zu dem Zeitpunkt, als du den Spruch des Stellenvermittlers gehört hast. Du glaubst doch jeden Scheiß, den du hörst, selbst das, was dir dieser Typ eingetrichtert hat. Du bekommst keinen Job wegen deines Nachnamens – glaubst du das wirklich?"

Wie würde mein Leben aussehen, wenn ich nicht mehr daran glaube?

Nein, nein und nochmals nein. Das will ich nicht glauben, es hatte ja in der Vergangenheit auch schon mehrmals geklappt und das waren doch auch keine glücklichen Zufälle. Zwar hatte mich dieses Referenzerlebnis echt ins Wanken gebracht, aber ich war nicht mehr länger bereit, diese angebliche

„Realität" zu akzeptieren. *Ich hatte mich geweigert, diesen Glaubenssatz länger in meinem Leben aufrechtzuerhalten und ihm riesige Beachtung zu schenken.* Stattdessen hatte ich beschlossen, einen neuen und hilfreicheren Glaubenssatz in mir zu verankern, der folgendermaßen lautete: „Ich kriege es trotzdem hin, gerade deshalb, weil ich so heiße. Es ist mein Name und ich stehe zu ihm. Ich weiß, dass ich es trotzdem schaffen werde. Jetzt erst recht!"

Es kann sein, dass dieser Stellenvermittler Recht hatte, ich wusste auch, dass es nicht böse gemeint war, aber ich wollte seine Aussage in der Form nicht länger akzeptieren. Darum entschloss ich mich zu einer Trotzreaktion und verankerte in mir diesen neuen Glaubenssatz. Außerdem verwendete ich folgende Suggestion:

„Es ist nicht wichtig, was der andere von mir denkt. Es ist wichtig, was ICH selber von mir denke, nur das zählt."

Du siehst also anhand meines Beispiels, wie wenig es im Prinzip braucht, um einen neuen Glaubenssatz zu verankern, obwohl ich blind und einfach so die Meinung eines anderen zu 110 Prozent übernommen hatte. So etwas passiert uns relativ häufig. *Unsere Erfahrungen, die wir gemacht haben, beeinflussen das, was wir glauben.* Ich sage nicht, dass der Vermittler komplett im Unrecht war. Vielleicht hatte seine Aussage sogar irgendwie ihre Daseinsberechtigung und enthielt eine Spur Wahrheit, schließlich hatte er ja schon mit vielen anderen Kandidaten seine Erfahrungen gesammelt. Deshalb war es ihm auch möglich, gewisse Rückschlüsse zu ziehen. Doch niemand hat mich gezwungen, zu 110 Prozent – und das ist jetzt kein Schreibfehler – daran zu glauben. Ich war absolut davon überzeug und sah meine Misserfolge sogar als Bestätigung dafür an. Was ich dabei nicht realisiert hatte, war, dass ich mich auf die Opferrolle eingelassen und die Negativspirale so mehr und mehr ihren Lauf genommen hatte. *Und natürlich zog ich die Menschen an, die das gleiche Problem hatten und die Gesellschaft, den Staat oder sonst wen dafür verantwortlich machten.* Ja, ich gebe es zu, es war so was von bequem, in dieser Rolle die Verantwortung jemand anderem in die Schuhe zu schieben.

Solange du glaubst, dass an allem immer die anderen schuld sind, wirst du viel leiden.

Dalai Lama

Erst als ich mich mental dazu entschlossen hatte, dem Ganzen ein Ende zu setzen und einen neuen Glaubenssatz anzunehmen, konnte ich mir dadurch eine neue „Realität" erschaffen. Plötzlich hatte sich das Blatt gewendet. Im Umkehrschluss heißt das nichts anderes, als dass ich wenige Zeit später einen sehr interessanten und lehrreichen Job fand – eine Fügung, für die ich überaus dankbar war und bin.

Du siehst also, wie schnell es gehen kann, dass sich bei einem Menschen ein nicht gewollter Glaubenssatz einnistet. Das Gemeine daran ist ja, dass man es meistens nicht einmal bemerkt. Sei deshalb einmal mehr sehr achtsam, welche Informationen du täglich aufnimmst, denn dadurch könnte sich ein nicht gewollter Glaubenssatz bei dir einschleichen.

Inventuraufnahme deiner Glaubenssätze

Lass uns nun eine Analyse deiner Glaubenssätze machen. Auch wenn das jetzt hier für dich als eine bereits bekannte Übung aussehen mag, möchte ich dich dennoch jetzt aufrichtig bitten, dir ein paar Minuten Zeit zu nehmen und deine Glaubenssätze zu identifizieren.

Und so gehst du vor: Entspanne dich und wenn du magst, lass im Hintergrund etwas leise Musik laufen. Versetz dich so gut es geht in einen positiven Zustand. Wenn die Zeit dafür nicht ausreichen sollte, versuch dennoch, dir im Verlauf des Tages einen Moment für diese Übung zu reservieren. *Dein Unterbewusstsein wird es dir danken und dich letztlich dafür fürstlich belohnen.*

Geh jetzt bitte sämtliche Fragen in aller Ruhe durch:

Welche Menschen haben dein Leben bisher geprägt?

Welche Eigenschaften hatten diese Personen?

Was war ihnen wichtig und woran haben sie geglaubt?

_____

_____

_____

_____

_____

_____

_____

_____

_____

In welcher Umgebung bist du aufgewachsen und wie würdest du sie einem Fremden beschreiben?

_____

_____

_____

_____

_____

_____

_____

_____

_____

_____

Welche Referenzerlebnisse hatten einen entscheidenden Einfluss auf dich?

Welche **förderlichen** Glaubenssätze hast du?

Welche **einschränkenden** Glaubenssätze hast du?

Was denkst du über dich?

Bitte schreibe alle Sätze auf, die hinderlich für dich sind und die dein Fortkommen bisher verhindert haben.

_____

_____

_____

_____

_____

_____

_____

_____

Bonusfrage:

Wann hast du dich entschieden, diese Sätze, die dich so einschränken, zu glauben **und** vor allem, zu akzeptieren?

_____

_____

_____

_____

_____

_____

_____

_____

Wenn du diese Übung gemacht und deine Glaubenssätze eruiert hast, so schaue sie dir nochmals in aller Ruhe an. Sind das wirklich **alle** oder gibt es noch weitere, die dir beim ersten Durchlauf nicht bewusst waren? Sollten dir noch weitere Sätze in den Sinn kommen, so ergänze die Liste einfach.

Die beste Trennung deines Lebens

Wenn du sämtliche Glaubenssätze eruiert hast, möchten wir uns nun zuerst **den negativen**, den sogenannten Erfolgsblockaden widmen. Diese wollen wir so gut es geht schwächen und sie nach Möglichkeit völlig entkräften. Ja, wir wollen uns ganz und gar von ihnen trennen! Hier stehen uns einige Techniken zur Verfügung, die enorm wirkungsvoll sind. Gleich vorweg, es gibt nicht DIE Nonplusultra-Methode, die universell wirkt. Vielmehr musst du für dich selbst herausfinden, welche dir am besten zusagt. Nochmals zur Erinnerung: Menschen tun Dinge aus zwei bestimmten Gründen, nämlich um Schmerz zu vermeiden und Freude zu erfahren. Wenn du es schaffst, mit Nichthandeln Schmerz zu verbinden und mit dem Handeln Freude, dann hast du hervorragende Chance, deine Ziele auch zu erreichen.

Nun zu den Übungen:

Schau dir deinen einschränkenden Glaubenssatz an und stelle dir dabei folgende Fragen:

➢ Wie könnte mein Leben wohl aussehen, wenn ich nicht mehr daran glauben würde?

➢ Wie viel Kummer hat mir dieser Glaubenssatz bisher beschert?

➢ Habe ich mir jemals Gedanken darüber gemacht, wie bescheuert dieser Glaubenssatz in Wahrheit ist?

➢ Was kostet mich dieser Glaubenssatz an Lebensqualität – gerade jetzt in diesem Moment?

➢ Wie viel Schmerz wird es mich noch kosten, wenn ich an diesem Glaubenssatz festhalte?

Nimm dir für diese Fragen gern ein paar Minuten Zeit. Wie fühlt es sich an, wenn du diese Sätze hinterfragst? Je öfter du die Fragen wiederholst, desto stärker bringst du deinen Glaubenssatz ins Wanken.

Lass uns das Ganze noch etwas steigern!

Haftungsausschluss:

Bevor wir loslegen, muss ich eine Warnung aussprechen, denn die erste Übung kann sehr schmerzvoll sein. Sie ist nur für diejenigen gedacht, die wirklich Erfolge und Veränderungen wollen. Jemandem, der psychisch labil ist, rate ich dringend davon ab, sie durchzuführen. Solltest du dich in psychiatrischer Behandlung befinden, besprich dich bitte mit deinem Psychiater, bevor du mit dieser Übung loslegst.

Dieses Training erfolgt ausschließlich auf deine eigene Verantwortung. Ich, Dejan Sekulic, bin in keiner Weise haftbar für die Anwendung dieses Trainings. Die Übung dient ausschließlich dazu, deine limitierenden Glaubenssätze zu schwächen und im Idealfall für immer loszuwerden.

Mit der Nutzung dieser Übung stimmst du diesem Disclaimer zu.

Zur Übung:

Du hast dir die oben genannten Fragen gestellt und nun geht es darum, dich in diese Situation einzufühlen. Verknüpfe es mit Schmerz. *Es ist wichtig, dass du deinem Gehirn klar aufzeigst, wie viel Leid, Kummer, Qual und Schmerz dich das Ganze auf emotionaler Ebene kostet.* Geh die Fragen immer wieder durch und fühl den Schmerz dabei so intensiv wie irgend möglich.

Geh nun in die Zukunft, in die nächsten fünf, zehn oder 20 Jahre. Fühl all die Dinge, die du verpasst hast, weil du an diesem Glaubenssatz festgehalten hast. Frage dich daher ganz gezielt:

Will ich an diesem Glauben festhalten und so weiterleben?

Dieser emotionale Schmerz sorgt bei vielen Menschen für eine hohe Motivation, um sämtliche limitierende Glaubenssätze nicht länger zu akzeptieren und sie letztlich auch beseitigen zu wollen. Sage zu dir selbst: „GENUG ist GENUG!" und werde dabei ruhig etwas emotional.

Entscheide dich jetzt dafür, dich von all deinen einschränkenden Glaubenssätzen zu trennen – für immer! Streiche jeden einzelnen Satz voller Freude durch und wähle dafür einen Glaubenssatz, den du gerne hättest. Finde mindestens drei neue und vor allem hilfreiche, unterstützende Sätze.

Beispiel:

War dein einschränkender Glaubenssatz bisher zum Beispiel: „Ich bin eine junge Frau und Mutter und habe es deshalb schwer, in der Berufswelt Fuß zu fassen", so könnte dein neuer Glaubenssatz folgendermaßen lauten:

„Ich bin eine junge, dynamische Mutter und genau aus dem Grund werde ich allen beweisen, dass ich in der Berufswelt so richtig durchstarten werde. Ich schaffe es!"

Setze nochmals eins oben drauf

Das Durchstreichen ist dir zu harmlos? Okay, du kannst das Ganze auch noch etwas steigern. Nimm das Blatt Papier mit deinen **einschränkenden** Glaubenssätzen und verbrenne es! JA, verbrenne dieses Blatt Papier mit all den Sätzen, die dich bisher begrenzt haben! Zwar wird auch diese Methode oft von vielen Menschen belächelt, ich kann dir aber trotzdem nur wärmstens empfehlen, sie anzuwenden!

Wenn du siehst, wie all diese Glaubenssätze, die dich bisher blockiert haben, in Flammen aufgehen, kann das echt befreiend wirken. Verspüre dabei eine tiefe Dankbarkeit.

Lass uns die Glaubenssätze jetzt noch ein bisschen ins Lächerliche ziehen!

Falls du Glaubenssätze hast, die dich in Form von inneren Stimmen hin und wieder begleiten und vor allem auch sabotieren, dann wird dir diese Technik bestimmt helfen. Wenn du sagst: „Dejan, ich habe keine innere Stimme, die zu mir spricht", dann sage ich dir Folgendes: Peng, da war sie gerade wieder! Jeder von uns hat diese innere Stimme und sie kann manchmal echt nervend und hinderlich sein.

Immer, wenn sich dein innerer Zweifler meldet, erhöhe mal sein Sprechtempo. Du hörst ihn nach wie vor, allerdings redet er jetzt mindestens dreimal so schnell wie normalerweise. Mach das mehrere Male. Wie fühlt sich das jetzt an? Steigern wir das Ganze jetzt nochmals und verwenden wir dabei die Mickey-Mouse-Stimme. Stell dir also vor, dass du all diese Glaubenssätze in einer sehr hohen Geschwindigkeit hörst und obendrein auch noch mit Mickeys Stimme. Wenn dir Mickey Mouse nicht so liegt, dann kannst du stattdessen auch eine andere lustige Figur mit witziger Stimme verwenden. Kennst du Willi, den Freund von Biene Maja? Auch seine Stimme ist sehr lustig. Hör dir im Geiste einen deiner einschränkenden Glaubenssätze an und verwende dabei Willis Stimme. Wie fühlt sich das an?

Doch damit nicht genug. Wie wäre es, wenn du deinen limitierenden Glaubenssätzen in deiner Vorstellung eine Melodie hinzufügen würdest, zum Beispiel die von Biene Maja, und sie singen würdest? Oder eine andere eingängige Erkennungsmelodie wie die von den Schlümpfen, Tom und Jerry, Inspektor Gadget? Lass deiner Fantasie freien Lauf und verwende beim Singen deiner Glaubenssätze die lustigsten Melodien. Diese Technik ist äußerst wirkungsvoll, um auditive Glaubenssätze zu entkräften. Wie fühlt sich das Ganze an, wenn du sämtliche Sätze mit solcherart lustigen

Stimmen und Melodien hörst und sie so ins Lächerliche ziehst? Musst du vielleicht selbst darüber lachen? Vielleicht wird dir das am Anfang etwas albern erscheinen, wen wundert's, doch das ist genau der Trick bei dieser genialen Technik. *Es wird mit der Zeit so albern, dass wir es selbst nicht mehr ernst nehmen können und somit unseren Glauben an das, was wir innerlich sagen, verlieren werden.*

Ja, deine Glaubenssätze werden tatsächlich mit der Zeit an Wirkung einbüßen. Bei einigen Menschen geschieht das schneller als bei anderen und es gibt auch hier kein Richtig oder Falsch. Denn jeder ist ein Individuum, eine Persönlichkeit, und auf seine Art und Weise einzigartig. Nicht jede Technik wirkt bei allen gleich, was ja auch absolut in Ordnung ist. Im Allgemeinen lässt sich sagen, dass Menschen, die einen ausgeprägten auditiven Sinneskanal haben, sich eher mit dieser Übung anfreunden werden, weil sie die Informationen mehr über das Gehörte als über das Gesehene (visueller Sinneskanal) aufnehmen. Wie gesagt, es handelt sich hier lediglich um allgemeine Erfahrungswerte. Experimentiere auch hier am besten etwas herum und wiederhole die Übung mehrmals, denn mit jeder Repetition werden deine alten Glaubenssätze mehr und mehr ihre Wirkung verlieren.

Du hast jetzt mehrere Methoden kennengelernt, die dir dabei helfen werden deine einengenden Glaubenssätze maximal zu schwächen. Nun möchte ich dir ein paar Techniken vorstellen, die dir dabei helfen werden, neue Glaubenssätze zu verankern.

Zeit für neue Glaubenssätze

Mal angenommen, du wünschst dir mehr Selbstvertrauen. *Dann geht es jetzt darum, nach Referenzerlebnissen zu suchen, bei denen du so richtig selbstbewusst warst.* Geh dafür ein paar Jahre zurück in deine Vergangenheit und such ganz gezielt nach so einem Referenzerlebnis. Ziel dieser Übung ist es, deinen Glaubenssatz mit diesem Erlebnis zu verbinden. Dein Unterbewusstsein hat auch solche Erlebnisse abgespeichert und wenn du dir die Zeit nimmst, danach zu suchen, wird es dir diese auch liefern. Es könnte dir beispielsweise eine Szene vor Augen halten, bei der du so richtig selbstbewusst warst, und zu dir sagen: „XYZ (dein Name), weißt du noch, damals als du diese Aufgabe zu lösen hattest und sie mutig angegangen bist, hast du sie absolut souverän gelöst. Weißt du noch, wie toll das war?!" Sei gespannt auf das Resultat – das Unterbewusstsein ist sehr kreativ.

Bitte lies erst weiter, wenn du so ein Erlebnis gefunden und einen Glaubenssatz für dich kreiert hast. Bitte tu mir und *vor allem dir selbst den Gefallen und führe all diese Übungen gewissenhaft durch*. Es wird sich mehr als nur lohnen. Je mehr solcher Erlebnisse du hast, desto mehr förderliche Glaubenssätze wirst du künftig haben. Falls dir das im Moment etwas zu viel an Übungen sein sollte, was ich durchaus verstehen kann, dann leg ruhig eine Pause ein! Gönn dir ein Timeout, doch gib bitte nicht auf! Es ist echt wichtig, dass du hier jetzt konsequent dranbleibst! Solltest du mit dem Tempo aber keine Probleme haben, dann lass uns weitermachen.

Erweiterung von Glaubenssätzen

Wie sieht es nun aus, bist du bei deiner Suche fündig geworden? Wenn nicht, so bitte ich dich, erst weiterzumachen, wenn du etwas ausgegraben hast, das von Nutzen war, um deinen neuen Glaubenssatz zu verstärken. Es ist äußerst wichtig, dies deinem Gehirn deutlich zu zeigen. Und solltest du wirklich rein gar nichts finden können, dann empfehle ich dir, zu 110 Prozent deine Fantasie walten zu lassen und so zu tun, als ob. Die sogenannte So-tun-als-ob-Methode ist ebenfalls ein phänomenales Werkzeug. Du tust einfach so, als hättest du das, was du anstrebst, bereits erreicht.

Wenn du dir also mehr Selbstvertrauen wünschst, dann verhalte dich im Geiste so, als wärest du jetzt schon voller Selbstvertrauen.

Fantasie ist wichtiger als Wissen, denn Wissen ist begrenzt.

Albert Einstein

Oder um es mit den Worten von Napoleon Hill zu sagen:

„Dem menschlichen Geist sind keine Grenzen gesetzt, außer denen, die wir als solche anerkennen."

Nutze die Kraft deiner Fantasie – nutze die Macht deiner Vorstellungskraft

Bei den Zielen und Gedanken hatte ich die Vorstellungskraft bereits kurz angeschnitten. Nun möchte ich etwas näher darauf eingehen, weil das eine das andere nicht ausschließt. Ganz im Gegenteil, es besteht hier sogar ein direkter Zusammenhang. Mach dir einmal mehr eine klare Vorstellung von deiner Zukunft und tue im Geiste jetzt einfach so, als ob das, was du anstrebst, bereits Wirklichkeit ist. Gedanken erschaffen unsere Realität – das habe ich schon mehrfach erwähnt. Unsere Glaubenssätze sind natürlich ein bedeutender Bestandteil dieser Gedanken.

Aber was ist dir über die Vorstellungskraft bisher überhaupt bekannt?

Es gibt viele Definitionen, die alle auf dasselbe hinauslaufen. Das Wesentliche dabei ist, dass wir uns ihrer bewusst werden und sie uns zunutze machen. Eine kleine, aber sehr wichtige Bemerkung am Rande: *Die Vorstellungskraft wird auch als die Schöpferkraft der Seele bezeichnet.* Sie hat eine enorme Power, deshalb möchte ich, dass wir ihr hier unsere höchste Aufmerksamkeit schenken.

Sei dir im Klaren darüber, dass du nie und nimmer ein Ziel erreichen wirst, wenn das, was du willst, nicht zuerst von deiner Vorstellung Besitz ergreift. Du wirst weder Selbstvertrauen noch Durchhaltevermögen erlangen, wenn du nicht beides vorher in deiner Vorstellung, in deinem Geiste erschaffen hast. Zuerst kommen die Gedanken, sprich dein Denken. Menschen, die oft in Bildern denken und somit einen starken visuellen Sinneskanal haben, nutzen die Vorstellungskraft besonders intensiv. Wie ich schon mehrfach erwähnt habe, können wir heute davon ausgehen, dass wir täglich bis zu 80 000 Gedanken haben. Deshalb ist es auch so enorm wichtig, sich des Inhalts dieser Gedanken bewusst zu werden. Alles, was ein Mensch je in der Realität erschaffen hat, wurde zuerst in seiner Vorstellung erschaffen. Völlig egal, was es ist, ob Züge, Flugzeuge, Wolkenkratzer, Telefone, Autos oder was auch immer, es existierte davon zuerst ein Bild im Geiste der Erfinder, bevor es in der Außenwelt Form annehmen konnte. Alles, was du heute siehst, wurde anfänglich in der Innenwelt dieser Personen „produziert".

Auch eine Reise von tausend Meilen fängt mit dem ersten Schritt an. Achte auf deine Gedanken, sie sind der Anfang deiner Taten.

Chinesisches Sprichwort

Diese Bilder werden früher oder später zu Ideen und Plänen. Nach der Planung folgt die Umsetzung in die Realität, was die Idee dann für alle sichtbar werden lässt.

Viele psychologische Untersuchungen haben gezeigt, *dass ein Mensch so wird, wie er es sich selbst vorstellt.* Im Umkehrschluss heißt das, dass sich unser Leben so gestalten und entwickeln wird, wie wir uns vor unserem geistigen Auge sehen.

Die innere Welt erschafft also die äußere Welt.

Diese Erkenntnis ist von solcher Wichtigkeit, dass ich es nochmals wiederhole:

Dein Leben wird sich so gestalten und entwickeln, wie du dich vor deinem geistigen Auge siehst.

Denke jetzt bitte mal einen Moment lang an eine Banane. Kannst du sie sehen bzw. kannst du dir die Banane vorstellen? Natürlich kannst du das. Wieso sollte es also nicht möglich sein, dir vorzustellen, wie du dein Wunschleben als der Mensch führst, der du gerne sein möchtest?

Spitzensportler bedienen sich sehr häufig ihrer Vorstellungskraft. Gerade bei Wettkämpfen ist sie eine riesige

Unterstützung. Wieso also sollten nicht auch wir von unserer Fantasie Gebrauch machen? Etwas zu visualisieren, das wir anstreben, ist eine äußerst wirkungsvolle Technik. Darum mach auch du sie dir unbedingt zunutze.

Ich habe leider schon oft feststellen müssen, dass viele nur deshalb an ihren Vorhaben gescheitert sind, weil sie sich der falschen Instrumente bedient und falsche Methoden angewandt haben. Alles, was der Mensch braucht, hat er bereits – es wurde ihm schon von Geburt an mitgegeben. Warum sollte irgendjemand oder irgendwas dich davon abhalten können, das zu denken, was du willst, und dir das vorzustellen, was du gerne sein oder haben möchtest, also so zu tun, als ob?

Lass uns von den Erfolgreichen lernen

Alle erfolgreichen Menschen verbindet eine große Gemeinsamkeit: Sie alle hatten eine klare Vision davon, was sie wollten. Die wenigsten dieser Persönlichkeiten wussten allerdings am Anfang, wie ihre Idee in die Realität umzusetzen wäre. *Doch ohne Ausnahme hatten alle ein deutliches Bild, also eine klare Vorstellung von dem, was sie anstrebten.* Denkst du wirklich, dass dies „Zufall" sein kann?!

Dass ich nicht an Zufälle glaube, hatte ich schon erwähnt, oder? Vielmehr glaube ich an das Lebensgesetz von Ursache und Wirkung – doch mehr dazu später.

Hast du dich schon mal gefragt, weshalb einige Menschen öfter im Leben scheitern? Was ist der Grund, dass die einen immer wieder Erfolg haben, während andere vom Pech verfolgt zu sein scheinen? Menschen der ersten Gattung haben gelernt, ihre Gedanken zu steuern und sich auf das zu fokussieren, was sie haben möchten, und eben nicht auf das, was sie unter keinen Umständen haben wollen.

„Ich will nicht krank werden."

„Hoffentlich falle ich bei der Prüfung nicht durch."

„Ich gerate immer an die falsche Partnerin, den falschen Partner."

„Das Problem ist ..."

„Ich könnte meinen Chef echt auf den Mond schießen."

„Das geht doch bestimmt schief."

„Ich hasse diesen Typen."

„Ich kann einfach nicht."

Mit Aussagen solcher Art konzentriert sich ein Mensch genau auf das, was er gar nicht haben möchte und programmiert sich dabei ganz unbewusst darauf hin. Müssen wir uns dann noch wundern, wenn sich das irgendwann in seinem Leben auch so verwirklicht?

Das Gesetz der Anziehung wird auch hier sein Bestes tun, um dies zu ermöglichen, schließlich glaubt dieser Mensch ja unbewusst daran.

Kennst du solche Menschen, denen es so geht? Glaubst du allen Ernstes, dass ihr Pech nur ein Zufall ist? Es gibt Personen, die in jedem Problem eine Lösung suchen, doch es gibt eben auch diejenigen, die in jeder Lösung sofort ein Problem sehen. Optimisten sehen so gut wie immer das Positive und stellen sich jede Situation so oft es nur geht im besten Licht vor. Und das hat rein gar nichts mit der bekannten rosaroten Brille oder mit Blauäugigkeit zu tun.

Nochmals zur Erinnerung:

Jeder Gedanke, egal ob positiv oder negativ, erzeugt ein Resonanzfeld. Alles, was mit diesem Feld gleich schwingt, wird, ob es uns passt oder nicht, in unser Leben gezogen. Jetzt aber noch eine gute Nachricht zum Schluss: Weder unser Gehirn noch unser Unterbewusstsein kann zwischen

Vorstellung und Realität unterscheiden und das, liebe Leserin, lieber Leser, ist mittlerweile auch wissenschaftlich bewiesen! Was heißt das jetzt für dich? Stell dir deine Ziele so vor, als sei es bereits Wirklichkeit geworden – bildhaft! Wie gesagt, nicht ich habe das erfunden. Die Erkenntnis mit dem Denken und der Vorstellungskraft ist ein sehr alter Hut und die Wissenschaft liefert uns immer mehr Beweise für ihre Richtigkeit, ist das nicht herrlich?

Ich persönlich finde es schade, dass sich viele Menschen zu wenig bis gar nicht dieser Methode bedienen. Wenn sie es doch tun, dann meist unbewusst und auf eher destruktive Weise, die zu ihren Ungunsten ist. Leider machen viele von uns die Umstände oder irgendwen dafür verantwortlich, was in unserem Leben schiefläuft. Das Leben ist weder böse noch bevorzugt es jemanden, doch letzten Endes sind und bleiben wir selbst unseres Glückes Schmied. Es ist bedauerlich, dass viele fleißige Schmiede nicht sonderlich glücklich werden, und das vor allem, weil sie mit den falschen Werkzeugen arbeiten. Im Klartext heißt das: *Diese falschen Werkzeuge sind genau ihre hinderlichen Glaubenssätze.* Es fällt dir immer noch schwer, Referenzerlebnisse zu finden, um daraus neue Glaubenssätze zu gestalten und in dein Unterbewusstsein zu implementieren? Einmal mehr empfehle ich dir, deiner Fantasie (Vorstellungskraft) freien Lauf zu lassen und dir im

Geiste positive Erlebnisse zu kreieren. Vergiss nie: Der Geist erschafft die Materie bzw. die Materie folgt dem Geist!

Wenn mein Kopf es sich ausdenken kann, wenn mein Herz daran glauben kann, dann kann ich es auch erreichen.

Muhammad Ali

Frage dich daher ganz bewusst:

Wie muss ich die Welt wahrnehmen, damit ich die Person werden kann, die ich gern sein möchte? Welche Glaubenssätze hat die Person, die ICH (dein Name) gern sein möchte?

Schreibe sie dir bitte jetzt hier auf:

_____

_____

_____

_____

_____

_____

_____

Welche Referenzerlebnisse bzw. Erfahrungen wären darüber hinaus noch hilfreich, um diese Person zu werden und zu bleiben?

_____

_____

_____

_____

_____

_____

_____

_____

_____

Reminder:

Erschaffe sämtliche Erlebnisse zuerst in deinem Geist. Dort kannst du bereits beginnen, *dich wie diese Person zu verhalten und zu leben.* Sobald du erste Erfahrungen in deiner physischen Welt damit gemacht hast, wird sich dieser Glaubenssatz von Mal zu Mal verstärken und schlussendlich fest verankern. Wiederhole die Sätze, die du oben aufgeschrieben hast, regelmäßig und spüre dabei die Energie, die in dir freigesetzt wird. Damit du noch schnellere und bessere Ergebnisse erzielst, gebe ich dir einen wertvollen Tipp mit auf dem Weg:

Erstelle dein eigenes Suggestionshörbuch!

Eine praktikable Methode, dein Unterbewusstsein zusätzlich positiv zu beeinflussen und dich seiner Hilfe zu bedienen, ist, ein Hörbuch mit all deinen Suggestionen zu erstellen. Ich kann dir diese Methode sehr ans Herz legen, auch wenn dir das jetzt vielleicht ein wenig verrückt, durchgeknallt oder was auch immer vorkommt. Ich kann das nur allzu gut verstehen und nachvollziehen, denn schließlich erging es mir genauso. Ich kann mich noch gut daran erinnern, wie ich das erste Hörbuch mit meinen Suggestionen erstellt habe. Mensch, kam ich mir damals albern vor. Und tatsächlich kostete es mich anfänglich ziemlich viel Überwindung, mit dem

Hörbuch. Loszulegen. Der erste Schritt ist ja immer der schwerste. Aber hat man ihn erst einmal gemacht, wird jeder weitere Schritt bedeutend einfacher. Und mit der Zeit wird es fast schon zur Routine. Ich nutze diese Methode auch heute noch für ganz viele Bereiche und der Erfolg, den ich damit habe, kann sich immer wieder sehen lassen.

Was spricht denn dagegen, seine Suggestionen bzw. die gewünschten Glaubenssätze auch noch aufs Smartphone oder Tablet zu sprechen und sich diese jeden Tag anzuhören? Wie oft hörst du dir täglich die Nachrichten an? Welchen Nutzen ziehst du aus diesem Informationsüberfluss? Wäre es nicht bedeutend sinnvoller, die Zeit dafür zu nutzen, um dir die Suggestionen anzuhören, die dich vorwärtsbringen und dich beim Erreichen deiner Ziele unterstützen werden?

Ich habe schon mehrfach betont, wie wirkungsvoll Suggestionen sind und was sie alles zu leisten vermögen. Nun, wenn du mal unterwegs bist und deine Suggestionen nicht laut aufsagen kannst, dann ist dein Suggestionshörbuch genau die perfekte Ergänzung. Darüber hinaus erhältst du sogar noch ein paar extra PS, die für noch mehr Durchschlagskraft sorgen werden. Ja, ich weiß, Männer halt. ☺

Ich habe schon einmal angedeutet, dass sich bei neuen Suggestionen am Anfang dein Verstand dazwischenschalten wird und dir bei den noch nicht fest verankerten Aussagen womöglich widersprechen will. Dein Bewusstsein weiß ja, dass das, was du sagst, im Moment noch gar nicht der Wahrheit entspricht. Das ist unter anderem ein Grund, weshalb sich viele Menschen nicht der Suggestion bedienen. Sie können nicht etwas behaupten, das nicht stimmt. Oder wie ich es auch von dem einen oder anderen Klienten zu hören bekomme: „Ich kann mich doch nicht selbst belügen."

Das alles hat bitte schön nichts mit sich selbst belügen zu tun. Nein, es handelt sich nicht um Selbstbetrug. Der Trick bei dieser Methode ist im Grunde genommen ganz simpel und doch haben viele Menschen ungeheure Schwierigkeiten, das zu verstehen und auch anzunehmen. Womöglich hast du, Stand heute, noch nicht die Glaubenssätze, die du gern hättest, kreiert. Aber genau das willst du doch erreichen, oder nicht? *Die meisten Menschen denken viel zu oft an das, was sie auf keinen Fall möchten, und wundern sich dann, warum es ständig in ihr Leben tritt. Kunststück!*

Wie wäre es aber, wenn wir unsere Aufmerksamkeit darauf richten würden, was wir anstreben bzw. was wir erreichen möchten? Denke an die Macht der Konzentration. Wenn du eine erfolgversprechende, sprich positive Behauptung permanent wiederholst, wird sich dein Bewusstsein immer mehr dafür öffnen. Und so wird die Suggestion schließlich Schritt für Schritt in dein Unterbewusstsein dringen, sich verankern und dann auch für ihre Wirkung sorgen.

Ein Hörbuch eignet sich dafür ganz hervorragend als Unterstützung, denn wenn du dir die Inhalte täglich etwa zehn Minuten oder länger anhörst, wird dein Bewusstsein das mit der Zeit gar nicht mehr mitkriegen und dem auch nicht mehr widersprechen können. Irgendwann läuft das so automatisch, dass sich der Verstand daran gewöhnt hat. Du hast ihn also schon so gut wie überzeugt und dann werden dich sowohl das Bewusstsein als auch das Unterbewusstsein optimal unterstützen. Ja, es ist wirklich so einfach! Hier noch ein wichtiger Tipp: Nachts ist dein Unterbewusstsein äußerst aktiv und für Suggestionen besonders empfänglich. Dann schläft dein Bewusstsein und kann somit nicht dazwischen quatschen. Dein Unterbewusstsein jedoch schläft nie und damit öffnen sich Tür und Tor, um es positiv zu beeinflussen. Wenn du also dein Hörbuch über längere Zeit laufen lässt, während du schläfst, wird dein Unterbewusstsein diese Botschaften „empfangen". Und mit jeder Wiederholung werden sich diese noch mehr dort einnisten und für entsprechende Wirkung sorgen. Dein Unterbewusstsein hört alles, sodass du die Lautstärke auf ein Minimum setzen und trotzdem ruhig schlafen kannst. Keine Bange, es funktioniert!

Im alten Ägypten gab es den sogenannten Tempelschlaf, eine Methode, die die Weisen damals für sich in Anspruch nahmen. Während sie schliefen, wurden ihnen von Priestern positive Sätze vorgesprochen. Bewusst nahmen sie diese nicht wahr, unbewusst jedoch sehr wohl – weil das Unterbewusstsein niemals schläft und immer wach ist. Jeder Satz wird dort verankert und sorgt für eine entsprechende Wirkung.

In der heutigen Zeit brauchst du dafür keine Priester, sondern kannst einfach ein anderes Medium verwenden. Dies ist nichts anderes als mentales Training.

Beim Erstellen deines Suggestionshörbuchs darfst du etwas sehr Wichtiges nicht vergessen – die Emotion! Plappere nicht einfach so drauflos, sondern füge deinen Suggestionen so viel Energie hinzu, wie du nur kannst. Das wird die Wirkung noch deutlich zusätzlich verstärken.

Wie ich schon häufiger gesagt habe, ist jeder Mensch mit fantastischen Fähigkeiten gesegnet worden. Doch wenn wir uns diese nicht zunutze machen, wird uns vieles im Leben verwehrt bleiben. Das Traurige daran ist, dass man es uns nie richtig beigebracht hat, sie gewinnbringend einzusetzen. Ich stelle oft fest, dass die meisten Menschen gar nicht wissen, welche Kräfte in ihnen schlummern und wie sie diese aktivieren können. *Und so ist unser selbst erstelltes*

Suggestionshörbuch eine sehr wirkungsvolle Methode, diesen Service direkt in Anspruch zu nehmen.

So könntest du beim Erstellen deines Suggestionshörbuchs vorgehen:

Es gibt dank innovativer Technik sehr viele Möglichkeiten dafür an. Ich nehme mal an, dass du ein Smartphone, ein Tablet oder auch ein ganz gewöhnliches Handy besitzt. Diese Geräte sind dafür wie geschaffen. Du kannst deine Suggestionen direkt aufsprechen und sie dir immer wieder anhören, also auch nachts, wenn es die Umstände bei dir zulassen. Falls du dein Handy nachts dafür verwenden solltest, achte bitte unbedingt darauf, dass du den Flugmodus vorher aktivierst. Damit das Ganze etwas lustvoller klingt, empfehle ich dir, deine Suggestionen mit einer leisen Hintergrundmusik zu versehen. Lass dich dabei ganz bequem von deinem Computer unterstützen und brenn das Hörbuch anschließend auf eine CD oder kopiere es auf einen Stick oder ein mobiles Gerät.

Du siehst selbst, wie einfach diese Methode ist. Und doch ist sie enorm effektiv und erzielt großartige Ergebnisse. Nochmals zur Erinnerung: Unser Unterbewusstsein akzeptiert alles, und zwar ohne Widerspruch gegen das, was wir ihm eintrichtern.

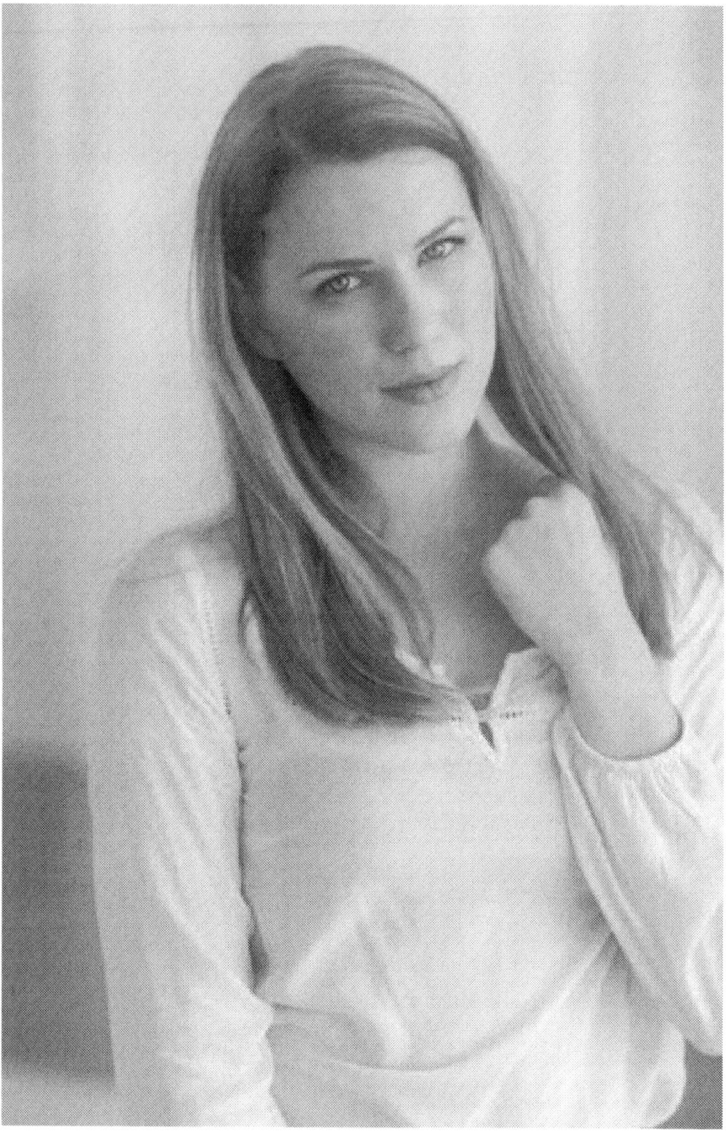

Zu guter Letzt – jetzt wird's musikalisch!

Bestimmt kennst du die Redensart „Das klingt wie Musik in meinen Ohren". Die nächste Methode, die ich dir vorstellen möchte, bringt genau das auf den Punkt. Eine weitere Möglichkeit, um neue Glaubenssätze bei sich zu verankern, ist die, sich aufbauende Lieder anzuhören. Wie fühlst du dich, wenn du denn Song „Happy" von Pharrell Williams hörst? Geht es dir dabei echt mies und fühlst du dich dadurch deprimiert oder im Gegenteil entspannt und glücklich? Natürlich fühlt sich das nicht für jeden Menschen gleich an und nicht jeder ist wegen eines Liedes gleich happy, doch ich gehe mal davon aus, dass die meisten Menschen lebensbejahende und positive Gefühle mit diesem Song in Verbindung bringen. Musik hat einen enormen Einfluss auf unser Wohlbefinden und das ist nun wirklich nichts Neues.

Aber hast du auch gewusst, dass du mithilfe von Songs neue Glaubenssätze installieren kannst? Das funktioniert sogar ganz gut, zumal du dich ja durch die Melodie bereits in einen freudigen Zustand bringst und sich dein Geist dabei gut entspannen kann. *Genau dann schaltet dein Kritiker mindestens einen Gang runter und dein Unterbewusstsein wird für Suggestionen besonders empfänglich.*

Es ist die Kombination aus beidem, was diese Methode letzten Endes so effektiv macht. Du verbesserst nicht nur deinen aktuellen Zustand, sondern bekommst darüber hinaus einige aufbauende Suggestionen hinzu. Vorausgesetzt natürlich, die Suggestionen dieses Songs sind wirklich positiv! Denn es gibt ja auch Lieder, bei denen es um Mord und Totschlag geht. Die solltest du unbedingt meiden. Erinnere dich bitte an die Macht der Worte und was diese bei uns auslösen. Dass dein Unterbewusstsein alles abspeichert, habe ich bereits zur Genüge erwähnt, darum werde ich hier auf eine Wiederholung verzichten. Verinnerliche bitte all das, was du in diesem Buch bisher gelernt hast. Vielleicht intervenierst du jetzt und sagst: „Dejan, damit übertreibst du es ein weinig! Es spielt doch keine Rolle, welche Art von Musik ich höre und was der Inhalt der Songs ist." Doch, es spielt eine Rolle, was wir uns täglich reinziehen und in unser Unterbewusstsein lassen – leider oder auch zum Glück! Denn langfristig hat das einen enormen Einfluss auf unsere Denkweise.

Die Qualität der Lieder ist da keine Ausnahme. Wenn ich mir immer wieder anhöre, wie dieser oder jener verflucht oder ihm sogar der Tod gewünscht wird, dann sei dir gewiss, dass dies früher oder später Einfluss auf die Qualität meines Lebens hat. Auf welche Art und Weise auch immer. *Natürlich hat dein Gehirn einen Filter, aber auch der kann auf Dauer nicht alles fernhalten, was schlecht für dich ist.* Darum empfehle ich dir einmal mehr, bewusst das herauszufiltern, was dir guttun wird. Und in diesem Fall handelt es sich um *aufbauende* Lieder. Ich habe mir erlaubt, einige Songs mit positivem Inhalt für dich auszusuchen. Diese Liste hat natürlich keinen Anspruch auf Vollständigkeit und stellt nur eine Miniauswahl meinerseits dar. Analysiere am besten deine Lieder danach, welche dir guttun, und höre dabei die *Sätze heraus, die für dich förderlich sein könnten.* Nutze diese Gelegenheit und schlage gleich zwei Fliegen mit einer Klatsche. Wenn du das nächste Mal Sport treibst, etwas kochst, liest oder sonst einer Aktivität nachgehst, kannst du diese Gelegenheit gleichzeitig dafür nutzen, dich wiederaufzubauen und zudem neue Glaubenssätze in deinem Unterbewusstsein zu verankern oder auch bestehende zu stärken.

Hier eine kleine Auswahl förderlicher Songs:

Bobby McFerrin	Don't Worry, Be Happy
Chris Rea	Wonderful Life
James Brown	I Feel Good
Joe Esposito	You're The Best Around
Queen	We Will Rock You
Snap	I've Got The Power
Stan Bush	Everybody Loves A Winner Everyone Can See That I Am
Survivor	Eye Of The Tiger
Tina Turner	Simply The Best

Ich bin mir sicher, dass du den einen oder anderen bereits kennst. Sagt er dir zu, dann nimm ihn in dein Inventar mit auf. Gibt es darüber hinaus weitere Songs, die dich noch besser unterstützen könnten? Welche Lieder möchtest du sonst noch in dein Inventar mitaufnehmen? Denk in Ruhe darüber nach und schreibe sie der Vollständigkeit halber am besten hier auf:

Meine persönlichen Hero-Songs:

Ich habe dir nun mehrere Techniken, Methoden und Übungen gezeigt, wie du neue Glaubenssätze in deinem Unterbewusstsein verankern kannst und wie du hinderliche schwächen und im Idealfall ganz loswerden kannst.

Die Rezepte habe ich dir geliefert – für das Zubereiten bist du selbst zuständig!

Natürlich passiert nichts über Nacht, doch bei einem konsequenten Training lassen sich Veränderungen schneller erzielen, als du jetzt vielleicht glauben magst. Ja, auch das ist ein Glaubenssatz, aber eines weiß ich aus eigener Erfahrung: Sobald du mit der Umsetzung der oben genannten Methoden angefangen hast, werden sich auch erste Resultate in deinem Leben zeigen. Vertraue darauf, du packst das!

Es gibt Dinge, die wir lernen müssen, bevor wir sie tun können. Und wir lernen sie, indem wir sie tun.

Aristoteles

Ich wünsche dir viel Freude und Erfolg bei der Umsetzung. Schließen möchte ich diesen Teil mit einer Geschichte, die mir immer wieder Gänsehaut bereitet.

Am 23. Juni 1940 kam in Saint Bethlehem (Tennessee) ein afroamerikanisches Mädchen zur Welt. Damals waren farbige Menschen in den USA noch lange nicht gleichberechtigt, schon gar nicht in den Südstaaten. Als das Mädchen vier Jahre alt war, erkrankte es an Kinderlähmung. Der Arzt erklärte der Mutter, dass ihr Kind ohne Krücken nie wieder würde gehen können. Doch die Mutter konnte und wollte diese Diagnose nicht akzeptieren. Jeden Tag massierte sie die Beine ihrer kleinen Tochter, rieb diese mit verschiedenen Heilkräutern ein, die sie noch von ihren Vorfahren kannte. Sie betete jeden Tag zusammen mit ihrem Kind zu Gott und glaubte ganz fest daran, dass ihre Tochter eines Tages ohne Hilfe würde gehen können. Die beiden konsultierten andere Ärzte aus verschiedenen Städten, doch die Diagnose war jedes Mal dieselbe. Trotzdem gaben Mutter und Tochter niemals auf. Irgendwann verspürte das Mädchen eine erste kleine Besserung. Aufgrund dessen begann es noch härter an sich zu arbeiten. Als es acht war, gelang es ihm, mithilfe von Krücken das erste Mal zu gehen. Eines Tages konnte das Mädchen die Krücken wegwerfen, da es sich bereits humpelnd fortbewegen konnte. Tag für Tag lief es nun besser und besser und irgendwann konnte es sich wieder ganz normal bewegen. Das Mädchen lief und lief und war voller Freude den ganzen Tag lang. Es lief so viel und so lange, bis es schließlich 1960 bei den Olympischen Spielen in Rom als junge Frau zwei Weltrekorde aufstellte und alle drei Goldmedaillen in der Kurzstrecken-Disziplin gewann. Der Name dieses Mädchens ist Wilma Rudolph, auch bekannt als die Schwarze Gazelle! 1974, also 14 Jahre später, wurde sie als erste schwarze Athletin in die USA Track & Field Hall of Fame aufgenommen und 1997 rief der Gouverneur Don Sundquist den 23. Juni (ihr Geburtstag) zum Wilma-Rudolph-Day aus.

Diese Geschichte fasziniert mich jedes Mal aufs Neue, weil sie auf so eindrückliche Art und Weise zeigt, *wozu ein starker Glaube alles imstande ist.*

Wenn ein kindergelähmtes Mädchen das alles schaffen konnte, welche Ausrede könnte irgendeiner von uns jetzt noch dafür haben, unsere Ziele nicht zu erreichen?

Welche Voraussetzung könnte vonnöten sein, um genau die Wirkung zu erzielen, die wir uns für unser Leben wünschen? Dies wollen wir uns im nächsten Teil gemeinsam anschauen.

Doch bevor wir so weit sind, möchte ich zu unserer Übung zurückkehren und mit dir deine letzten zehn Stärken ausfindig machen. Du kennst das zwar bereits zu Genüge, aber aus Erfahrung weiß ich auch, dass sich viele damit schwertun. Aus diesem Grund möchte ich dir nochmals ans Herz legen, dich intensiv damit zu befassen und auch deine letzten zehn Stärken noch ausfindig zu machen. Komm schon, du kriegst das hin – du hast es ja schon fast geschafft!

Hier nochmals die Fragen, die dir bei deiner Suche helfen werden:

- Welche Erfolge konnte ich in meinem Leben bisher verbuchen und welche Eigenschaften waren dafür erforderlich?
- Was kann ich wirklich gut?
- Wofür kann ich mich begeistern?
- Wovon habe ich als Kind geträumt?
- Welche Fähigkeiten verbergen sich hinter diesen Träumen?
- Was wollte ich werden, wenn ich mal groß bin?
- Wofür wurde ich schon mehr als einmal aus meinem Umfeld (Arbeitskollegen, Freunde, Bekannte, Vorgesetze, Lehrer, Eltern) gelobt?
- Zu welchen Themen fragen mich andere Menschen häufig um Rat?
- Wo (Bereich) gehe ich Herausforderungen und Hindernisse mit viel Freude an?

- ➢ Was lerne ich besonders schnell?
- ➢ Welche Probleme habe ich in der Vergangenheit für mich selbst und/oder für andere mit Bravour gelöst?
- ➢ Welche Aufgaben und Tätigkeiten vermitteln mir das Gefühl, etwas Großartiges und Sinnvolles zu tun?
- ➢

Bitte mach erst weiter, wenn du alle 50 Stärken aufgeschrieben hast!

Ich gehe jetzt ganz stark davon aus, dass du nicht schummelst und dich auch nicht selbst hinters Licht führen möchtest. Streng dich noch einmal an und ich bin mir sicher, dass du 50 Stärken zusammenbekommst. Du kriegst das hin!

URSACHE UND WIRKUNG

Kommen wir nun zu einem weiteren Lebensgesetz, das ich hier schon oft erwähnt habe: das Gesetz von Ursache und Wirkung oder von Aktion und Reaktion. Manche Menschen nennen es auch Karma und in der Bibel wurde dieses Gesetz als Saat und Ernte bezeichnet.

Nichts geschieht ohne Grund, auch wenn wir gern den lieben Zufall dafür verantwortlich machen möchten. *Jede Ursache zeigt eine entsprechende Wirkung und jede Wirkung existiert nur, weil im Vorfeld die dafür nötige Ursache gesetzt wurde.* Im Folgenden möchte ich dieses Gesetz etwas vertiefen. Kannst du dich noch an unser Beispiel mit dem Bauern erinnern?

Was macht der Bauer im Frühling?

Er beginnt mit seiner Aussaat. Zuerst kommt der Hafer, danach die Gerste und als Letztes die Kartoffeln. Natürlich bedarf es auch der einen oder anderen Nacharbeit, aber grundsätzlich vertraut der Bauer der Natur und somit den Gesetzen des Lebens, **dass ihm das, was er gesät hat, in ein paar Monaten eine reiche Ernte einbringen wird.** Saat und Ernte = Ursache und Wirkung.

Wer im Frühling nichts sät, wird im Herbst nichts ernten.

Deutsches Sprichwort

Ich gebe offen zu, dass ich ein Weilchen gebraucht habe, um einigermaßen zu verstehen, wie es wirklich funktioniert. Dieses Thema ist für künftige Erfolge von zentraler Bedeutung. Lies dir bitte auch diesen Teil sehr aufmerksam durch, denn erfahrungsgemäß dauert es eine gewisse Zeit, bis man dieses Lebensgesetz verstanden und vor allem verinnerlicht hat.

Fassen wir mal zusammen, was wir bisher über die Lebensgesetze gelernt haben:

Worauf ich meine Aufmerksamkeit richte (Konzentration), dorthin fließt auch meine Energie. Je intensiver diese ist, desto eher werde ich Dinge anziehen, die ich möchte oder eben auch nicht möchte. Je stärker ich daran glaube, desto größer ist die Chance, dass ich es auch erhalte. Und je häufiger ich all diese Prozesse wiederhole, desto mehr Ursachen setze ich frei. Das, was du heute bist, ist das Ergebnis deines Denkens aus deiner Vergangenheit!!

Die ist in der Tat nicht mehr zu ändern und deshalb lassen wir sie auch für immer ruhen. Was die Zukunft allerdings anbelangt, packen wir jetzt die Gelegenheit beim Schopf und nehmen bewusst darauf Einfluss. Jeder neue Tag kann ein neuer Start in ein neues Leben werden.

Otto Normalverbraucher, der das Gesetz von Ursache und Wirkung nicht kennt, lässt sich schlicht von seinen Gedanken und Gefühlen kontrollieren und leiten. Hat er mal ein Problem, geht er diesem so gut wie nie auf den Grund, denn Ursachenforschung ist für ihn ein Fremdwort. Das Einzige, was er wirklich gut kann, ist es, sein Verhalten und seine Taten zu rechtfertigen.

Nochmals zu Erinnerung: Es spielt überhaupt keine Rolle, wer oder was du heute bist. Worum es jetzt geht, ist zu entscheiden, wer oder was du MORGEN sein möchtest!

Schaue den Tatsachen direkt ins Auge, denn das, was du jetzt, hier und heute denkst, wirst du morgen sein.

Wir sind, was wir denken. Alles, was wir sind, entsteht aus unseren Gedanken. Mit unseren Gedanken formen wir die Welt.

Buddha

Mit jedem Denkprozess setzt du permanent neue Ursachen für sämtliche zukünftige Wirkungen. Und mit jeder Wiederholung kommst du ihnen immer näher. Was denkst du, wirst du ernten, wenn du deinen Schatz ständig kritisiert? Was glaubst du, wirst du ernten, wenn du deinem Darling regelmäßig Liebe schenkst? Was meinst du, wirst du ernten, wenn du anderen Menschen Nutzen gibst?

Etwas Wichtiges möchte ich dir einmal mehr mit auf den Weg geben. Ich sage nicht, dass du auf ALLES Einfluss nehmen kannst und immer ALLES erreichen wirst. Ich bin mir bewusst, dass es Trainer, Coaches und Lehrer gibt, die das so vermitteln, aber diese Meinung teile ich persönlich nicht und ich möchte auch keineswegs jemanden schlechtreden oder angreifen. Ich respektiere jede Meinung und hier handelt es sich lediglich um meine persönliche Einstellung, die da lautet, dass wir zu einem sehr, sehr großen Teil Einfluss auf unser Leben, auf unsere Entwicklung nehmen können und unbedingt auch sollten, dennoch ist es nicht möglich, sämtliche Ereignisse zu 100 Prozent steuern zu können.

Sei darauf gefasst, dass dir das Leben hin und wieder gewisse Aufgaben oder Herausforderungen schicken wird, die du in dieser Form gar nicht zu gewollt hast. Das Leben tut so etwas, weil es uns mittels solcher Herausforderungen prüfen möchte. Es testet uns, um zu sehen, ob wir es mit unserem Vorhaben ernst meinen, ob wir das, was wir anstreben, mit Beharrlichkeit auch weiterverfolgen. Es möchte sehen, ob wir nur labern oder tatsächlich handeln. Es prüft uns, ob wir nach einer Niederlage wieder aufstehen und weitermachen oder ob wir liegen bleiben und das Opfer spielen wollen. Ja, es sind diese sogenannten Prüfungen des Lebens, die uns hin und wieder auf die Probe stellen. Doch die Menschen für diese Tests generell selbst verantwortlich zu machen, erachte ich als unangemessen und anmaßend.

Gerne möchte ich dir das anhand von ein paar Beispielen verdeutlichen:

Oprah Winfrey wurde als Kind sexuell missbraucht. Obwohl ich sie persönlich nie kennengelernt habe, kann ich mir nicht vorstellen, dass ein kleines Kind so etwas bewusst oder unbewusst anzieht und schon gar nicht anstrebt. Und wie viele Kinder und auch Frauen erleiden so ein schreckliches Schicksal?! Nun stell dir bitte vor, wir würden zu so jemandem sagen: „Du hast die Ursache dafür selbst gesetzt und es dadurch angezogen." Welche Gefühle würde das wohl bei einem Menschen auslösen, der so etwas in seinem Leben erlebt hat? Ich persönlich fände ein solches Vorgehen nicht nur völlig daneben, sondern auch äußerst verantwortungslos.

Was die betroffene Person trotz ihres tragischen Schicksals daraus macht, ist allerdings eine ganz andere Frage. Oprah Winfrey hat, wie ich finde, extrem eindrucksvoll bewiesen, dass es möglich ist, über sich hinauszuwachsen. Es gibt noch viele weitere Beispiele dafür, was Menschen trotz schwieriger Umstände aus ihrem Leben gemacht haben. Keiner von uns kommt um so eine Prüfung rum, keiner! Deswegen wäre ich mit Schuldzuweisungen wie „Du und nur du allein hast all das verursacht!" sehr, sehr vorsichtig.

Ein anderes Beispiel, und zwar eines aus meinem Leben: Als ich auf die Welt kam, hatte meine Mutter mit mir eine relativ schwierige Geburt. Ich musste mit einer Zange geholt werden und dabei wurden einige Sehnerven stark verletzt. Man geht davon aus, dass dies der Grund für mein Schielen ist. Zwar sieht das heute relativ okay aus, doch als Kind war diese Fehlstellung des Auges nicht zu übersehen. Dass dies für mich während meiner Kindheit nicht immer einfach war, muss ich wohl nicht vertiefen. Eine Augenärztin sagte mir einmal, dass dies ein Geburtsfehler sei. Wie dem auch sei, was ich dir damit sagen will, ist, dass ich als Neugeborenes so etwas nicht beeinflussen und sicher auch nicht anziehen konnte.

Nun stellt sich die Frage, ob jemand anderes darauf hätte Einfluss nehmen können. Vielleicht, doch spielt das überhaupt eine Rolle? Nicht wirklich. Habe ich andere dafür verantwortlich gemacht? Nun, ich bin auch dabei ganz ehrlich zu dir: Ja, das habe ich. Ich weiß, ich weiß, so etwas ist echt dämlich und Gott sein Dank war das auch nur von kurzer Dauer. Dennoch will ich nicht leugnen, dass ich das gelegentlich tat. Heute bin ich sehr dankbar dafür, denn in Wahrheit war es ein Segen! Natürlich gab es Momente in meinem Leben, in denen mir mein Schielen und die starke Sehbeeinträchtigung großen Kummer bereiteten, und ich habe etliche Jahre gebraucht, um damit klarzukommen. Aber irgendwann habe ich begriffen, dass mir das Leben damit etwas vermitteln wollte. Nein, ich konnte diese Fehlstellung nicht beeinflussen, denn sie war ab dem Zeitpunkt meiner Geburt bereits da. Aber alles, was danach kam, und alles, was ich daraus gemacht habe, sehr wohl. Ich hätte durchaus die Rolle des Opfers annehmen können für etwas, das nie in meiner Hand lag. Aber welches Saatkorn hätte ich damit wohl für mich und meine Zukunft gelegt?

Vielleicht hat ja jemand ganz anderes eine Ursache für mein Schielen geliefert und ist verantwortlich. Gut möglich. Vielleicht war es aber auch Bestimmung – keine Ahnung und es ist auch völlig egal. Ich will mich jetzt auch nicht mit Oprah oder all den missbrauchten Frauen vergleichen, absolut nicht, denn mein Erlebnis ist mit dem ihrem in keiner Weise vergleichbar. Vielmehr wollte ich dir damit aufzeigen, dass auch ich ganz offen mit meiner Wahrheit umgehe.

Es gibt manchmal Situationen, bei denen das Leben eingreift. Natürlich wurden im Vorfeld auch dafür gewisse Ursachen gesetzt, das ist so und wird auch immer so bleiben. Allerdings heißt das nicht, dass ich als Individuum exakt diese Ursache gesetzt habe. Oder weshalb kommen Kinder sogar taub auf die Welt? Sicher nicht, weil sie während der Schwangerschaft die Ursache dafür gesetzt hätten. Nein, das denke ich wirklich nicht, vielmehr glaube ich, dass uns das Leben auf verschiedenste Weise testen will, um zu sehen, ob wir bereit sind, an der Herausforderung zu wachsen und um zu lernen. Nicht selten stellen sich diese sogenannten „schlechten" Ereignisse als diejenigen heraus, welche für unser Fortkommen unerlässlich waren. Und häufig ist es so, dass sie uns dadurch zu der Persönlichkeit gemacht haben, die wir heute sind. Wie gesagt, ist und bleibt das lediglich meine Meinung. Trotzdem bin ich der festen Überzeugung, dass jeder Mensch letztlich selbst der Gestalter seines Lebens ist und bleibt. Demzufolge trägt er auch die Verantwortung für sein Leben und genau aus dem Grund ist es wichtig, nur das zu säen (Ursache), was wir später auch ernten (Wirkung) möchten.

Jeder Gedanke ist eine Ursache und jeder innere oder äußere Umstand eine Wirkung. Um Ihr Leben so zu beeinflussen, wie Sie es für sich wünschen, müssen Sie deshalb uneingeschränkt über Ihre Gedanken herrschen können.

Dr. Joseph Murphy

Und auch hier lautet die alles entscheidende Frage:

Was wirst du heute säen, damit du morgen etwas ernten kannst?

Was ist der Inhalt dieses Samens bzw. Gedankens?

So könnte er aussehen:

„In jeder Situation gebe ich mein Bestes."

„Ich verdiene es, ein glückliches Leben zu führen."

„Meine Kreativität wird immer besser und besser."

„Ich kriege das hin."

„Ich habe ein selbstbewusstes Auftreten."

„Ich erfreue mich bester Gesundheit."

„Das Leben ist wunderschön, wofür ich sehr dankbar bin."

„Ich konzentriere mich nur auf gute Gedanken."

„In jeder Situation sehe ich stets das Positive."

„In jedem PROblem sehe ich eine Chance."

„Ich krieg das hin."

„Ich sehe meine Ziele klar vor Augen."

„Ich fühle mich absolut fantastisch und ich bin so dankbar dafür."

Kommen dir Sätze dieser Art bekannt vor?

Nochmals zur Erinnerung:

Materie folgt dem Geist – der Geist erschafft die Materie.

Viele Menschen möchten irgendwie mehr Glück und Erfolg in ihr Leben ziehen, aber sie denken immer wieder darüber nach, was alles schiefgehen könnte, und machen sich Sorgen über dieses und jenes. Ein echter Teufelskreis, nicht wahr? Es ist so simpel und doch haben so viele Menschen Schwierigkeiten, es anzunehmen. Vielleicht gerade, weil es so einfach wäre?

Das Wichtigste in Kürze:

Worauf du dich konzentrierst, bestimmt, was du in deiner Zukunft, die du dir dadurch selbst kreierst, vorfinden wirst. Dorthin fließt deine ganze Energie. Wenn du immer nach demselben alten Schema denkst, kann deine Wirkung nicht anders sein. Wenn du immer alles so machst wie bisher, dann kannst du auch keine anderen oder neuen Ergebnisse erwarten. *Setze deshalb neue Ursachen für dich und du wirst dadurch neue Ergebnisse erhalten.*

Kollektives Bewusstsein

Hast du dich jemals gefragt, weshalb manche Länder und Nationen fortgeschrittener sind als andere? Ja, ich weiß, es gibt Länder, die reicher und es gibt solche, die weniger wohlhabend sind. Und doch dürfen wir etwas Essenzielles nicht außer Acht lassen: Das kollektive Denken eines Landes bestimmt zum großen Teil auch sein kollektives Schicksal.

Als serbischer Schweizer habe ich aus beiden Kulturen sehr viel mitbekommen und dabei festgestellt, dass sich die Denkweise eines Schweizers und die eines Serben sehr stark unterscheiden. Glaubst du, es ist nur ein Zufall, dass die beiden Länder so unterschiedlich wahrgenommen werden? Oder anders gefragt, an was denkst du, wenn du einen Deutschen, Amerikaner, Japaner, Chinesen, Indianer oder Afrikaner triffst? Sind sie alle gleich in ihrem Denken, Fühlen und Handeln? Natürlich nicht, sie unterscheiden sich sehr stark darin.

Es gibt sehr viele Menschen, die in ärmlichen Verhältnissen groß werden sind und das seit ihrer Geburt nur so kennen. Und dann gibt es solche, die eine 180-Grad-Wende hinkriegen, sowohl als Individuum als auch im Kollektiv. Wenn wir die Lebensqualität in einem Land verbessern wollen, müssen wir vor allem an den Werten und

Glaubenssätzen arbeiten. Ja, auch ich als Einzelperson kann schon mal damit beginnen, einen positiven Beitrag dafür zu leisten und damit gleichzeitig neue Ursachen setzen. Jeder von uns kann das. Wirklich jeder!

Dieser Irrglaube, dass ein Einzelner nichts bewegen kann, ist blanker Unsinn, denn es fängt immer **mit uns selbst** an. Nehmen wir jetzt eine Mutter Teresa, eine Oprah Winfrey, einen Steve Jobs oder einen Nikola Tesla als Beispiel. Sie als Individuum haben einen riesigen Beitrag für unsere Welt geleistet und auch sie waren zu Beginn hauptsächlich auf sich allein gestellt. Doch mit der Zeit haben sie auch andere Menschen mit ihren Visionen und Ideen infiziert und schon hatten sie den einen oder anderen Verbündeten.

Vielleicht erwiderst du ja jetzt: „Dejan, hast du noch alle Tassen im Schrank, ich kann mich doch nicht mit all diesen Menschen vergleichen?" Das muss man gar nicht, denn sich mit anderen zu vergleichen, ist so ziemlich das Unklügste, was wir Menschen machen sollten. Aber lass dich von diesen großartigen Persönlichkeiten inspirieren! Und wenn du „nur" ein Hunderttausendstel von dem leistest, was diese Menschen für die Menschheit getan haben, dann wäre das für unsere Welt, und letztlich auch für dich selbst, schon sehr, sehr viel!

Stell dir **deshalb jeden Tag** folgende Fragen:

- Worüber bin ich glücklich und wofür dankbar?
- Welchen Beitrag (Ursache) kann ich heute leisten, um die Welt ein klein wenig besser zu machen?
- Wessen Leben kann ich heute verbessern bzw. verschönern?

Verändere deine Werte und Glaubenssätze und du wirst automatisch auch neue Ursachen setzen und somit dein Schicksal (Wirkung) verändern.

Was du heute denkst, wirst du morgen tun.

Leo Tolstoi

Jetzt geht es ans Eingemachte – der letzte Schliff

Wir haben in diesem Buch über sehr vieles gesprochen und ich bin mir sicher, dass ich dir die eine oder andere hilfreiche Übung mit auf dem Weg gegeben habe. Aus meiner Erfahrung heraus weiß ich, dass dir das sehr viel bringen wird.

Nun möchte ich gern eine weitere Übung mit dir durchführen und ich bitte dich einmal mehr, dir dafür die nötige Zeit zu nehmen und wirklich erst weiterzulesen, wenn du sie komplett abgeschlossen hast. Das ist nun in der Tat der Feinschliff.

Nimm jetzt die Liste mit deinen 50 Stärken und fische deine zehn besten heraus. Es geht vor allem darum, die zu finden, wo du am stärksten bist – also deine Top Ten!

Die Top Ten meiner Stärken:

1. _____

2. _____

3. _____

4. _____

5. _____

6. _____

7. _____

8. _____

9. _____

10. _____

Wie kann ich diese noch weiterentwickeln? Welche Bücher, Audio- und Videoprogramme, Seminare oder Personen könnten mir dabei helfen?

_____

_____

_____

_____

_____

_____

_____

_____

_____

Wo (in welchen Situationen) könnte ich sie in Zukunft noch mehr einsetzen?

Welche Personen könnten mich dabei unterstützen? Ist einer dabei, der sich als mein Mentor, Lehrer oder Coach eignen würde?

_____

_____

_____

_____

_____

_____

_____

_____

_____

Meine Werte-Hierarchie:

1. _____

2. _____

3. _____

4. _____

5. _____

6. _____

7. _____

8. _____

9. _____

10. _____

Sind das wirklich meine Werte? Will ich eventuell noch einen Wert hinzufügen?

Nimm dir auch hier ein paar Minuten Zeit, um deine Werte nochmals zu überdenken.

Am Ende stellt sich die Frage: Was hast du aus deinem Leben gemacht? Was du dann wünschst, getan zu haben, das tue jetzt.

Erasmus von Rotterdam

Meine Ziele

Wie sieht es mit deinen Zielen aus? Hast du dir diese aufgeschrieben? Mehr als über 90 Prozent der Menschen haben keine Ziele und leben in den Tag hinein.

Ziele haben eine magnetisierende Wirkung und selbst wenn wir nicht immer alle Ziele erreichen werden, sind sie hervorragend geeignet, um sich zu entwickeln und daran zu wachsen. Sie helfen uns, unserer wahren Bestimmung gerecht zu werden.

Wer liebt, was er tut und zudem noch gut darin ist, wird Großartiges in seinem Leben vollbringen.

Falls du noch immer keine Ziele aufgeschrieben hast, dann solltest du spätestens jetzt damit anfangen.

Hier zur Erinnerung die Fragen, welche dich dabei unterstützen könnten:

Was müsste alles passieren, damit du eines Tages sagen kannst:

„Es hat sich gelohnt, dieses geniale Leben gelebt zu haben."

Kehre nun noch einmal zum Teil 2 des Buches zurück und schreib dir deine Ziele auf. Mach bitte erst weiter, wenn du mindestens drei Ziele notiert hast.

Meine wichtigsten Ziele:

Und zu guter Letzt:

Hast du deine Stärken, Werte und Ziele beisammen? Prima, dann möchte ich nun mit dir eine kleine mentale Übung machen. Entspanne dich bitte und sorge dafür, dass dich in den nächsten paar Minuten niemand stört. Sei jetzt ganz relaxt und vertraue einfach darauf, dass dir dein Unbewusstes in den kommenden Momenten einige relevanten Informationen zukommen lassen wird. *Es könnte sich dabei um eine Erkenntnis, ein Bild oder eine Botschaft handeln* – ein besonderes Geschenk deines Unterbewusstseins an DICH. Wichtig: Es gibt hier keine Musterlösungen, denn es handelt sich dabei um deine Antworten. Nimm dir deshalb so viel Zeit wie nötig, um das Ganze in Ruhe auf dich wirken zu lassen. Okay? Los geht's!

Stelle dir folgende Frage und wenn du magst, schließ gerne deine Augen dabei.

Wenn ich mir meine Stärken, Werte und Ziele so ansehe, welche Erkenntnisse ziehe ich daraus?

Lass diese Frage in Ruhe auf dich wirken. Führe dir immer wieder deine Stärken vor Augen, auch, was dich motiviert und warum du dieses und jenes noch erreichen bzw. erleben willst. Was treibt dich an, was ist dir wichtig, wofür brennst du und welche Schlussfolgerung ziehst du aus dem Ganzen?

Bitte schreib dir deine Erkenntnisse **unbedingt auf** und lies erst weiter, wenn du diese Übung komplett abgeschlossen hast. Einmal mehr, es geht um dich!

Folgende Schlussfolgerung ziehe ich daraus:

_____

_____

_____

_____

_____

_____

_____

_____

_____

_____

Der Lehrer ist da, wenn der Schüler dafür bereit ist.

Aus dem Zen-Buddhismus

Wie erging es dir bei dieser Übung? Welche Bilder, Eindrücke, Gefühle oder auch Einsichten konntest du gewinnen?

Alle Übungen, die wir in diesem Buch bisher zusammen gemacht haben, dienen dazu, dir zu helfen, deine wahre Gabe zu finden und die Frage zu beantworten, warum du auf diesem Planeten bist. Ja, du hast richtig gelesen: Warum bist du hier und was ist deine Mission? Oder um es mit den Worten von Mark Twain zu sagen:

„Die zwei bedeutendsten Tage in deinem Leben sind der Tag, an dem du geboren wurdest, und der Tag, an dem du herausfindest, warum."

Die allermeisten Menschen finden das leider niemals heraus, und zwar aus dem Grund, weil sie sich nie mit sich selbst beschäftigen und sich darüber hinaus ein Leben lang die falschen Fragen stellen. Sämtliche Übungen und all diese Fragen werden dir helfen, deiner wahren Bestimmung näherzukommen. Ich wünsche dir von ganzem Herzen, dass du sie eher findest, als du es je für möglich gehalten hast.

Wo deine Talente und die Bedürfnisse der Welt sich kreuzen, da liegt deine Berufung.

Aristoteles

Falls du deine Berufung bereits gefunden hast, dann kannst du dich sehr glücklich schätzen und dafür unendlich dankbar sein. Höre jedoch bitte, bitte niemals auf, dich weiterzuentwickeln.

Sei eine Bereicherung für diese Welt.

GIB NIEMALS AUF – AUSDAUER, GEDULD UND ZUVERSICHT FÜHREN ZWANGSLÄUFIG ZUM ERFOLG

Kennst du den Film „Was ist mit Bob?" und die berühmten Babyschritte seines Arztes?

Vielleicht wirkt das Ganze jetzt etwas ironisch auf dich, aber *diese Babyschritte sind für das Erreichen von Zielen oder für die generelle Weiterentwicklung unserer Persönlichkeit ein sehr probates Mittel.* Ich stelle immer wieder fest, dass sehr viele Menschen zu früh aufgeben. Wenn sichtbare Erfolge ausbleiben, was tun die meisten in so einer Situation? Genau, sie schmeißen alles hin und geben auf, da sie glauben, dass all ihre Bemühungen rein nichts gebracht haben. Und dabei könnten sie gerade jetzt kurz vor dem Durchbruch stehen ...

Thomas A. Edison träumte von einer elektrischen Lichtquelle und machte sich unverzüglich daran, seinen Traum zu verwirklichen. Selbst nach mehr als 10 000 fehlgeschlagenen Experimenten gab er sein Vorhaben nicht auf, sondern versuchte es unermüdlich weiter, bis er endlich die Lösung gefunden hatte. Wahre Träumer geben niemals auf!

Napoleon Hill

Wie du jetzt bereits weißt, stellt uns das Leben immer wieder auf die Probe und von einem Moment auf den anderen kann sich deine Situation um 180 Grad drehen. Du kannst von heute auf morgen deinen Job verlieren, ein geliebter Mensch kann dich verlassen oder es trifft dich sonst etwas, womit du nicht gerechnet hast. Ja, das Leben kann uns von jetzt auf gleich den Boden unter den Füßen wegziehen. Wie wir bereits wissen, sind wir selbst Gestalter und Hauptverursacher für das, was uns im Leben wiederfährt. Jedoch nicht für alles! Ein Jahr verläuft völlig unterschiedlich dank seiner vier Jahreszeiten und in der Natur scheint nicht ununterbrochen die Sonne.

In manchen Ländern scheint die Sonne mehr als in anderen, doch 24 Stunden am Tag scheint sie nirgends. Auf den Tag folgt die Nacht, wie auf das Unglück das Glück folgt. Gerade wenn es in unserem Leben nicht so läuft, wie wir es uns vorgestellt haben, neigen wir dazu, in eine Ohnmachtssituation zu verfallen. Mit das Wertvollste, was ich in meinen NLP-Ausbildungen gelernt habe, ist, dass es so etwas wie Niederlagen nicht gibt. Es gibt nur Ergebnisse und es liegt an uns, welche Bedeutung wir ihnen beimessen. *Jedem Ereignis können wir eine neue Bedeutung geben und sie in strahlendem Glanz sehen.*

Das möchte ich dir gern anhand dieser Metapher veranschaulichen:

Der chinesische Bauer

In einem kleinen Dorf in China lebte ein Bauer mittleren Alters. Er besaß nicht viel und zählte sicher nicht zu den Reichsten, allerdings besaß er ein sehr schönes Pferd und durfte sich glücklich schätzen, dass er der einzige Bauer in diesem Dorf war, der so ein Prachtstück hatte. Oft sagten die Leute zu ihm: „Oh, was für ein schönes Pferd!" Darauf antwortete der Bauer jedes Mal: „Wer weiß, wofür es gut ist!" Eines Tages schien sich das Glück des Bauern zu wenden, denn sein Pferd lief ihm Hals über Kopf davon und niemand wusste so richtig, weshalb. Wenige Stunden später kamen die ersten Dorfbewohner zu dem Bauern, um sich nach dem Pferd zu erkundigen und zu fragen, warum es überhaupt so weit gekommen war. Die Antwort des Bauern lautete erneut: „Wer weiß, wofür es gut ist!" Schon ein paar Tage später tauchte das Pferd wieder auf, diesmal in Begleitung einer wilden Stute, die sich ihm angeschlossen hatte. Da staunten die Nachbarn und einige von ihnen konnten ihren Neid kaum verbergen. „Mensch, hat der ein Glück", kommentierten sie. Aber die Antwort des Bauern war wieder nur: „Wer weiß, wofür es gut ist!"

An einem schönen Sommertag stieg der Sohn des Bauern auf das Pferd, weil er große Lust hatte zu reiten. Es dauerte nicht lange und schon tauchten die ersten Dorfbewohner auf, um sich dieses Spektakel anzusehen. „Mensch, hat der es aber gut", kommentierten wieder einige. Plötzlich und wie aus dem Nichts erschrak das Pferd und wurde ganz wild. Der Sohn des Bauern konnte sich nicht mehr halten und fiel herunter. Der Sturz war so heftig, dass er sich das Bein brach und auch sonst viele Verletzungen davontrug. Die Nachbarn waren ganz entsetzt: „Oh je, was hat der für ein Pech!" Aber der Bauer sagte wieder nur: „Wer weiß, wofür es gut ist!"

Einige Tage später tauchte ein Heer von Soldaten im Dorf auf und rekrutierten alle Männer, um sie für den Krieg, der gerade ausgebrochen war, mitzunehmen. Alle mussten mit, bis auf einen – der Sohn des Bauers. Aus gesundheitlichen Gründen blieb er vom Kampf verschont. Einmal mehr kommentierten viele Dorfbewohner, was für ein Glück der Sohn doch habe. Aber auch davon ließ sich sein Vater nicht beeindrucken und meinte nur: „Wer weiß, wofür es gut ist!"

Egal, um welches Ereignis es sich bei dieser Geschichte gehandelt hat, *der Bauer hat ihr jedes Mal eine ganz besondere Bedeutung gegeben.* Man könnte auch sagen, dass er in jeder Situation das Positive gesucht hat, obwohl es im ersten Moment gar nicht danach aussah. Das ist das richtige Stichwort: im ersten Moment.

Norman Vincent Peale hat mal gesagt:

„Wenn der liebe Gott dir ein Geschenk machen möchte, verpackt er es in ein Problem."

Dieses Zitat hat sich mittlerweile fest bei mir verankert, aber ich gebe offen zu, dass es mich, als ich es zum ersten Mal las, ziemlich irritiert hat. Bei einer genaueren Betrachtung steckt in dieser Aussage jedoch sehr viel Weisheit. Kannst du dich noch an Teil 2 des Buches erinnern, als wir über PRObleme gesprochen haben und wofür das Wort Pro steht? Ich werde das jetzt nicht nochmals hervorkramen, doch ich möchte dich einmal mehr daran erinnern, welche Botschaft sich hinter diesem Wort versteckt. In den allermeisten Fällen stellen sich gewisse Schwierigkeiten später als wahrer Segen raus. Deshalb sollten wir es mit dem chinesischen Bauern aus der Geschichte halten und wie er jedes Mal und bei jedem PRObleme mit einem „Wer weiß, wofür es gut ist!" reagieren.

Napoleon Hill, dessen Bücher mich seit vielen Jahren begleiten, bringt das Thema Beharrlichkeit und Ausdauer wie kein Zweiter auf den Punkt:

„Jeder, der nach einem höheren Vorhaben strebt, wird es ohne Ausdauer nicht weit bringen. Jeder Rückschlag, jedes Hindernis ist eine Feuerprobe, die jeder bestehen muss, ehe er sich auf seinem

Erfolg ausruhen kann. Wer durchhält, wird für seine Beharrlichkeit fürstlich belohnt. Das Glück spielt uns immer wieder Streiche und taucht oft verkleidet als Unglück auf. Dies ist unter anderem einer der Gründe, weshalb die meisten Menschen die Gelegenheit ihres Lebens verpassen."

Dies war nur einer seiner Leitsätze, die mich enorm inspiriert haben, seit ich sie das erste Mal gelesen habe, und es noch immer tun. Ein anderes Beispiel, das mir vor einiger Zeit sehr weitergeholfen hat, kam von meiner ältesten Tochter. Ich nahm gerade an einem Seminar in Deutschland teil und war moralisch sowie seelisch etwas angeschlagen. Das allerdings wusste niemand, nicht einmal meine Familie. Auf alle Fälle erhielt ich eine Nachricht von meiner Tochter, in der sie Folgendes geschrieben hatte: „Papi, dieses Lied könnte dir gefallen, ich glaube, es ist ganz nach deinem Geschmack!" Ich überlegte nicht lange, sondern öffnete gleich den Link zum Video, um mir den Song anzuhören. Ich kannte ihn tatsächlich nicht, obwohl er etliche Views hatte. Hier nun ein kurzer Auszug aus dem Refrain:

„Ändere deinen Plan, aber nicht dein Ziel. Unmögliche Träume machen uns zu einem Genie. Wir wollen Sprünge machen, *überholen kurze Strecken, aber vergiss nicht, Erfolg besteht aus Treppen. Ändere deinen Plan, aber nicht dein Ziel."*

Ich war richtig geflasht, als ich diese Sätze hörte, und ja, ich konnte meine Tränen nicht mehr aufhalten. Zum einen war es das Lied und zum anderen war es diese wunderschöne Geste meiner Tochter – sie hatte an mich gedacht und genau zum richtigen Zeitpunkt für die Wende gesorgt. *Sie war die Botin des Lebens für mich. Was wollte mir das Leben nun damit sagen? Ändere deinen Plan! Ja, das war die Message und meine Tochter war die Überbringerin.* Ich musste erkennen, dass einige meiner Pläne nicht gerade die besten gewesen waren und ich musste sie deshalb überdenken und überarbeiten. Sei dir einmal mehr bewusst, dass uns das Leben testet, wie ernst es uns mit unseren Zielen und Vorhaben ist. Diese Prüfungen kommen manchmal früher und manchmal auch später, aber sie kommen! Wir treffen auf sie in ganz unterschiedlichen Formen – mal müssen wir einfach Geduld walten lassen und Vertrauen in das Leben und seine Wege haben, mal müssen wir gewisse Pläne überdenken. Und ja, es kommt auch vor, dass manche Personen aus unserem Leben verschwinden und neue hinzukommen. All das kann passieren. Vielleicht brodelst du jetzt innerlich und sagt: „Dejan, wie oft willst du das noch wiederholen?" Glaub mir, auch wenn es dich womöglich nervt, doch die Erfahrung zeigt, dass es schon eine ganze Weile dauert, bis dir das Ganze in Fleisch und Blut übergegangen ist.

Wir lernen und entwickeln uns so lange wir leben, immer *vorausgesetzt natürlich, dass wir dies selbst wollen.* Enorm wichtig ist es, ganz besonders an unserer Beharrlichkeit zu arbeiten. Ohne sie wird es kein Mensch zu irgendetwas bringen. Ich habe mich jahrelang mit den Biografien verschiedenster Persönlichkeiten beschäftigt und auch in der Praxis sehr viele Menschen studiert. *Alle Erfolgreichen verfügten über Beharrlichkeit als eine gut entwickelte Charaktereigenschaft!*

Allerdings muss ich hier anfügen, dass diese Menschen nicht von Geburt an mit Ausdauer als Tugend gesegnet waren oder gegenüber anderen Personen bevorteilt wurden. Nein, so einfach hatten sie es doch nicht. Aber woher hatten sie sie dann, fragst du dich vielleicht? *Nun, sie wurde ihnen nicht geschenkt, doch sie haben, mitunter auch schmerzvoll, gelernt, mit Enttäuschungen, Ablehnungen sowie Frustration umzugehen.* Diese Menschen haben sich weiterentwickelt, das war ein Prozess und bei keinem von ihnen geschah das von heute auf morgen.

Ich könnte dir jetzt Hunderte Beispiele aufzählen und bin mir sicher, dass du einige durchaus kennst, doch würde das den Rahmen hier völlig sprengen und es ist auch nicht unser Thema. Unser Thema ist es, dir eine sehr wichtige Lektion zu vermitteln, nämlich die, nie und niemals aufzugeben, weil sich auch dein Blatt jederzeit wieder wenden kann.

Ich vergleiche das zur Verdeutlichung sehr gern mit einem Fußballspiel. Wie oft wurden Spiele erst kurz vor Schluss noch (um)entschieden. Selbst in der kürzesten Nachspielzeit kann man noch Tore schießen und das Spiel für sich entscheiden. Der Spielverlauf kann sich also gegen Ende drastisch wenden, vorausgesetzt natürlich, man tut alles dafür und lässt sich von den vorhergehenden Versuchen nicht entmutigen. Glaube voller Zuversicht an dein Gelingen und denke bloß nicht, dass deine Bemühungen umsonst waren, nur weil du im Moment vielleicht noch keine Ergebnisse siehst oder keine Veränderung erkennen kannst. Oder um bei unserem Fußballbeispiel zu bleiben: Es ist gut möglich, dass in den ersten 20 Minuten eines Spiels nichts gelingen will und alles gegen uns läuft. Doch entschieden ist noch lange nichts. Ein Spiel dauert 90 Minuten, je nach Art des Wettbewerbs sogar bis zu 120. Und wenn dann noch immer keinen Sieger feststeht, wird dieser im Elfmeterschießen ermittelt. Erst dann wird abgepfiffen, nicht bereits nach 20 Minuten.

Wer große Ausdauer hat, bleibt immer Sieger.

Aus Frankreich

Im richtigen Leben verhält es sich nicht anders, weshalb ich es gern mit einem Spiel vergleiche, denn es gibt sehr viele Parallelen. *Bei beiden ist es unerlässlich, dass wir die Spielregeln kennen. Erstaunlicherweise kennen die meisten von uns die Regeln einer Spielart bedeutend besser als die Spielregeln des Lebens.* Aber wen wundert's, schließlich wurde uns das ja niemals so richtig beigebracht.

Genau aus diesem Grund habe ich keine Mühe gescheut, um dich mit diesem Buch bestmöglich zu unterstützen. Natürlich ist auch in dieser Lektüre nicht alles von A bis Z enthalten, doch bin ich der Ansicht, dir damit eine nützliche und wertvolle Bedienungsanleitung in die Hände gelegt zu haben. Falls bei dir zu Beginn nicht alles sofort funktionieren sollte, dann wirf die Flinte bitte nicht gleich ins Korn! Ich verstehe nur allzu gut, dass du so schnell wie möglich deine Ziele erreichen und/oder eine Bestätigung für deine Bemühungen erhalten möchtest. Dieses Gefühl ist mir sehr vertraut, da auch ich ein Mensch bin, der schnell Resultate sehen möchte. Bei meinem Einsatz soll schließlich etwas Zählbares herauskommen. Aber das wird es auch, denn jeder Einsatz wird irgendwann belohnt. *Und bis es so weit ist, müssen wir uns eben ein wenig in Geduld üben und dem Leben einfach mal vertrauen.*

Auch mir fällt diese Übung hin und wieder etwas schwer, das gebe ich gern zu. Da ich die Spielregeln des Lebens jedoch mehrheitlich gut kenne, halte ich mich an sie nach bestem Wissen und Gewissen.

Fragst du dich jetzt: „Wie bitte, nach bestem Wissen und Gewissen?" Ja, genau das, und zwar aus dem einfachen Grund, weil auch ich ein Mensch bin und Fehler mache. *Doch während ich sie mache, lerne ich ständig wieder dazu und entwickle mich so permanent weiter.* Ich hatte das Glück und Privileg, von wirklich tollen Menschen zu lernen, die auf ihrem Gebiet absolute Experten, Kapazitäten und Koryphäen sind. Und auch heute noch mache ich damit weiter. Trotz meines umfangreichen Wissens werde auch ich nie perfekt sein und immer mal in ein Fettnäpfchen treten. Die Zeiten, in denen ich versucht habe, perfekt zu sein, es allen recht machen zu wollen, keine Fehler zu begehen, keine Gefühle zu zeigen, nicht weinen zu dürfen, sind endgültig vorbei – dafür bin ich dem Leben unendlich dankbar! Dir wünsche ich von ganzem Herzen, dass du bald das Gleiche von dir sagen kannst. Sicher geht es dir manchmal ähnlich, du möchtest auch mal Fehler machen dürfen, nicht immer perfekt sein müssen, Gefühle zeigen – dann lass es zu und öffne dein Herz!

Auch wenn du es bisher noch selten gemacht hast, fang einfach damit an und geh den ersten Schritt!

Ein Schritt, der echt befreiend auf dich wirken wird. Überlege dabei nicht zu lange, wie und was, sondern geh los. Je länger du überlegst, desto mehr wird dich wieder davon ab- und festhalten. Geh los, wann immer du die Gelegenheit dazu bekommst.

Alles, was wir tun und geben, kommt zu uns zurück. Womöglich nicht immer sofort und auch nicht direkt von denen, die wir unterstützt haben, doch das Leben vergisst nie! *Beherzige unbedingt das Gesetz des Gebens, denn wenn wir Menschen aufhören zu geben, haben wir nicht nur aufgegeben, sondern endgültig verloren.*

Länger durchhalten ist das Geheimnis aller Siege.

Phil Bosmans

Glaube an dich und deine Träume, auch wenn du ab einem gewissen Zeitpunkt noch nichts Konkretes erkennen kannst. Behalte dein Endziel immer vor Augen! *Genau hier liegt ja der Hund begraben, denn die meisten Menschen konzentrieren sich auf das, was sie im Moment sehen, anstatt auf das, was sie anstreben.* Sie klammern sich zu sehr an die Realität und halten ihre Wünsche für unrealistische Träumereien. Was, glaubst du, tun Menschen, die eine Vision oder einen Traum im Leben haben? Sie sehen etwas Konkretes, das jetzt, in ihrer Gegenwart, NOCH nicht Realität ist.

Wikipedia definiert den Begriff Vision folgendermaßen:

„Das innere Bild einer Vorstellung, meist auf die Zukunft bezogen"

Doch ein Mensch erfüllt sich seinen Traum nicht einfach so oder so schnell. Gewisse Visionen dauern länger, bis sie real werden, bei anderen geht es wiederum schneller. Was aber Menschen mit einer Vision antreibt, sind genau diese Bilder des Endzustands. Sie bringen die nötige Ausdauer, Geduld und Zuversicht dafür mit, dass ihre Vision eines Tages Wirklichkeit wird. Sie nähern sich der Realisierung ihrer Vision fast immer nur in sehr kleinen, sogenannten Babyschritten.

Halte dir dein Endergebnis immer vor Augen und wahre dabei Ausdauer, Geduld und Zuversicht. Genau das wird dich mit ziemlicher Sicherheit zum Ziel, zu deinem Erfolg führen. Falls dir das schwerfällt, so verankere in dir solche Glaubenssätze, die dir dabei helfen. Wie das geht, hast du in diesem Buch gelernt. Wende alles an und du wirst sehen, dass es klappt.

Abschließen möchte ich dieses Kapitel mit einem sehr inspirierenden Gedicht von Siegfried Hoffmann mit dem Titel „gib nicht auf".

Wenn gar nichts mehr geht, wie es manchmal passiert, wenn der Weg nurmehr steil den Berg hinaufführt, wenn der Beutel leer ist und Schulden dich drücken, wenn die Seufzer sofort jedes Lachen ersticken, wenn du Sorgen hast, und diese zuhauf, dann gönne dir 'ne Rast, aber gib nicht auf. Das Leben läuft seltsam, auf verschlungener Bahn, wie jeder am eigenen Leib erfahren kann. Manch üble Wendung, wie später erkannt, hätt' mit etwas Geduld sich noch zum Guten gewandt. Gib nicht auf, geht's auch manchmal nicht voran, weil der nächste Streich dich wieder zum Sieg führen kann. Erfolg ist Pleite von der anderen Seite, silbrig das eine und grau das zweite. Und nie kannst du sagen, wie nah du schon bist, näher vielleicht, als du selber es siehst. Also kämpfe und lass dich nicht unterkriegen. Wenn du jetzt nicht aufgibst, dann wirst du am Schluss siegen.

JEDER VON UNS IST EIN MASTER!

Wir nähern uns nun langsam der Zielgeraden und ich möchte es nicht versäumen, dir hier einen kleinen Rückblick zu geben. Zuerst möchte ich dir aber ein großes, ehrlich gemeintes Kompliment aussprechen, dafür, dass du es so weit geschafft hast und beharrlich drangeblieben bist – das verdient meine Hochachtung! Dies ist in der Tat keine Selbstverständlichkeit, darum darfst du dir für deine Disziplin ruhig auf die Schulter klopfen. Bitte tu das in Zukunft regelmäßig, das heißt, mehrmals pro Woche. Denn: Auch du bist ein Master!

Ich hoffe ganz aufrichtig, dass du sämtliche vorherigen Übungen sehr gewissenhaft durchgeführt hast und das eine oder andere in deinen Alltag integrieren konntest. Es wäre mir eine große Freude, wenn auch du damit deiner Einzigartigkeit ein Stück nähergekommen bist. Wenn das zutrifft, dann ist der Zweck meines Buches erfüllt, denn genau das wollte ich dir vermitteln: Du bist etwas Besonderes! Wende die Methoden und Techniken, die ich dir in diesem Buch vorgestellt habe, konsequent und beharrlich an, dann wirst du in der Lage sein, viele Schwierigkeiten zu meistern und dein Potenzial noch mehr zu entfalten. Es sind nicht die Diplome, die aus uns einen Master machen, sondern es ist unsere Persönlichkeit.

Unsere Welt ist voll mit wahren Mastern, doch erkennen wir sie in unserer täglichen Tretmühle leider kaum. Denk nur einmal an all die Mütter und Väter, die ihre Kinder großziehen und damit einen grandiosen Beitrag für die Zukunft unserer Gesellschaft leisten. Was wäre unsere Welt ohne unsere Nachkömmlinge? Oder denk an all die Musiker und Sänger, denen wir so viele schöne Momente verdanken. Was wäre unser Planet ohne Musik? Die Musiker sind es, die durch ihre virtuose Kunst, ihre Kompositionen oder ihren Gesang so enorm viel zu unserem Glücksgefühl und Wohlbefinden beitragen. Ja, sie sind wahrhafte Meister! Aber auch alle anderen Künstler wie Schauspieler oder Maler, die dank ihrer Kreativität unsere Welt verschönern. Master sind nicht zuletzt auch Ingenieure, Erfinder, Wissenschaftler und Unternehmer, die durch ihre Visionen und Lösungen unsere Welt revolutioniert und verbessert haben. Vergessen sollten wir hier auch nicht die Polizisten, unsere Freunde und Helfer. Sie sind es, die für Recht und Ordnung sorgen und sich um unsere Sicherheit kümmern. Obwohl sie nicht immer unser Wohlwollen haben, würde unsere Gesellschaft ohne sie kaum klarkommen! Was wären wir auch ohne all die Lehrer und Redner, die uns so vieles beigebracht und uns zu neuen Taten inspiriert haben? Und wo würden wir erst ohne den Fortschritt der Medizin und all die Menschen, die sich für unsere Gesundheit tagtäglich einsetzen, stehen? Diese Aufzählung erhebt bei Weitem keinen Anspruch auf

Vollständigkeit und doch haben die oben Genannten etwas gemeinsam: Sie alle sind Master, die beständig ihren großartigen Beitrag für eine bessere Welt leisten.

Stelle dir deshalb jeden Tag immer wieder diese Fragen:

> ➢ Worüber bin ich glücklich und wofür dankbar?
>
> ➢ Welchen Beitrag (Ursache) kann ich heute leisten, um die Welt ein klein wenig besser zu machen?
>
> ➢ Wessen Leben kann ich heute verbessern bzw. verschönern?

Lass das zur täglichen Routine werden und ich verspreche dir, dass du nicht nur deines, sondern auch das Leben vieler anderer Menschen auf unserem Planeten verbessern wirst! Schreibe dir diese Fragen auf und hänge sie irgendwo auf, wo du sie jeden Tag siehst. Kreiere jeden Tag deine einzigartige Persönlichkeit und du wirst ein Master deines Lebens werden!

Das Beste, was du machen kannst

Das Beste, was wir Menschen tun können, ist, sich über das Glück eines anderen zu freuen. Es wird immer jemanden geben, der mehr Geld verdient, der ein noch größeres Haus hat, der ein moderneres Auto fährt – doch die alles entscheidende Frage lautet: Was empfinde ich als Mensch dabei? Welche Gefühle löst das bei mir aus? Wenn meine Emotionen mit Hass und Neid erfüllt sind, dann ist es ein Ding der Unmöglichkeit, mehr Glück, Erfolg, Gesundheit und Wohlstand in mein Leben zu ziehen. *Warum? Ganz einfach, weil ein Mensch durch das Empfinden von Neid sehr viel Negativität ausstrahlt.* Wie kann er dann erwarten, dass er das Gegenteil, also Positives, in sein Leben zieht? Deshalb meine Empfehlung an dich: *Gönne jedem seinen Erfolg, tu das bitte von ganzem Herzen.* Wenn du das nächste Mal jemanden triffst, der etwas hat, das du auch gern hättest (Auto, Wohnung, Anzahl der Urlaube, Körpergewicht, Partner etc.), dann sage ihm, dass du es ihm von ganzem Herzen gönnst. *Und wenn du das tust, dann muss dies bitte absolut ehrlich sein! Es bringt nichts, das nur so halbherzig herzuplappern, nein, du musst dieses Gefühl* wirklich *empfinden.* Es kann gut sein, dass sich nun das Teufelchen in dir meldet und dir wiedersprechen möchte – du kommst jetzt nicht darum herum, diesen Kampf zu bestreiten. Übe dich in Geduld und fang am besten mit den Personen an, denen du es auch wirklich und von Herzen gönnst, sodass du ihnen gegenüber ganz sicher keine schlechten Gefühle hegst. Steigere das dann Tag für Tag und du wirst sehen, wie nachhaltig negative Emotionen aus deinem Leben verschwinden werden.

Niemand kann mehr Liebe, Zuneigung, Gesundheit, Wohlstand oder Geld erwarten, wenn er das alles einem anderen nicht gönnt. Es wird für ihn nur eintreten können, wenn er diesen Menschen dafür segnet. Denn genau dieses Lebensgesetz verbirgt sich dahinter, *das Gesetz des Segnens*. Zu segnen bedeutet, einer Person alles erdenklich Gute zu wünschen. *Segne deshalb jeden und alles so oft du nur kannst und ich garantiere dir, dass auch dich das Glück des Lebens finden wird.*

Falls auch du noch immer Schuldgefühle haben solltest, dass du dieses und jenes nicht verdient hast, dann befreie dich spätestens jetzt davon. Du bist nur einer von vielen Menschen, die genau solche Zweifel haben und der festen Überzeugung sind, dass sie nicht mehr im Leben verdienen als das, was sie derzeit haben. Aber du hast es dir verdient, denn du bist genial und einzigartig und so viel mehr als Status quo!

Praxistipps – Dritte und letzte Runde:

Tipp Nummer 1:

„*The energy flows where the attention goes.*" *Die Energie fließt dort, wohin die Aufmerksamkeit geht.*

Es ist reine Zeit- und vor allem Energieverschwendung, alles Mögliche zu versuchen, aber nichts konzentriert bis zum Ende zu verfolgen. Leider machen das ganz viele Menschen und wundern sich, weshalb sie sich im Leben so oft im Kreis drehen. Nur wenn es uns gelingt, „wach" zu bleiben, das heißt, uns nicht ständig ablenken zu lassen, wird es uns tatsächlich gelingen, unsere Konzentration aufrechtzuerhalten. Ich bin so was von dankbar, dass ich vor etlichen Jahren über „Power of One" gestolpert bin, denn es hat meine Lebensqualität enorm verbessert. Vielleicht versuchst es auch du mal damit. Und wieso bin ich überhaupt darauf gestoßen?

Ganz einfach, ich habe mich an Menschen orientiert, die das, was ich gerne lernen wollte, bereits konnten. Aus meiner Erfahrung heraus kann ich dir nur empfehlen, es genauso zu machen. Mittlerweile bin ich sogar der Meinung, dass dies eine der besten Entscheidungen meines Lebens war.

Konzentriere dich auf das, was du hast, und dann mach das Beste daraus! Dies ist in meinen Augen die beste Definition von positivem Denken. Die Verführung ist so immens groß, sich ablenken zu lassen. Ich staune immer wieder, wie leicht sich Menschen durch Push-Nachrichten und soziale Medien in ihrer Konzentration auf das Wesentliche stören lassen. Versteh mich bitte richtig, ich will damit nicht behaupten, dass die modernen Infokanäle schlecht wären.

Stelle dir bitte selbst diesbezüglich regelmäßig folgende Fragen:

➢ Bringt mich diese Information wirklich weiter?

➢ Welchen Nutzen habe ich, wenn ich das lese?

➢ Was trägt diese Nachricht zur persönlichen Weiterentwicklung meiner Persönlichkeit bei?

➢ Bringt mich das meinem Vorhaben näher?

Es spricht wirklich nichts dagegen, sich einmal täglich mit einer seriösen Zeitung zu beschäftigen oder soziale Medien zu nutzen. Ich selbst mache das ja auch. Doch es ist ein riesiger Unterschied, ob ich das einmal oder 50-mal am Tag mache. Auch hier gilt: Die Dosis macht das Gift! Diese Aussage ist beileibe keine Erfindung von mir, sondern es sind die Worte des weisen Paracelsus.

Um das Gesetz der Anziehung für dich optimal nutzen zu können, solltest du dich ausschließlich auf das konzentrieren, was DU anstrebst. Niemandem gelingt das zu 100 Prozent und das wäre ja auch nicht normal. Aber falls du dich mal im Dschungel der Ablenkungsmöglichkeiten verlierst und von deinem Weg abkommst, dann stelle dir die Fragen, die du gerade kennengelernt hast. Es handelt sich dabei um Fragen von hoher Güte, die dir auch qualitativ gute Antworten liefern werden. Achte aber bitte darauf, Warum-Fragen komplett außen vor zu lassen, denn sie werden deinen Zustand garantiert verschlechtern.

Hier zur Verdeutlichung ein Beispiel dazu. Mal angenommen, du möchtest weniger Süßes essen. Dann bringt es herzlich wenig, dich zu fragen: Warum kann ich Süßigkeiten nicht wiederstehen? Wenn du dir eine Frage dieser Art stellst, wirst du zig gute Gründe dafür finden: weil es einfach lecker ist;

weil du labil bist; weil du zu schwach bist, um zu wiederstehen; weil du ein Trottel bist und das wie so vieles nicht auf die Reihe kriegst und so weiter und so fort. Das ist problemlos steigerungsfähig und es braucht nicht viel, um sich relativ schnell in einen negativen Zustand zu versetzen. Und schon befindest du dich in einer Negativspirale. Stattdessen könntest du dich aber auch fragen: Was kann ich tun, um mich gesünder zu ernähren? Wie viel Schmerz wird mir entstehen, wenn ich jetzt nachgebe? Was kann ich tun, um fit und schlank zu sein? Welche gesündere Alternativen gibt es?

Das sind Fragen, die dir bedeutend besser helfen könnten. Natürlich gibt es davon noch viel mehr, diese Liste ist selbstverständlich nicht abgeschlossen. Aber allein so eine Wie-Frage zu stellen, wird dir dabei helfen, deine Sichtweise zu verändern. Es ist wichtig, nicht gegen schlechte Gedanken anzukämpfen, denn damit wirst du ihnen nur zusätzliche Wirkung verleihen. Arbeite stattdessen mit dieser Art von Fragen und nutze darüber hinaus auch den Scheibenwischer. Diese Übung geht ganz schnell. Wenn du mal zwei Minuten mehr Zeit hast, dann mach die Übung mit dem lästigen Spiegel – auch sie ist hervorragend geeignet, um negative Gedanken aus deinem Kopf zu verbannen.

Fokussiere dich auf das, was du anstrebst, und schenke diesem Vorhaben so viel Beachtung wie irgend möglich.

Tipp Nummer 2:

Glaube an dich und deine Ziele.

Zweifel zerstören mehr Träume als irgendetwas anderes auf dieser Welt. Du hast in diesem Teil überaus hilfreiche Techniken kennengelernt, wie du Glaubenssätze loswirst, die dich lähmen, und gleichzeitig neue Glaubenssätze installierst, die dich aufbauen. Es lohnt sich wirklich, hier dranzubleiben, denn du wirst keine Erfolge oder sonst irgendwelche Veränderungen herbeiführen können, wenn du nicht an dich und an deine Vorhaben glaubst. Ja, alles geschieht dir tatsächlich nach deinem Glauben. Übe dich erneut in Geduld und geh die Sache mit deinen Glaubenssätzen entspannt an. Je gelassener du dabei bist, desto schneller wirst du nachhaltige Ergebnisse verbuchen können.

Möglicherweise erscheint dir das jetzt wie ein Widerspruch, doch genau diese Wirkungsweise habe ich bei mir und auch bei vielen anderen Menschen beobachten können. Wie heißt es doch so schön: Wer loslässt, hat zwei freie Hände. Lass all das los, was dich belastetet und suche ganz gezielt nach Situationen, durch die du neue Glaubenssätze in dir verankern kannst. Nutze dabei die Kraft deiner Fantasie, wenn dir das schwerfällt oder dir die Gelegenheit dazu fehlt. Bediene dich der So-tun-als-ob-Methode und spiele alles im Geiste durch. Erlebe es in deiner Fantasie so real wie irgend möglich. Aus zahlreichen psychologischen Untersuchungen wissen wir heute, *dass ein Mensch so wird, wie er es sich selbst vorstellt zu werden.* Das heißt also, dass sich unser Leben so gestalten und entwickeln wird, wie wir uns selbst vor unserem geistigen Auge sehen.

Unsere innere Welt erschafft unsere äußere Welt, also wie innen, so außen.

Denk stets an dieses Jahrtausende alte Lebensgesetz und beachte es!

Je mehr solcher Referenzerlebnisse du in deinem Geist kreierst, desto eher wirst du neue Glaubenssätze verankern können. Auch wenn dein innerer Kritiker sich melden sollte und dir reinquatschen will, vergiss bitte eine wichtige Tatsache nicht, die inzwischen auch wissenschaftlich bewiesen ist:

Unser Gehirn wie auch das Unterbewusstsein können zwischen Vorstellung und Realität **nicht** *unterscheiden. Deshalb kann dein*

Kritiker sagen, was er will, es wird ihm nichts nützen, denn an diesem Fakt kann auch er nichts ändern.

Und weil Visualisieren das Ganze um ein Vielfaches begünstigt, bediene dich deiner Vorstellungskraft so oft wie möglich. Bring heute die Saat (Ursache) für das aus, was du morgen ernten (Wirkung) möchtest. Der Geist erschafft die Materie – die Materie folgt dem Geist. Genau aus diesem Grund gibt es eben auch keine Zufälle, sondern nur Ursache und Wirkung.

Tipp Nummer 3:

Für diese eine Sache darfst du niemals Zeit haben: Aufgeben!

Was uns als bittere Prüfungen erscheint, erweist sich oft als getarnter Segen.

Oscar Wilde

Um diese Prüfungen kommt niemand herum, doch leider erkennen die meisten von uns den in ihnen versteckten Segen gar nicht. Oder wir haben nicht die Geduld, bis zum Ende durchzuhalten. Ja, ich weiß, es ist auch nicht das Einfachste, ABER wenn dir etwas wirklich **wichtig** ist, dann wirst du durchalten und weitermachen. *Wenn dein Warum stark genug ist und deine Ziele anziehend genug sind, dann wirst du immer wieder die Kraft finden, doch weiterzumachen.* Das ist einer der Gründe, weshalb ich dich all diese Übungen habe machen lassen. Ich wollte, dass du deine Stärken, Werte und Ziele herausfindest und dich mit ihnen vertraut machst. Denn wenn du dir erst einmal so richtig bewusst geworden bist, was dich antreibt, dann brauchst du niemanden mehr, der dich zu irgendetwas motivieren muss.

Hast du dich schon jemals gefragt, weshalb du auf gewisse Aufgaben keinen Bock hattest, gleichzeitig aber für andere so richtig gebrannt hast? *Das hat mit all den Themen zu tun, die wir hier behandelt haben.* Wenn du sämtliche Aufgaben mit der dafür erforderlichen Ernsthaftigkeit ausgeführt hast, dann sind dir auch Antworten auf deine Fragen zugeflogen und du weißt jetzt, weshalb du gewisse Dinge tust, getan hast und wahrscheinlich weiter tun wirst. *Wenn du genau weißt, weshalb du etwas tust und wofür du brennst, dann wirst du immer die Kraft finden weiterzumachen.* Ja, dir wird die Zeit zum Aufgeben fehlen, weil wahre Master keine Zeit zum Aufgeben haben.

Sie nehmen sich Zeit für **sich**, weil sie es sich wert sind. Auch sie stolpern hin und wieder und natürlich gelingt ihnen keineswegs immer alles. Und manchmal müssen auch sie gewisse Umwege machen, denn eine Abkürzung zum Erfolg gibt es nicht. Der Weg zum Ziel ist wie ein Puzzle-Spiel. Hin und wieder greifst du nach dem falschen Teilchen, doch wenn du beharrlich dranbleibst, fällt dir früher oder später doch noch das richtige Stück zu.

Schließen möchte ich diesen Abschnitt mit einem mittlerweile gut bekannten Filmzitat. Es stammt von Sylvester Stallone in der Rolle des Rocky Balboa, als er seinem Sohn eine äußerst wichtige Lektion des Lebens vermitteln wollte.

Hier ist es:

„Ich will dir jetzt etwas sagen, was du schon längst weißt. Die Welt besteht nicht nur aus Sonnenschein und Regenbogen und es ist mir egal, wie stark du bist. Weder du noch ich und auch sonst keiner, kann so hart zuschlagen wie das Leben. Doch der Punkt ist nicht der, wie hart einer zuschlagen kann, es zählt nur, wie viele Schläge er einstecken kann und ob man trotzdem weitermacht, wie viel man einstecken kann, und ob man trotzdem weitermacht. Nur so gewinnt man. Wenn du weißt, was du wert bist, dann gehe hin und hole es dir, aber nur wenn du bereit bist, die Schläge einzustecken. Aber zeig nicht mit dem

Finger auf andere und sag nicht, du bist nicht da, wo du hinwolltest, wegen ihr, wegen ihm oder wegen sonst jemandem. Schwächlinge tun das und das bist du nicht, du bist BESSER!

Ich werde dich immer lieben, egal was passiert. Du bist mein Sohn, du bist mein Blut, doch wenn du nicht anfängst, an dich zu glauben, dann hast du kein Leben!"

Diese Worte haben vor vielen Jahren bei mir echte Spuren hinterlassen und sie geben mir noch heute, gerade in schwierigen Situationen, immer wieder Kraft. Dafür bin ich Sly so dankbar. Es geht hier wirklich um sehr viel mehr, als nur um ein Zitat aus einem Hollywood-Film. Stallone hatte wahrhaftig einen enorm steilen Weg in seinem Leben und wer seine Geschichte auch nur ansatzweise kennt, weiß das. Eine Episode daraus hatte ich dir ja im zweiten Teil dieses Buches bereits erzählt und will sie nicht noch einmal aufgreifen. Allerdings wollte ich dir damit eine sehr wichtige Botschaft übermitteln und hoffe von Herzen, dass du sie verstanden hast.

Einfach nur DANKE

Mein lieber Master, nun sind wir am Ende unserer gemeinsamen Reise angelangt. Ich möchte es aber unter keinen Umständen versäumen, mich bei dir von ganzem Herzen zu bedanken. Ich danke dir, dass du mein Reisebegleiter warst, mir so lange zugehört und mir dein Vertrauen geschenkt hast. DANKE, DANKE, DANKE!

Dieses Buch soll ein Samenkorn, dein Samenkorn sein. Ich hoffe, dass ich bei dir mindestens eine positive Ursache setzen konnte. Jetzt liegt es an dir zu entscheiden, ob und wie du alle Anleitungen und deine Erkenntnisse in deinen Alltag integrieren kannst. Um dauerhafte Veränderungen zu erzielen, reicht es selbstverständlich nicht aus, nur einmal ein Buch zu lesen oder ein Seminar zu besuchen. Das Wichtigste ist, dass du das Gelernte umsetzt und in dein Leben implementierst. Ich wünsche dir die dafür nötige Geduld, Beharrlichkeit und Konsequenz und somit letztlich viel Erfolg.

Lebe deine Träume, lebe dein Leben und vor allem, genieße es! Denn wer sein Leben nicht genießt, für den wird das Leben ungenießbar. Wenn dir jemand dein Auto oder Motorrad klaut, so wird er dafür bestraft und das, wie ich finde, zu Recht! Doch wenn dir jemand deine Träume stiehlt, dann gehört das zum Traurigsten, was dir im Leben widerfahren kann. Darum lass das bitte nie, nie, nie, NIEMALS zu.

Auch ich lebe für und mit meinen Träumen, arbeite täglich an ihrer Verwirklichung. Dieses Buch war lediglich ein Teil davon. Ich bin noch lange nicht am Ziel, doch ich möchte schon jetzt etwas an das Leben zurückgeben und auch dich ermuntern, etwas zurückzugeben, wann immer es dir möglich ist. Wenn du gewisse Ziele erreicht hast, versäume es nicht, deine Dankbarkeit zum Ausdruck zu bringen und dich gegenüber anderen Menschen zu revanchieren. Nichts ist selbstverständlich und wenn dir jemand unter die Arme greift, dann solltest du das nicht nur wertschätzen, sondern ihn dafür segnen und dich, in welcher Form auch immer, erkenntlich zeigen.

Niemand schafft irgendetwas allein, wirklich niemand. Arnold Schwarzenegger hat das sehr treffend formuliert: „No one is selfmade, not even the Terminator." Das heißt im Umkehrschluss nichts anderes, als dass jeder einmal eine Unterstützung von irgendjemandem erhalten hat, ohne dessen Hilfe er gewisse Sachen nie vollbracht hätte. Und bei genauerer Betrachtungsweise ist das gar nicht zu verkennen. Ja, auch den Terminator hätte es nicht gegeben, wenn Arnold Schwarzenegger komplett auf sich allein gestellt gewesen wäre! Für seine Ehrlichkeit zolle ich ihm den allergrößten Respekt. Bewundert habe ich diesen Menschen schon immer. Doch nach dem persönlichen Treffen mit ihm ist meine Bewunderung noch einmal gestiege. Ganz einfach, weil er ein Original mit Ecken und Kanten ist, und auch, weil er stets betont, wie wichtig es ist, etwas zurückzugeben.

Letztlich geht es aber vor allem um eines: dem Leben etwas zurückzugeben – richtig, das ist das Gesetz des Gebens! *Geben ist Energie und wenn du nichts gibst, kann auch nichts zu dir zurückfließen.* Genieße es zu geben und jeden und alles zu segnen. In der Bibel heißt es zum Beispiel: „Liebe deinen Nächsten wie dich selbst." In dieser Aussage ist viel Wahrheit enthalten, solltest du allerdings damit nicht viel anfangen können, so zitiere ich gern einen meiner großen Helden, der es ebenfalls sehr, sehr treffend auf den Punkt bringt:

Wir sind alles eins. Uns Menschen verbinden unsichtbare Kräfte.

Nikola Tesla

Ich wünsche dir nur das Allerbeste und darum merke dir bitte unbedingt eines: Du bist NIE für etwas zu alt und es ist NIE für etwas zu spät, weil du einzigartig und genial bist und viel MEHR als Stauts quo!

Herzlichst und alles Liebe

Dejan

WEITERE BÜCHER

Dejan Sekulic
Das Glück liebt glückliche Menschen!
Nahrung für Geist und Seele
99 Inspirationen für tägliche Motivation.
Zitate, Metaphern, Geschichten, Alltagstipps für mehr Glück, Erfolg und Lebensfreude.

Dejan Sekulic
DIE QUALITÄT deines Wörterbuchs bestimmt die Qualität DEINES LEBENS!
Wähle deine Worte weise ...
Denn dein Unterbewusstsein hört immer mit!

Dejan Sekulic
DU kriegst das hin!
Mach aus deinen Problemen, Hindernissen und Wünschen ein Ziel!

ONLINE TRAININGSPROGRAMME

Die Seelische Vitaminspritze

Mentale Nahrung für mehr Erfolg und Lebensfreude!

Die Qualität deiner Gedanken entscheidet über die Qualität deines Lebens!

Nutze auch du die **Kraft deines Unterbewusstseins,** indem du die richtigen Bilder und Worte dort hinein lässt!

www.seelische-vitaminspritze.com

DURCHBRUCH!

...und Schluss mit Status quo!

Der Kurs für Potenzialentfaltung und Persönlichkeitsentwicklung

Entfalte dein volles Potenzial und verabschiede dich von der Masse!

Dieser Kurs wird dir helfen **dein Selbstvertrauen zu erhöhen** und deine gesteckten **Ziele** bedeutend **schneller zu erreichen!**

Bist du bereit für deinen DURCHBRUCH?

www.dejan-sekulic.com/durchbruch

Glück zu gewinnen!

Ein 2-Jahres-Kurs mit 24 Lektionen: 1 Video pro Monat.

Mit diesem Online Trainingsprogramm holst du dir dein persönliches Glück auf allen Endgeräten direkt nach Hause! 2 Jahre wirst du von mir begleitet, damit das **Glück zu einem festen Bestandteil** in deinem Leben wird.

Auch das Glück gibt es nicht umsonst, doch für **nur 19,97 Euro** monatlich!

Zudem schenke ich dir die ersten 30 Tage!

www.dejan-sekulic.com/glueck

Past-smoking

…und die Zigarette ist für immer Vergangenheit!!

Sag für immer, ganz einfach und ohne Entzugserscheinungen "Tschüss" zur Zigarette.

Die Formel für ein rauchfreies und gesundes Leben!

Sichere dir jetzt schnell deinen exklusiven Sonderzugang zu deinem Nichtraucher Training, das mich (und viele andere auch!!) **für immer** und **ohne irgendwelche Entzugserscheinungen** zum Nichtraucher gemacht hat!

www.past-smoking.com

DER MENSCH DEJAN SEKULIC

Stärke:

Sucht in jeder Situation das Positive

Schwäche:

Gutes Essen

Sprachen:

Deutsch, Serbisch, Englisch

Große Leidenschaft:

Persönlichkeitsentwicklung / Bücher / Seminare

Vorbilder:
Sylvester Stallone, Nikola Tesla, Napoleon Hill, Dr. Vitali Klitschko, Dr. Joseph Murphy, Konfuzius

Lebensmotto:
„Never give up, denn du bist mehr als nur Status quo."

Größter Reichtum:
Seine vier Frauen ☺ (Ehefrau und drei Töchter): „Ich liebe euch über alles!"

Anzahl Coachings:
Weit über 15.000

Mag besonders:
Positive Menschen (Optimisten)

Mag überhaupt nicht:
Schwarzmaler (Pessimisten)

Größte Liebe:
Seine Ehefrau Ljilja

Mission:

Menschen dabei helfen, den Status quo hinter sich zu lassen und sie zu mehr Glück, Lebensfreude und innerem Frieden zu inspirieren

Aus- und Weiterbildung:

Diplomierter Hotelier, HR-Fachmann, Erwachsenenbildner, NLP-Master Coach
600 Bücher / 400 Hörbücher sowie Onlineprogramme

Hobbys:

Lesen, Schreiben, Reisen, Spaziergänge in der Natur

Worauf er stolz ist:

Seine eigene Entwicklung – vom Sonderschüler zum Coach, Buchautor und zur Führungskraft. Er hat den Sprung vom unbekannten Selfpublisher zum Bestseller-Autor geschafft und veröffentlichte als Erster im Selbstverlag ein Buch in deutscher und serbischer Sprache.

Sport:

Krafttraining um 5.00 Uhr morgens nach dem Aufstehen, im Sommer Biken und Schwimmen

Hier kannst du dich mit Dejan vernetzen:

Facebook

https://www.facebook.com/dejan.sekulic1

Instagram

https://www.instagram.com/dejan.sekulic1/?hl=e

Linkedin

https://www.linkedin.com/in/dejan-sekulic-38a7b0160/

Xing

https://www.xing.com/profile/Dejan_Sekulic/portfolio?sc_o=mxb_p

LITERATURVERZEICHNIS

Byrne, Rhonda

THE MAGIC

Byrne, Rhonda

THE SECRET

Carnegie, Dale

Sorge dich nicht, lebe

Carnegie, Dale

Wie man Freunde gewinnt

Coué, Emile

Autosuggestion

Dilts, B. Robert

Professionelles Coaching mit NLP

Dr. Masaru Emoto
Die geheimnisvolle Sprache des Wassers

Gordon, David
Therapeutische Metaphern

Hill, Napoleon
Denke nach und werde reich

Hill, Napoleon
Erfolgsgesetze in sechzehn Lektionen

Hill, Napoleon
Erfolg durch positives Denken

Höller, Jürgen
Sag ja zum Erfolg

Höller, Jürgen
Sprenge deine Grenzen

Höller, Jürgen
Alles ist möglich

Maasburg, Leo
Mutter Teresa: Die wunderbaren Geschichten

Murphy, Joseph
Die Macht Ihres Unterbewusstseins

Murphy, Joseph
Das Erfolgsbuch

Murphy, Joseph
Die Gesetze des Denkens und Glaubens

Peale, Norman Vincent
Die Kraft des positiven Denkens

Robbins, Anthony

Grenzenlose Energie

Robbins, Anthony

Das Robbins Power Prinzip

Sekulic, Dejan

Das Glück liebt glückliche Menschen – Nahrung für Geist und Seele

DU kriegst das hin! Mach aus deinen Problemen, Hindernissen und Wünschen ein Ziel

Die QUALITÄT deines Wörterbuchs bestimmt die Qualität DEINES Lebens

Tepperwein, Kurt

Kraftquelle Mentaltraining

Tepperwein, Kurt

Die geistigen Gesetze

Waldo Emerson, Ralph

Gedanken

Williamson, Marianne

Our Deepest Fear

Sonstiges:

Sekulic, Dejan

NLP-Master-Abschlussarbeit „Neues Mindset dank NLP"

Internet:

https://www.wikipedia.org

https://www.youtube.com

Impressum

© Dejan Sekulic 2019

1. Auflage

Alle Rechte vorbehalten.

Nachdruck, auch auszugsweise, verboten.

Korrektur und Lektorat: Helga Koch

Kein Teil dieses Werkes darf ohne schriftliche Genehmigung des Autors in irgendeiner Form reproduziert, vervielfältigt oder verbreitet werden.

Kontakt: Dejan Sekulic

Querstrasse 4

8424 Embrach / Schweiz

www.dejan-sekulic.com

Email: dejan.sekulic@gmx.ch

Fotos: clipdealer.de

Printed in Poland
by Amazon Fulfillment
Poland Sp. z o.o., Wrocław